Soziologie des Wertens und Bewertens

Reihe herausgegeben von

Oliver Berli, Universität Köln, Köln, Deutschland

Daniel Bischur, Universität Trier, Trier, Deutschland

Martin Endreß, Universität Trier, Trier, Deutschland

Stefan Nicolae, Universität Trier, Trier, Deutschland

In den Sozial- und Kulturwissenschaften findet zunehmend eine Auseinandersetzung mit Prozessen des Wertens und Bewertens von Personen, Objekten, Institutionen, Situationen oder Handlungen statt. Diese Prozesse treten in unterschiedlichen Formen des Klassifizierens und Sortierens, des Einschließens und Ausschließens, des Ausmessens und Vermessens auf. Sozial- und kulturwissenschaftliche Analysen der sozialen Konstruktion von Wertigkeit geben Aufschluss über die Kriterien des Aufwertens, Abwertens und Entwertens, die in sozialen Aushandlungsprozessen zur Anwendung kommen. Entsprechende Analysen decken die impliziten und expliziten Legitimations- und Rechtfertigungsmuster dieser sozialen Prozesse auf und verweisen damit auf unterschiedliche kognitive, normative und affektive Relevanzen.

Die vorliegende Reihe versteht sich als Forum und Beitrag zu dieser international und interdisziplinär geführten Debatte um Prozesse des Wertens und Bewertens in alltäglichen, professionellen und wissenschaftlichen Kontexten. Die deutsch- wie englischsprachigen Publikationen der Reihe dienen als theoretisch-konzeptionelle und empirische Beiträge einer Intensivierung dieser Diskussion.

Weitere Bände in der Reihe http://www.springer.com/series/15106

Oliver Berli · Stefan Nicolae ·
Hilmar Schäfer
(Hrsg.)

Bewertungskulturen

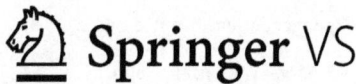 Springer VS

Hrsg.
Oliver Berli
Universität zu Köln
Köln, Deutschland

Stefan Nicolae
Universität Trier
Trier, Deutschland

Hilmar Schäfer
Humboldt-Universität zu Berlin
Berlin, Deutschland

Soziologie des Wertens und Bewertens
ISBN 978-3-658-33408-6   ISBN 978-3-658-33409-3   (eBook)
https://doi.org/10.1007/978-3-658-33409-3

Die Deutsche Nationalbibliothek verzeichnet diese Publikation in der Deutschen Nationalbibliografie; detaillierte bibliografische Daten sind im Internet über http://dnb.d-nb.de abrufbar.

Planung/Lektorat: Cori Antonia Mackrodt
Springer VS ist ein Imprint der eingetragenen Gesellschaft Springer Fachmedien Wiesbaden GmbH und ist ein Teil von Springer Nature.
Die Anschrift der Gesellschaft ist: Abraham-Lincoln-Str. 46, 65189 Wiesbaden, Germany

Inhaltsverzeichnis

Verzeichnis der Autor*innen

Alberth, Lars, Dr. rer. soc., Professor für Theorien und Methoden der Kindheitsforschung am Institut für Sozialarbeit und Sozialpädagogik an der Leuphana Universität Lüneburg. Seine Arbeitsschwerpunkte sind Soziologie der Kindheit, Professionen im Kinderschutz, Gewalt im privaten Raum, Leistungsbewertung an Hochschulen, Körper, Raum und Emotionen im Sport. Ausgewählte Veröffentlichungen: *Victim, perpetrator, or what else? Generational and gender perspectives on children, youth, and violence* (hrsg. mit D. Bühler-Niederberger), Bingley: Emerald, 2020; Hochschulen zwischen Vergleichbarkeit und Unvergleichbarkeit (mit M. Hahn & G. Wagner), in C. Dorn & V. Tacke (Hrsg.), *Vergleich und Leistung in der funktional differenzierten Gesellschaft* (S. 101–130), Wiesbaden: Springer VS, 2018.

Berli, Oliver, Dr. phil., ist wissenschaftlicher Mitarbeiter an der Universität zu Köln im Forschungsbereich Erziehungs- und Kultursoziologie und Mitbegründer des AKs „Soziologie des (Be)Wertens" der Sektion Wissenssoziologie der Deutschen Gesellschaft für Soziologie. Er forscht zu Themen der Wissens- und Wissenschaftssoziologie, Soziologie des Wertens und Bewertens, Kultursoziologie, Methodologie und Methoden der qualitativen Sozialforschung. Ausgewählte Veröffentlichungen: *Wissen und soziale Ungleichheit*, Weinheim/Basel: Beltz Juventa, 2013 (hrsg. mit M. Endreß); *Grenzenlos guter Geschmack. Die feinen Unterschiede des Musikhörens*, Bielefeld: transcript, 2014; *Dinge befremden. Essays zu materieller Kultur* (hrsg. mit J. Reuter), Wiesbaden: Springer VS, 2016; *Wissenschaftliche Karriere als Hasard. Eine Sondierung* (hrsg. mit J. Reuter & M. Tischler), Frankfurt a. M./New York: Campus, 2016; Diszipliniertes Interpretieren. Zur Praxeologie des gemeinsamen Interpretierens qualitativer Daten, *Soziale Welt 68 (4)*, 431–448, 2017; *(Be)Werten. Beiträge zur sozialen Konstruktion von*

Wertigkeit (hrsg. mit D. Bischur, M. Endreß & S. Nicolae), Wiesbaden: Springer VS, 2019.

Eickelmann, Jennifer, Dr. phil., ist wissenschaftliche Mitarbeiterin am Institut für Soziologie der Technischen Universität Dortmund. Ihre Arbeitsschwerpunkte bewegen sich an der Schnittstelle von Kultursoziologie, Ungleichheitsforschung und Gender Media Studies/Queer Theory, mit einem Fokus auf Performativitäts-/Subjektivationstheorie, New Materialism sowie Theorie und Ästhetik des Digitalen. Bisherige Anwendungsgebiete sind sexualisierte Macht bzw. Gewalt in digitalen Teilöffentlichkeiten und multimethodische Museumsforschung. Ausgewählte Veröffentlichungen: *„Hate Speech" und Verletzbarkeit im digitalen Zeitalter. Phänomene mediatisierter Missachtung aus Perspektive der Gender Media Studies,* Bielefeld: transcript, 2017; „Schauen Sie sich doch mal die Vasen aus China an!" Das Aufsichtspersonal im Museum als ‚kritische Zone' zwischen ExpertInnen und Alltagswissen, in: A. Poferl & M. Pfadenhauer (Hrsg.), *Wissensrelationen* (S. 342–352), Weinheim: Beltz Juventa, 2018; The Digital Image as Threat. How Mediatized Disrespect Matters, in: L. C. Grabbe, P. Rupert-Kruse & N.M. Schmitz (Hrsg.), Technobilder. Medialität, Multimodalität und Materialität als medien- und bildtheoretische Konzepte der Technosphäre (S. 177–197), Marburg: Büchner, 2019.

Hesselmann, Felicitas, ist wissenschaftliche Mitarbeiterin am Deutschen Zentrum für Hochschul- und Wissenschaftsforschung und am Institut für Sozialwissenschaft der Humboldt-Universität zu Berlin. Ihre Arbeitsschwerpunkte sind Wissenschaftssoziologie, Digitale Bewertungsverfahren, Devianzsoziologie. Ausgewählte Veröffentlichungen u.a.: *Die Bestrafung wissenschaftlichen Fehlverhaltens. Zwischen Selbstreinigung und autoritativer Sanktion,* Bielefeld: transcript, 2020; Science means never having to say you're sorry? Apologies for scientific misconduct (mit M. Reinhart), *Science Communication 41 (5),* 552–579, 2019; Evaluations as value-measurement links. Exploring metrics and meanings in science (mit C. Schendzielorz), *Social Science Information 58 (2),* 282–300, 2019.

Hodek, Franziska, M.A., ist wissenschaftliche Mitarbeiterin im DFG-geförderten Projekt „Accounting und transformatorische Effekte im Profifußball. Eine empirisch-ethnografische Studie zur Soziologie zahlen- und datenbasierter Praktiken des Bewertens und Kritisierens" an der Professur für Prozessorientierte Soziologie an der KU Eichstätt-Ingolstadt. Ihre Forschungs- und Arbeitsschwerpunkte liegen in den Bereichen Quantifizierungs-, (Be)Wertungs- und Accountingsoziologie, Sportsoziologie, Praxissoziologie, qualitative Methoden der empirischen Sozialforschung und (soziologische) Ethnografie. Ausgewählte Veröffentlichungen: Spielanalysen und Sportwetten: Strategien der Quantifizierung im Profifußball, *Berliner Debatte Initial 29 (1)*, 147–163, 2018; Spielanalysen und Transformationen der Figuration Profifußball (mit R. Schmidt), in: S. Ernst & G. Becke (Hrsg.), *Transformationen der Arbeitsgesellschaft: Prozess- und figurationstheoretische Beiträge* (S. 321–344), Wiesbaden: Springer VS, 2019.

Janetzko, Alexandra, Dr. phil., ist wissenschaftliche Mitarbeiterin im Arbeitsbereich „Soziologie und Sportsoziologie" des Instituts für Sportwissenschaft (Carl von Ossietzky Universität Oldenburg). Ihre Schwerpunkte liegen auf praxeografischen Arbeiten zu (Be)Wertungs- und Subjektivierungsprozessen im (Spitzen-)Sport, Sport und Migration, Körpersoziologie. Ausgewählte Veröffentlichungen: *Talent (be-)werten. Eine praxeografische Untersuchung von Talentsichtungen im Leistungssport.* Bielefeld: transcript. (i.E.); *Kultursoziologie des Sports* (hrsg. mit T. Alkemeyer & K. Brümmer), Baden-Baden: Nomos (i.E.); Über ‚Talentschmieden' und ‚geborene Sieger'. Eine praxeografische Analyse von Talentkonstruktionen im Leistungssport. In A. Böker & K. Horvath (Hrsg.), *Begabung und Gesellschaft. Sozialwissenschaftliche Perspektiven auf Begabung und Begabtenförderung* (S. 139–164) Wiesbaden: Springer, 2018.

Kirchner, Babette, Dr. phil., Wissenschaftliche Mitarbeiterin am Institut für Soziologie, Technische Universität Dortmund. Ihre Arbeitsschwerpunkte sind Methoden der interpretativen Sozialforschung, Wissenssoziologie, Geschlechtersoziologie, Soziologie des Körpers und des Sports. Ausgewählte Veröffentlichungen: *Bewegungskompetenz – Sportklettern zwischen (geschlechtlichem) Können, Wollen und Dürfen,* Wiesbaden: Springer VS, 2017.

Krüger, Anne K., Dr. phil., Wissenschaftliche Koordinatorin der Interdisziplinären Arbeitsgruppe „Wandel der Universitäten und ihres gesellschaftlichen Umfelds: Folgen für die Wissenschaftsfreiheit?" an der Berlin-Brandenburgischen Akademie der Wissenschaften. Ihre Arbeitsschwerpunkte sind Soziologische Theorie, Soziologie des Wertens und Bewertens, Wissenschaftsforschung. Ausgewählte Veröffentlichungen: Quantification 2.0? Bibliometric Infrastructures in Academic Evaluation, *Politics and Governance 8 (2)*, 58--67, 2020; *Neo-Institutionalismus. Kritik und Weiterentwicklung* (hrsg. mit R. Hasse), Bielefeld: transcript, 2020.

Nicolae, Stefan, Dr. phil., ist wissenschaftlicher Mitarbeiter an der Professur für Allgemeine Soziologie an der Universität Trier, Managing Editor von *Human Studies. A Journal for Philosophy and the Social Sciences* und Mitbegründer des Arbeitskreises „Soziologie des (Be)Wertens" in der Sektion Wissenssoziologie der Deutschen Gesellschaft für Soziologie. Seine Arbeitsschwerpunkte sind Soziologische Theorie, Wissenssoziologie, Soziologie des Bewertens, Wissenschafts- und Technikforschung. Ausgewählte Veröffentlichungen: Annemarie Mol: Multiple Ontologien und vielfältige Körper, in: D. Lengersdorf & M. Wieser (Hrsg.), *Schlüsselwerke der Science and Technology Studies* (S. 269–278), Wiesbaden: Springer VS, 2014 (mit D. Bischur); Laurent Thévenot – L'action au pluriel. Sociologie des régimes d'engagement, in: G. W. Oesterdiekhoff (Hrsg.), *Lexikon der soziologischen Werke,* 2. Auflage (S. 711–712), Wiesbaden: Springer VS, 2014; Sociology of Valuation and Evaluation, Special Issue, *Human Studies 38* (1), 2015 (hrsg. mit M. Endreß u.a.); The Social Construction of Reality, Special Issue, *Human Studies 39* (1), 2016 (hrsg. mit M. Endreß).

Schäfer, Hilmar, Dr. phil., ist Gastprofessor für Allgemeine Soziologie und Kultursoziologie am Institut für Sozialwissenschaften der Humboldt-Universität zu Berlin und Sprecher der Sektion Kultursoziologie der Deutschen Gesellschaft für Soziologie. Zu seinen Arbeitsschwerpunkten zählen soziologische Theorie, Kultursoziologie und Soziologie des Bewertens. Er forscht gegenwärtig zu den institutionellen und alltäglichen Prozessen der Konstruktion und Bewertung von kulturellem Erbe mit einem Schwerpunkt auf der Auszeichnung als UNESCO-Welterbe sowie zu digitalen Praktiken. Ausgewählte Veröffentlichungen: Praxistheorie als Kultursoziologie, in: S. Moebius, F. Nungesser & K. Scherke (Hrsg.): *Handbuch Kultursoziologie. Bd. 2: Theorien – Methoden – Felder.* Wiesbaden: Springer VS, 2019; *Praxistheorie. Ein soziologisches Forschungsprogramm* (Hrsg.). Bielefeld: transcript, 2016; „Outstanding universal value". Die Arbeit an der Universalisierung des Wertvollen im UNESCO-Welterbe, *Berliner Journal für Soziologie 26* (3–4), 353–375, 2016.

Schendzielorz, Cornelia, Dr. phil., wissenschaftliche Mitarbeiterin in der Abteilung Forschungssystem und Wissenschaftsdynamik des Deutschen Zentrums für Hochschul- und Wissenschaftsforschung Berlin und am Fachbereich Wissenschaftsforschung der Humboldt-Universität zu Berlin. Ihre Arbeitsschwerpunkte sind Bewertungspraktiken und Begutachtungsprozessen in der Wissenschaft, Theorie und Praxis wissenschaftlicher Autorschaft, Wissenschaftssoziologie, Subjektivierungstheorie, qualitative Methoden und Ethnographie. Ausgewählte Veröffentlichungen: Die Regierung der Wissenschaft im Peer Review, in: O. Schwab,

H. Straßheim (Hrsg.), Der Moderne Staat. Politikevaluation und Evaluationspolitik. Aktuelle Fragestellungen und Forschungslinien (mit C. Schendzielorz, & M. Reinhart) (i. Ersch.); Evaluations as Value-Measurement Links: Exploring Metrics and Meanings in Science, *Social Science Information 58* (2), 282–300, 2015 (mit F. Hesselmann, & C. Schendzielorz); Subjektivierung in Soft Skill Trainings – die performative Kraft des Wissens. In A. Dietzen, J. J. W. Powell, A. Bahl & L. Lassnigg (Hrsg.), *Soziale Inwertsetzung von Wissen, Erfahrung und Kompetenz in der Berufsbildung*, Reihe: Bildungssoziologische Beiträge, (S. 372–390), Weinheim: Beltz Juventa, 2015.

Wagner, Gabriele, Dr. habil. hat die Professur für Arbeits- und Organisationssoziologie am Institut für Soziologie der Leibniz Universität Hannover inne. Ihre Arbeitsschwerpunkte sind Organisationssoziologie, Ökonomie der Konventionen, Soziologie der Anerkennung. Ausgewählte Veröffentlichungen: Wissenschaftler-Karrieren scheitern nicht. Zur Herstellung von „Karriere" in Karriereerzählungen von Wissenschaftlerinnen, in J. Reuter, O. Berli, & M. Tischler (Hrsg.), *Wissenschaftliche Karriere als Hasard. Eine Sondierung.* Frankfurt a. M./New York: Campus, S. 49–75, 2016 (zusammen mit L. Alberth & M. Hahn); „Organisation" im on/off-Modus, Sozialer Sinn 17(1), 35–68, 2016 (zusammen mit M. Hahn); Die Organisation des Erfolgs. Regulierung verunsicherter Anerkennungsansprüche, in D. Hänzi, H. Matthies, D. Simon (Hrsg.), *Erfolg. Konstellationen und Paradoxien einer gesellschaftlichengesellschaftlichen Leitorientierung. Leviathan Sonderband 29.* Baden-Baden: Nomos, 105–122, 2014 (zusammen mit S. Voswinkel).

Zahner, Nina Tessa, Prof. Dr., Professorin für Soziologie an der Kunstakademie Düsseldorf, Sprecherin des Arbeitskreises Soziologie der Künste in der DGS. Arbeitsschwerpunkte: Kunstsoziologie, Soziologische Theorie, Soziologie des Publikums, Soziologie des Wahrnehmens, Soziologie der Sinne. Aktuelle Veröffentlichung: The Economization of the Arts and Culture Sector in Germany After 1945, in: V. D. Alexander et al. (Hrsg), *Art and the Challenge of Markets* I. Cham: Springer, 2018; Zur Soziologie des Ausstellungsbesuchs. Positionen der soziologischen Forschung zur Inklusion und Exklusion von Publika im Kunstfeld, *Sociologia Internationalis 50* (1/2), 209–232, 2012; *Die neuen Regeln der Kunst. Andy Warhol und der Umbau des Kunstbetriebs im 20. Jahrhundert*, Frankfurt a. M.: Campus, 2006.

Bewertungskulturen. Ein Vorschlag für eine vergleichende Soziologie der Bewertung

Oliver Berli, Stefan Nicolae und Hilmar Schäfer

Die interdisziplinäre Erforschung von Bewertungsphänomenen hat in den vergangenen Jahren eine Konjunktur erlebt, wobei das Erstarken der soziologischen Auseinandersetzung mit Wertzuschreibungen sich aus verschiedenen Einsichten speist. So lässt sich zunächst festhalten, dass Bewertungen – beispielsweise in Form von Ranglisten (Heintz 2019) – in den vergangenen Jahrzehnten stark an Bedeutung gewonnen haben. Hinzu kommt, dass Prozesse des Auf- oder Abwertens in allen Bereichen zeitgenössischer Gesellschaften zu finden sind: von ästhetischen Urteilen im Alltag (Musik, Kinofilme) über die Vergabe von Schulnoten oder die Einschätzung von Dienstleistungen und Personen auf Online-Plattformen bis hin zu komplexen Evaluationsprozessen (Länder- und Unternehmensratings, Universitätsrankings, UNESCO-Welterbe). Diese beiden Beobachtungen werden in vielen bewertungssoziologischen Ansätzen bestätigt (bspw. Kjellberg et al. 2013; Lamont 2012). Ihre quantitative Zunahme und weite Verbreitung führen dazu, dass Praktiken des Evaluierens, Vergleichens, Klassifizierens, Aussortierens oder (Dis-)qualifizierens in unterschiedlichen sozialen Feldern untersucht werden können. Der soziologischen Neugier sind hier kaum Grenzen gesetzt. Gleichwohl

O. Berli (✉)
Universität zu Köln, Köln, Deutschland
E-Mail: oberli@uni-köln.de

S. Nicolae
Universität Trier, Trier, Deutschland
E-Mail: nicolae@uni-trier.de

H. Schäfer
Humboldt-Universität zu Berlin, Berlin, Deutschland
E-Mail: hilmar.schaefer@hu-berlin.de

O. Berli et al. (Hrsg.), *Bewertungskulturen,* Soziologie des Wertens und Bewertens, https://doi.org/10.1007/978-3-658-33409-3_1

gibt es Themenbereiche, die gegenwärtig stark profiliert sind. Zu diesen Bereichen gehören Kultur (bspw. Berli 2014; Diaz-Bone 2010; Schäfer 2016; Velthuis 2005), Wirtschaft (bspw. Boisard 2003; Karpik 2011; Stark 2009), Bildung (bspw. Breidenstein 2012; Kalthoff 1996, 2013; Zaborowski et al. 2011) und Wissenschaft (bspw. Hamann 2016a, 2016b; Hirschauer 2015; Lamont 2009; Reinhart 2012). Im Zentrum des Untersuchungsinteresses dieser und anderer Studien stehen neben den Objekten und Praktiken der Bewertung auch deren Kriterien und Prinzipien, die Instrumente und Tools sowie schließlich die Performativität von Bewertungen. Diese Elemente von Prozessen der Wertigkeitszuschreibung lassen sich analytisch trennen und werden zum Teil auch gesondert untersucht, empirisch sind sie gleichwohl eng miteinander verwoben. Aufgrund dieser Verwobenheit schlagen wir vor, dass eine genuin auf Vergleiche abstellende Perspektive auf Bewertungsphänomene darauf zielen sollte, die Formierungen dieser Phänomene als *Bewertungskulturen* umfassend nachzuzeichnen.

Die Beobachtung einer zunehmenden Verbreitung evaluativer Prozesse knüpft an grundlegende theoretische Fragen an. Theoriegeschichtlich lässt sich beispielsweise John Dewey als Vorläufer dieser Perspektive anführen. In seiner „*Theory of Valuation*" (1939) weist er dem Thema eine hohe Bedeutung zu. Denn: „All conduct that is not simply either blindly impulsive or mechanically routine seems to involve valuations. The problem of valuation is thus closely associated with the problem of the structure of the sciences of *human* activities and *human* relations" (Dewey 1939, S. 3). Neben der Einsicht in die sozialtheoretische Relevanz von Bewertungsphänomenen deutet sich im vorangehenden Zitat ein wesentlicher Aspekt von Deweys Perspektive an: Bewertungen gewinnen an Relevanz, wenn Entscheidungen getroffen oder Probleme gelöst werden müssen (Krüger und Reinhart 2017, S. 270–272). Damit sind Werte und Wertordnungen nicht als gegeben anzusehen, sondern handlungs- und situationsabhängig. Gegenwärtig finden sich verwandte Positionen in vielen Bereichen der Soziologie und angrenzender Disziplinen. So geht beispielsweise die neuere wirtschafts- und marktsoziologische Forschung nicht von intrinsischen Werten aus. Vielmehr werden verstärkt Prozesse der Inwertsetzung und Aushandlung von Wertigkeit, allgemeiner die soziale Konstruktion von Werten in den Fokus der Untersuchung gerückt (vgl. Kjellberg et al. 2013, S. 15). Die Produktivität dieser Perspektive wird in zahlreichen Untersuchungen deutlich (bspw. Beckert und Aspers 2011; Beckert und Musselin 2013; Berthoin Antal et al. 2015) und hat auch außerhalb der Markt- und Wirtschaftssoziologie weite Resonanz gefunden, wie aktuelle Beiträge belegen (bspw. Kropf und Laser 2019; Nicolae et al. 2019). Neben sozialtheoretischen Fragen werden in der Bewertungsforschung auch gesellschaftsdiagnostische Interessen verfolgt. Dabei wird die Zunahme insbesondere quantitativer Bewertungsformate in Gegenwartsgesellschaften für unterschiedliche Kontexte konstatiert (bspw. Heintz 2010, 2016; Porter 1995; Vormbusch 2012; Mau 2017). Mit diesen Analysen geht in der Regel ein zeitdiagnostisches Versprechen einher: Über die Erforschung von Wertzuschreibungen in gegenwärtigen Bewertungskulturen werden Erkenntnisse gesamtgesellschaftlicher Entwicklungstrends gewonnen. Dieser zeitdiagnostische Aspekt ist mit der politischen Relevanz von Bewertungskulturen verknüpft. Denn Bewertung ist immer auch ein machtvoller und politischer Vorgang, der Hierarchien, Ein- und Ausschlüsse sowie soziale Inklusions- und Exklusionsprozesse produziert, anleitet und begründet (Bowker und Star 2000). Im Rückgriff auf die kultur- und sozialwissenschaftliche Relevanz von Bewertungen werden wir im Folgenden zunächst knapp in das Forschungsprogramm der Soziologie der Bewertung einführen, um zweitens ihre forschungsleitenden Annahmen zusammenzufassen. Anschließend werden wir die vergleichende Perspektive auf Bewertungskulturen entwickeln, die wir mit diesem Band eröffnen möchten. Dazu geben wir zunächst einen Überblick über den Aufbau des Bandes sowie die Inhalte und Schwerpunktsetzungen der einzelnen Beiträge, um in einem zweiten Schritt den Begriff der Bewertungskulturen zu erläutern und übergreifende Analysedimensionen für ihren Vergleich zu systematisieren.

1 Soziologie der Bewertung

In historischer Perspektive erscheint das aktuell wahrnehmbare Interesse an Praktiken des Wertens und Bewertens keineswegs als Innovation, denn es ist eng verbunden mit genuinen erkenntnistheoretischen und ungleichheitsanalytischen Interessen der Soziologie (Cefaï et al. 2015). So finden sich die Auf- und Abwertung von Personen, Handlungen oder Dingen als Grundthema in vielen klassischen Untersuchungen wieder. Beispielsweise stellen Émile Durkheims und Marcel Mauss' Reflexionen „Über einige primitive Formen von Klassifikation" (1903), Pierre Bourdieus Analyse von Lebensstilen und Distinktion (1979) sowie die Studien zu Rechtfertigungsordnungen von Luc Boltanski und Laurent Thévenot (1991) wichtige Referenzpunkte für aktuelle Untersuchungen dar. Mit Blick auf diese historischen Vorarbeiten lassen sich mehrere Ansatzpunkte für eine Soziologie des Wertens und Bewertens („Sociology of Valuation and Evaluation", kurz: SVE) unterscheiden (Beljean et al. 2016; Cefaï et al. 2015; Krüger und Reinhart 2017). So können aus unserer Perspektive im Wesentlichen drei unterscheidbare Optionen identifiziert werden, welche die aktuelle

Forschung dominieren: eine (a) ungleichheitsanalytisch, (b) pragmatisch und (c) wissensanalytisch angelegte Soziologie des Wertens und Bewertens. Die *ungleichheitsanalytische* Perspektive greift Pierre Bourdieus Forschungsprogramm auf. Insbesondere *Die feinen Unterschiede* (Bourdieu 1979) wie auch jüngere Untersuchungen von kulturellen Repertoires symbolischer und sozialer Grenzziehungen (bspw. Lamont 1992, 2000) dokumentieren zentrale Fragen und Konzepte dieser Perspektive. Wie stark sich die neueren Arbeiten als „nachbourdieusche Soziologie" positionieren oder unmittelbar an Bourdieus Werk anschließen, hängt mithin stark von dem jeweiligen Untersuchungsfeld und den nationalen Traditionen ab, ist aber für unsere Argumentation hier nicht maßgeblich. Wichtiger erscheint uns jedoch der Hinweis, dass diese Ansätze deutliche Akzente auf Ungleichheitsstrukturen und deren Reproduktion durch Bewertungspraktiken und -ordnungen setzen. Untersuchungen in der Tradition einer (b) *pragmatisch* orientierten Soziologie des Wertens und Bewertens setzen den analytischen Fokus auf die Logiken von Wertsetzungsprozessen sowie Rechtfertigungsordnungen und deren Grammatiken (Boltanski und Thévenot 1991; Stark 2009). Innerhalb der französischsprachigen Soziologie wie auch in internationalen Beiträgen hat sich hier eine rege Forschungstradition entwickelt.[1] Dazu gehören insbesondere markt- und wirtschaftssoziologische Untersuchungen, die Wertigkeitsordnungen und Konventionen in den Blick nehmen (bspw. Beckert und Aspers 2011; Beckert und Musselin 2013; Boisard 2003). Schließlich greift eine (c) *wissensanalytische* Soziologie des Wertens und Bewertens Fragen der Entstehung und Legitimation von Wissen (Berger und Luckmann 1966), der kommunikativen Konstruktion von Wertigkeit (Bergmann 1987; Keller 2009) sowie spezielle Problembestände der Wissenskonsekration (Assmann 1992) oder der Bewertung von schulischem Wissen (Kalthoff 1996) auf. Vor allem mit Blick auf wissenschaftliches Wissen liegt eine Vielzahl von Studien vor, die sich Wissensdynamiken in naturwissenschaftlichen Kontexten (Knorr-Cetina 1984) oder dem Peer Review in Publikation und Forschungsförderung widmen (Hirschauer 2015, 2019; Lamont 2009).[2]

---

[1] Zum großen Teil lassen sich diese Arbeiten unter dem Label der „Economie des conventions" (EC) zusammenfassen. Primär behandeln diese Studien Fragestellungen zu Arbeits-, Markt- und Wirtschaftsthemen (für einen instruktiven Überblick: Diaz-Bone 2015). Für bewertungssoziologische Ansätze sind insbesondere die Arbeiten zu Klassifikationen, Qualitätskonventionen und Quantifizierung von Bedeutung, wobei die Grenzen zwischen dem, was als EC, und dem, was als SVE gefasst werden kann, fließend sind.

[2] Nicht unerwähnt bleiben dürfen in diesem Zusammenhang die vielfältigen Bezüge, die sich zur Wissenschaftssoziologie sowie zum Feld der Science and Technology Studies (STS) anbieten. Die untersuchbaren Phänomene sind vielfältig und beschränken sich nicht allein

Eine Soziologie des Wertens und Bewertens, die sich explizit als Forschungsprogramm versteht und diese ubiquitären sozialen Phänomene und ihre Erscheinungsformen vergleichend in den Blick nimmt, hat sich aber erst in jüngster Zeit formiert (Beljean et al. 2016; Berthoin Antal et al. 2015; Cefaï et al. 2015; Kjellberg et al. 2013; Lamont 2012).[3] Sie formuliert den Anspruch, die mit unterschiedlichen ungleichheitsanalytischen, pragmatischen oder wissensanalytischen Akzentuierungen verfolgten Forschungsfragen zusammenzuführen und Ergebnisse verschiedener Untersuchungen miteinander in Beziehung zu setzen. In zeitdiagnostischer Perspektive geraten dabei auch aktuelle soziale und technische Entwicklungen in den Blick, welche das Ausmaß und die Form von Bewertungen in verschiedenen sozialen Feldern verändern. Dabei ist beispielsweise an die fortschreitende Digitalisierung aber auch an Umbrüche in der medialen Kommunikation wie etwa die verstärkte Integration sozialer Medien in den Alltag zu denken (Kropf und Laser 2019). Auch vor diesem Hintergrund ist das gegenwärtig erstarkende Interesse innerhalb der Soziologie zu sehen.

2   Forschungsleitende Annahmen

Als Forschungsprogramm vereint die Soziologie des Wertens und Bewertens theoretische sowie empirische Studien zur Konstruktion, Verteilung oder Ausdifferenzierung des „Wertvollen", „Guten", „Passenden" oder „Angemessenen" (sowie der jeweils darauf bezogenen abwertenden Wertzuschreibungen). Gekennzeichnet ist dieses offene Forschungsprogramm durch eine Reihe von Annahmen und typischen Fragestellungen, welche zumeist implizit die vielfältigen Studien in diesem dynamischen Feld verbinden. Bewertungen werden in dieser Perspektive dadurch charakterisiert, dass Objekte, Handlungen aber auch Personen beurteilt und ihnen ein Wert zugeschrieben wird.

Damit verbunden ist die folgende Annahme: *Die Bestimmung des Wertvollen verläuft potenziell konflikthaft.* Die oben genannten Untersuchungen folgen nicht einer konfliktfreien Konzeption des Wertvollen, sondern analysieren das Spannungsverhältnis von routinierten Praktiken und krisenhaften Momenten der Evaluationen, d. h. von tradierten Evaluationskriterien und den Prozessen ihrer

---

auf Peer Review. Zu denken wäre auch an Auszeichnungen (Zuckerman 1977), Rankings (Espeland und Sauder 2007), Praktiken des Klassifizierens und Ordnens in den täglichen Forschungsarbeiten (Lynch 1985) oder auch posthume Würdigungen (Hamann 2016a).

[3] Dabei ist konzeptionell zwischen einer im englischsprachigen (Rosi und Freeman 1982; Weiss 1972) und deutschsprachigen Raum (Flick 2006) etablierten Evaluationsforschung und dem Forschungsansatz der SVE zu unterscheiden (siehe dazu Hirschauer 2006, 2015).

Deutung in sozial und kulturell fragilen Konstellationen. Damit schließen viele Studien (teilweise implizit) an eine zentrale Annahme von Deweys *Theory of Valuation* (1939) an, der zufolge Bewertung dort auftritt, wo es „trouble" gibt, beziehungsweise ein Problem gelöst werden muss. Aus dieser Annahme ergibt sich zudem eine forschungsstrategische Einsicht: Der Zugang zum untersuchten Bereich gestaltet sich primär in Wertungskonflikten.

Eng mit der ersten verbunden ist die *Annahme konkurrierender Prinzipien bzw. Kriterien der Bewertung.* Was und wie etwas als wertvoll betrachtet wird, wird in der Praxis entlang einer Pluralität von evaluativen Referenzen und deren flankierenden Argumentationsstrategien entfaltet (bspw. Boltanksi und Thévenot 1991; Lamont 2009; Vatin 2013). Empirisch wie analytisch besteht dann eine zentrale analytische Aufgabe in der Erschließung der Art und Weise, wie Akteure mit widersprüchlichen Prinzipien und Kriterien der Bewertung verfahren. Dazu gehören deren Aushandlung und Deutung ebenso wie auch die Herstellung von Äquivalenzen oder Kompromissen zwischen ihnen. Als Beispiel ließe sich hier an die Besetzung von Positionen in Organisationen – beispielsweise Professuren in Universitäten – denken. Im Zuge dieser Prozesse werden mehrfach Bewertungskriterien ausgelegt und zueinander ins Verhältnis gesetzt. Die Ergebnisse der Auswahlprozesse sind damit als komplexe Kompromisse zwischen konkurrierenden Kriterien der Bewertung anzusehen.

Eine dritte Annahme besagt, dass *Bewertungen performativ sind.* Die Akteure bringen in und durch Praktiken Qualitäten und Wertigkeiten hervor. So lässt sich beispielsweise die Bewertungspraxis in Schulen als „organisierte Humandifferenzierung" (Kalthoff 2019) verstehen, die kontingente Urteile des Lehrpersonals in Leistungsunterschiede von Personen übersetzt. Ein weiteres Beispiel wären hier Markinformationssysteme wie Musik-Charts. Am Beispiel der berühmten Billboardcharts haben Anand und Peterson (2000) aufgezeigt, dass Charts nicht einfach einen Markt beobachten, sondern ihn mit konstituieren. Schließlich lassen sich öffentlich verfügbare Rankings, beispielsweise im Hochschulsektor, mit Blick auf die Anpassungsstrategien der Bewerteten diskutieren. So zeigen Espeland und Sauder (2007) in einer viel zitierten Studie zur Reaktivität von Rankings auf, wie sich US-amerikanische Law Schools anpassen, um ihre Position in einem einflussreichen Ranking zu optimieren.

Mit diesem Bewusstsein für die Performativität von Bewertungen wird schließlich viertens deutlich: *Bewertungen sind machtvolle und politische Vorgänge.* Dabei sind sie nicht immer als solche zu erkennen. Am Beispiel von Maßzahlen und Rankings lässt sich dieser Gedanke verdeutlichen:

„Measures, because they standardize, simplify, and provoke comparison, become sturdy vehicles for transporting practices and values from one site to another: from one country to another, from business to education, from the academy to the military, and so on. The power attending public measures is not the obvious, self-interested power of elites, nor is it monolithic; it enters, inscribes itself, and operates differently than noisy, interested power." (Espeland und Sauder 2007, S. 36)

Bewertungen, zumal quantifizierende Bewertungen wie Rankings, sind „zeitgemäße" Formen von Macht, denn sie haben den Nimbus der Objektivität und Transparenz auf ihrer Seite, sind scheinbar leicht nachzuvollziehen und nicht im gleichen Maße diskreditierbar wie individuelle Werturteile. Sie produzieren Rangordnungen und flankieren somit Macht- und Herrschaftsphänomene. Damit schließt diese Perspektive an entsprechende Vorarbeiten zu Fragen der Klassifikation an (bspw. Bowker und Star 2000). So können beispielsweise moralische Wertungen im Alltag identitätsstiftende Kategorisierungen verstärken beziehungsweise als symbolische Grenzziehungen zwischen sozialen Gruppen fungieren (Lamont 1992, 2000). In Bildungsinstitutionen hervorgebracht wirken Bewertungen (wie Abschlussnoten) an der Differenzierung von Lebenschancen mit. Das Abschneiden bei Evaluationen der Forschungsleistungen – wie im britischen Universitätssystem – beeinflusst entscheidend die Allokation finanzieller Mittel. Die Liste der Beispiele ließe sich weiter verlängern. Gleichwohl ist die Frage nach den politischen Effekten von Bewertungen zum gegenwärtigen Stand der Diskussion eine empirische, die eng mit konzeptionellen Fragen hinsichtlich struktureller Bedingungen von Bewertungen verbunden ist.

3 Bewertungskulturen im Vergleich

Die Soziologie der Bewertung wird in vielen der programmatischen Beiträge dezidiert als komparatives Forschungsprogramm entworfen. Eine komparative Grundhaltung eröffnet Chancen für konzeptionelle Irritationen und im besten Falle Weiterentwicklungen. Prominent, da viel zitiert, findet sich dieser Anspruch beispielsweise bei Michèle Lamont in ihrem Überblicksartikel „Toward a comparative sociology of valuation and evaluation" (2012). Neben der grundlegenden analytischen Unterscheidung von Praktiken des Wertens (im Sinne einer Wertzuschreibung) und Praktiken des Bewertens (im Sinne einer Feststellung und Abschätzung von Wert) diskutiert Lamont eine begrenzte Anzahl von Elementen bzw. Unterprozessen, die für bewertungssoziologische Ansätze charakteristisch sind: Hier sind zunächst Prozesse der Kategorisierung und Legitimierung zu nennen. Daneben kann der Fokus auf die Entstehung und Durchsetzung von

Heterarchien sowie von (e)valuativen Praktiken als charakteristisch gelten. Auch andere heuristische Vorschläge lassen sich hier heranziehen. So schlagen Frank Meier, Thorsten Peetz und Desirée Waibel (2016) vor, Bewertungskonstellationen zu vergleichen.[4] Ihr Entwurf bringt drei Elemente miteinander in Verbindung: erstens Positionen (Bewertete, Bewertende und Publika) und die zwischen ihnen bestehenden Relationen, zweitens Regeln sowie drittens technologische Infrastrukturen. Eine weitere Heuristik haben Anne K. Krüger und Martin Reinhart (2017) entwickelt. Ihr Vorschlag umfasst fünf Bausteine: „valuation practices, value structures, valuation infrastructure, valuation situations, and reflexivity of valuation" (Krüger und Reinhart 2017, S. 277).

Alle diese Vorschläge plädieren für einen Vergleich von Bewertungsphänomenen. Ihnen liegt die Idee zugrunde, dass diese sich grundsätzlich dahin gehend untersuchen lassen, wie Werte zugeschrieben und wie sie legitimiert werden, d. h. im Kern *wie* in Bewertungsprozessen (bspw. durch Kategorisierungen und Klassifizierungen), von *wem* (bspw. von unterschiedlichen bewertenden Gruppen) und unter *welchen situativen Kontextbedingungen* (bspw. Infrastrukturen der Bewertung) Wertigkeit hervorgebracht wird. Dabei sind die Herstellung von Wertigkeiten und ihre Legitimation in konkreten Bewertungspraktiken zwar eng miteinander verbunden, gleichwohl wird ihre analytische Unterscheidung in konzeptioneller Hinsicht als produktiv angesehen.[5] Mit einer Fokussierung auf den Aspekt der Zuschreibung von Wertigkeit kann beispielsweise deren kommunikative Struktur herausgearbeitet werden. Ein Beispiel hierfür ist die Klatschtriade aus Jörg Bergmanns Untersuchung zu Klatschkommunikation (1987).[6] Diese ist gekennzeichnet durch ein rekonstruierbares Beziehungsgeflecht zwischen Klatschproduzent*in, Klatschrezipient*in und Klatschobjekt, welches durch Kommunikation aktualisiert wird. Mit Blick auf die Legitimation von Wertigkeiten lassen sich zum einen die mobilisierten Kriterien analysieren. In dieser Hinsicht sind viele der vorliegenden Studien sehr reichhaltig, wenn es etwa um Bewertungskriterien für Musik (von Appen 2007) oder Forschungsanträge (Lamont

---

[4]Zu einem Vorschlag, Bewertungsgefüge anstelle von Bewertungskonstellationen zu betrachten, siehe Eickelmann in diesem Band.

[5]Diese analytische Trennung durchzieht die vorliegenden programmatischen Texte und dokumentiert sich auch in Begriffspaaren wie „valuation" und „evaluation" (bspw. Lamont 2012).

[6]Eine vernachlässigte Komponente sprechen Heuts und Mol (2013) in einem empirischen Aufsatz über die Beurteilung von Tomaten an. Sie stellen auf die enge Verbindung von Werten und „care" (Sorge) ab. Denn: „Caring is an activity in which valuing is implied—both caring *about* and caring *for* have a 'good' at their horizon. At the same time caring indicates efforts that are ongoing, adaptive, tinkering and open ended" (Heuts und Mol 2013, S. 130).

2009) geht. Zum anderen sind auch die Wissensordnungen und Diskurse zu rekonstruieren, in die diese Kriterien eingebettet sind. Ein prominentes Beispiel hierfür
sind die Rechtfertigungsordnungen, die von Boltanski und Thévenot in *Über die
Rechtfertigung* (1991) aus klassischen Texten rekonstruiert werden. Diese werden
in anschließenden Studien auch als Qualitätskonventionen bezeichnet und sukzessive erweitert, beispielsweise um eine ökologische Wertigkeitsordnung (Thévenot
et al. 2000).

3.1 Konzeption und Aufbau des Bandes

Die in diesem Band versammelten Beiträge greifen die erwähnten Annahmen
und konzeptionellen Unterscheidungen der SVE auf. Zudem ermöglichen sie
einen Vergleich verschiedener sozialer Felder sowie eine Beschreibung gegen-
wärtiger Formen sozialer Bewertung.[7] Ein thematischer Schwerpunkt liegt darauf,
die Eigenlogiken von Bewertungen in unterschiedlichen Kontexten – im akademischen, sportlichen oder künstlerischen Bereich – und deren gesellschaftliche
Effekte herauszuarbeiten. Damit tragen die Beiträge nicht nur zu einem tieferen
Verständnis der jeweils untersuchten Felder bei, sondern vermögen auch die zeitdiagnostische These der Verbreitung bewertender Praktiken in unterschiedlichen
sozialen Feldern zu untermauern. Die verschiedenen Blickwinkel auf Bewertungsphänomene, die sich in den Beiträgen dokumentieren, markieren wesentliche
Positionen der gegenwärtigen SVE. Aufbauend auf diesen unterschiedlichen
Akzentsetzungen lässt sich ein heuristisches Modell von Bewertungskulturen
rekonstruieren, das wir für die vergleichende Analyse von Prozessen des Wertens
und Bewertens vorschlagen möchten. Wir entwickeln es im Folgenden, indem wir
zunächst auf den Inhalt und die Schwerpunkte der einzelnen Beiträge eingehen,
um in einem zweiten Schritt den Begriff der Bewertungskulturen zu erläutern und
übergreifende Analysedimensionen für ihren Vergleich zu systematisieren.

---

[7]Die Methoden der Bewertungssoziologie entstammen dem Standardrepertoire der empirischen Sozialforschung. Wie die Beiträge in diesem Band deutlich machen, gibt es eine gewisse
Dominanz qualitativer Forschung, mehr noch vor allem ethnografischer Methoden. Wir gehen
davon aus, dass dies nicht zufällig ist, sondern der Sensibilität für Prozesse und Konflikte,
der mikroanalytischen Grundausrichtung sowie einer kritischen Haltung gegenüber Mess-
und Quantifizierungsverfahren geschuldet ist, die vielen Forschenden in dem Feld zu eigen
ist. Isabelle Dussauge und andere (2015) haben in einem Beitrag das Label „Valuography"
vorgeschlagen und eine Reihe von Taktiken der Untersuchung vorgeschlagen. Diese weisen
ebenfalls starke Nähe zu ethnografischen Perspektiven auf. Inwiefern die Bewertungssoziologie das volle methodische Spektrum der Sozialforschung adaptieren kann und sollte, stellt
aus unserer Perspektive eine lohnenswerte Frage dar.

Jennifer Eickelmann entfaltet in ihrem Beitrag Überlegungen zu mediatisierter Missachtung in digitalen Teilöffentlichkeiten. Im Rekurs auf Judith Butler entwirft sie eine Perspektive, die den performativen Charakter von diffamierenden und im Kern agonalen Wertungen hervorhebt. Weiterhin betont sie die medialen Bedingungen von wertenden Adressierungen. Um diesen gerecht zu werden, schlägt sie konzeptionelle Anleihen bei Karen Barad und Donna Haraway vor und entwickelt den Begriff des Bewertungsgefüges. Schließlich betont sie in Anlehnung an Elena Esposito die Kontingenz mediatisierter Missachtung. Diese kann, muss aber nicht zu Gewaltakten führen. Mit diesem Beitrag werden exemplarisch Fragen der angemessenen Konzeptualisierung mediatisierter Bewertungen und ihrer Effekte verhandelt.

Bewerten und bewertet werden gehört zur alltäglichen Praxis in der Wissenschaft. Entsprechend vielfältig sind die Bewertungslogiken, die sich im Wissenschaftsfeld historisch verfestigen und empirisch untersuchen lassen. Üblich und anerkannt ist hierbei primär die Bewertung von und durch Peers, wohingegen Bewertungen durch andere Akteursgruppen potenziell umstrittener sind. *Lars Alberth* und *Gabriele Wagner* widmen sich in ihrem Beitrag der leistungsorientierten Mittelvergabe (LOM) an deutschen Hochschulen. Hinter diesem Begriff steht ein Steuerungsinstrument, das die Zuweisung monetärer Mittel an die Bewertung wissenschaftlicher Leistungen durch die Verwaltungsabteilungen von Hochschulen koppelt. Aufgrund der antizipierten Konflikte aufseiten der Verwaltungen sprechen Alberth und Wagner in diesem Zusammenhang von Dissensfiktionen, welche die Einführung dieses Instruments begleiten und damit neue Ungleichheiten legitimieren. Mit dem Konzept der Dissensfiktion thematisiert dieser Beitrag Fragen der Formalisierung, Legitimation und Konflikthaftigkeit von Bewertungen, die auch gewinnbringend in anderen Kontexten untersucht werden können, in denen neue Beurteilungsinstrumente hervorgebracht bzw. angewandt werden.

Felicitas Hesselmann, *Cornelia Schendzielorz* und *Anne K. Krüger* werfen in ihrem Beitrag einen neuen Blick auf Prozesse des Peer Review im Kontext wissenschaftlicher Fachzeitschriften, indem sie Sichtbarkeitskonstellationen zum Thema machen. Stehen üblicherweise die Praktiken und Kriterien des Peer Reviews im Fokus der Analyse, stellen die Autorinnen hier die In/Transparenz innerhalb von wissenschaftlichen Bewertungsverfahren in den Mittelpunkt. Ein typischer allgemeiner Topos der Kritik an Bewertungsverfahren ist deren Intransparenz, was sich gegenwärtig auch an verschiedenen Formexperimenten im Peer Review zeigt (bspw. „open peer review"). Die Autorinnen sehen deshalb im Journal Peer Review einen exemplarischen Gegenstand für die Analyse der Bedeutung und Konsequenzen von Transparenz in Bewertungsverfahren und arbeiten heraus, inwiefern In/Transparenz zur Legitimierung von Bewertungen beiträgt. Dieser

Aspekt stellt ein wichtiges Desiderat mit Blick auf die Generalisierung und Legitimation von Bewertungen dar, der auch in anderen Untersuchungen stärker in den Blick gerückt werden sollte.

Mit dem Beitrag von *Nina Tessa Zahner* wechseln wir den thematischen Fokus und wenden uns der Betrachtung von Kunstwerken in Ausstellungen zu. In ihrem Beitrag diskutiert Zahner soziologische Ansätze zu einer Theorie der Kunstwahrnehmung und -bewertung als sozialer Praxis. Hierbei nimmt sie zentral auf die Arbeiten Pierre Bourdieus wie auch dezidiert nachbourdieusche Positionen, wie die Antoine Hennions, Bezug. Im Anschluss an ihre konzeptionellen Überlegungen diskutiert sie ihre Erfahrungen mit der Beforschung von Ausstellungsbesuchen und der Methode des go-along-Interviews. Damit bietet Zahner einen methodisch weiterführenden Ansatz, um Bewertungskulturen mit geringem Formalisierungsgrad empirisch zu untersuchen.

Die folgenden drei Beiträge analysieren Bewertungen im Bereich des Sports. Gemein haben die untersuchten Fälle, dass der Formalisierungsgrad höher ist als im Falle des Ausstellungsbesuchs. *Babette Kirchner* geht in ihrer ethnografischen Studie zu Sportklettern auf die spezifischen Bewertungstools ein, die in dieser Sportart herangezogen werden. Im komplexen Zusammenspiel von Schwierigkeitsgraden und Bewegungskompetenzen zeigt sie exemplarisch Dimensionen und Paradoxien der Wertung auf. Mit *Bewegungs*kompetenz geht hier auch *Bewertungs*kompetenz einher. Selbst- und Fremdbeobachtung wie -bewertung spielen hier, wie auch in anderen Handlungsbereichen, eine eminent wichtige Rolle.

Weiteren Aspekten sportlicher Bewertung wendet sich *Alexandra Janetzko* zu. Sie untersucht Talentbewertungen im Leistungssport aus einer praxistheoretischen Perspektive. Langsprint und lateinamerikanischer Paartanz werden vergleichend im Hinblick auf Sichtungs-, Trainings- und Wettkampfpraktiken analysiert, wobei die konkreten Sichtungspraktiken, ihre Gerichtetheit und die sozio-materiellen Anordnungen in den Fokus rücken. Hier steht erneut die Performativität von Bewertungen im Vordergrund. Zudem werden vom Sport abstrahierend Beobachtungshinweise für „trans-praktische" Zusammenhänge bei Bewertungen formuliert und der Mehrwert praxeografischer Arbeiten für eine Soziologie des Bewertens aufgezeigt.

Franziska Hodek verschiebt die Perspektive erneut, indem sie quantifizierende Spielanalysen im Feld des Profifußballs betrachtet. Ihren empirischen Gegenstand bilden (Be)Wertungspraktiken bei kommerziellen Spielanalysefirmen, die sie ethno- und videographisch untersucht. Ein besonderer Schwerpunkt liegt dabei auf unterschiedlichen Formen von Medialität und deren Auswirkungen auf die zu analysierenden Bewertungen. In diesem Beitrag werden damit sowohl Einblicke in hoch formalisierte Bewertungsprozesse als auch ihre medialen Bedingungen geboten. In der Gesamtschau bieten die Beiträge nicht nur empirisch fundierte Einblicke in aktuelle Bewertungsphänomene. Denn jenseits des verbindenden Interesses an Bewertungslogiken in unterschiedlichen Feldern lassen sich zentrale analytische Schnittpunkte beobachten. Probleme der Formalisierung in den Bewertungsprozessen sind bspw. in den Beiträgen von Nina Tessa Zahner, aber auch Babette Kirchner und Franziska Hodek zentral. Dabei sind Überlegungen nach unterschiedlichen Graden der Normierung von Bewertungen leitend, aber auch nach den Auswirkungen dieser in unterschiedlicher Weise standardisierten – oft tradierten, teils ad hoc komponierten – Werturteile auf die Akteure und ihre Praktiken. Überlieferung, Tradition oder auch Formierung von Bewertungen, Kriterien oder Formaten, in denen Wertigkeit zugeschrieben wird, sind in den Beiträgen als wiederkehrende Themen – exemplarisch in den Texten von Lars Alberth und Gabriele Wagner wie auch von Felicitas Hesselmann, Cornelia Schendzielorz und Anne K. Krüger – anzusehen. Ein weiterer Topos ist schließlich das konfliktgenerierende Potenzial von Bewertungen, das Lars Alberths und Gabriele Wagners terminologischem Vorschlag „Dissensfiktion" innewohnt. Konflikte in evaluativen Kontexten sind sodann mit Blick auf die Performativität von Bewertungen in den Beiträgen von Jennifer Eickelmann und Alexandra Janetzko besonders präsent.

Die hier angedeuteten Schnittmengen der einzelnen Beiträge lassen sich in stärkerer Abstraktion zu Bausteinen für ein heuristisches Modell von Bewertungskulturen ausbauen. Auf das Potenzial einer vergleichenden SVE als Auseinandersetzung mit *Bewertungskulturen* werden wir nun abschließend eingehen.

3.2   Bewertungskulturen – Ansätze einer Heuristik

Der Terminus „Bewertungskulturen" findet seit einigen Jahren sporadisch Verwendung. Neben einem Sammelband mit dem Titel „Evaluation Cultures" (Barbier und Hawkins 2012) lassen sich vereinzelt Studien finden, welche „cultures of valuation", „evaluation cultures" oder „Bewertungskulturen" in unterschiedlichen Kontexten thematisieren (Downs 2017; Frisch 2019; Lilley und Papadopoulos 2014; MacKenzie und Spears 2014). Dabei übernehmen „Bewertungskulturen" bislang *en passant* die Rolle eines einigermaßen diffusen Explanandums für gesellschaftliche Phänomene, wobei bislang keine weiterführende konzeptionelle Ausarbeitung vorliegt. An dieser Leerstelle schließen wir mit unserem Entwurf für eine Heuristik an.

Mit dem Hinweis auf *Bewertungskulturen* wird mit dem vorliegenden Band ein Akzentwechsel für eine vergleichende Perspektive in der Soziologie des Wertens und Bewertens vorgeschlagen, die anders ansetzt als die eingangs diskutierten Beiträge zum Vergleich von Bewertungsphänomenen. Die Verwendung des Kulturbegriffs in der Wissenschafts- und Technikforschung liefert hierfür wichtige Impulse (MacKenzie und Spears 2014, S. 395). In Anlehnung an Ansätze zu „local scientific cultures" (Barnes et al. 1996), „epistemic cultures" bzw. „Wissenskulturen" (Knorr-Cetina 1999; Lepenies 1985; Poferl und Keller 2016) oder auch „Denkstile" (Fleck 1935) soll mit dem Begriff der „Bewertungskultur" sowohl die Heterogenität der an Bewertungen beteiligten Elemente als auch die performative Dynamik von Bewertungen erfasst werden. Ähnlich wie bereits vorliegende Heuristiken gehen wir davon aus, dass Bewertungskulturen heterogene und komplexe Verbindungen aus Praktiken (etwa des Vergleichens und Klassifizierens), Qualitätskonventionen, Diskursen sowie Artefakten und Infrastrukturen darstellen. Diese Verbindungen sollen vergleichend in den Blick genommen werden. Im Unterschied zu bislang vorliegenden Systematisierungsversuchen plädieren wir jedoch nicht für eine Dekomposition von Bewertungsphänomenen in ihre einzelnen Bestandteile, sondern schlagen vor, sie als Bewertungskulturen umfassend zu analysieren und Vergleiche entlang von quer dazu liegenden Dimensionen anzustreben.

Hierfür bietet der Kulturbegriff in den erwähnten Auffassungen methodologisch den Vorteil der Skalierbarkeit: Es lassen sich räumlich und zeitlich begrenzte Bewertungskulturen mit wenigen Beteiligten (etwa Jurys für Literaturpreise) fokussieren oder globale Bewertungsphänomene wie Likes auf Social Media erfassen, die sich hinsichtlich ihrer Formalisierung, Reichweite, Agonalität und Genealogie unterscheiden und durch ihre je spezifische Verbindung dieser Dimensionen charakterisieren lassen. Unsere Perspektive sieht eine Differenzierung dieser Vergleichsdimensionen vor, mit der an bisherige Überlegungen angeschlossen und der Vergleich zwischen Bewertungsphänomenen ermöglicht werden soll und mit der zudem auch Vergleiche zwischen unterschiedlichen Studien angeleitet werden sollen. Somit schlagen wir vor, das grundlegende Zusammenspiel der Herstellung und Legitimation von Bewertungen vergleichend entlang von vier Dimensionen zu analysieren: im Hinblick auf die *Formalisierung, Reichweite, Agonalität* sowie die *Genealogie* von Bewertungskulturen.

In der *Formalisierungsdimension* lässt sich erstens thematisieren, wie stark Bewertungskulturen formalisiert beziehungsweise normiert oder standardisiert sind. Am Beispiel von Bewertungen im kulturellen Feld lässt sich dies verdeutlichen: Die Bandbreite reicht hier von informellen Bewertungen der Alltagsakteure

bis hin zu standardisierten, mehrstufigen Expertenevaluationen. Neben alltäglichen ästhetischen Urteilen über Musik (Berli 2014; Parzer 2011) lassen sich
auch Kritiken von literarischen oder musikalischen Werken als eine stärker nor-
mierte Form von Kulturbewertung (Berli und Parzer 2019; Chong 2011; Schmutz
und Faupel 2010) untersuchen. Eine weitere Steigerung des Formalisierungs-
grads stellen in dieser Reihe von Beispielen die internationalen Verhandlungen
über die Aufnahme von Stätten in das Register des UNESCO-Welterbes dar
(Schäfer 2016). Bewertungskulturen hinsichtlich ihrer Formalisierung zu analysieren, eröffnet eine Vielzahl interessanter Fragestellungen. So lassen sich
beispielsweise innerhalb einer spezifischen Bewertungskultur die Übergänge und
Transformationen von situativen hin zu transsituativ „gültigen" Bewertungen verfolgen und nachzeichnen. Ein Paradebeispiel hierfür wären in schulischen – aber
auch universitären – Bewertungskulturen die Spanne von mündlichen Bewertungen in Unterrichtssituationen bis hin zu Zeugnissen und Zertifikaten. Eine zweite
Option wäre der Vergleich von Bewertungskulturen mit Fokus auf ein bestimmtes Formalisierungsniveau. Lassen sich beispielsweise typische Strukturen der
mündlichen Konstruktion von Wertigkeiten in Gesprächen unter Amateur*innen
herausarbeiten, wenn musikalische und literarische Bewertungen verglichen werden? Zu den Fragen hinsichtlich der Normierung oder Standardisierung von
Bewertungen gehört auch, welche Kontextbedingungen die Bildung von Heterarchien begünstigen (vgl. Lamont 2012, S. 214). Schließlich erlaubt die Analyse
der Formalisierung von Bewertungen auch, die Effekte von Bewertungsinstru-
menten nuanciert zu diskutieren. So argumentieren Rivera und Tilcsik (2019),
dass geschlechtsspezifische Unterschiede der Lehrevaluation in Universitäten von
scheinbar neutralen Details wie der Konstruktion von Ratingskalen abhängen.

Zweitens lassen sich Bewertungskulturen hinsichtlich ihrer *Reichweite* vergleichen. Sie lassen sich dahin gehend untersuchen, wie breit sie geteilt werden
und bei welchen Akteursgruppen sie Zustimmung finden. Daran schließen sich
Analysen zur Öffentlichkeit von Bewertungskulturen an. Welche Reichweite
Bewertungen haben, wem sie gegenüber kommuniziert werden und welche Sichtbarkeitskonstellationen vorherrschen (vgl. Hesselmann et al. in diesem Band), ist
hier von besonderem Interesse. Eng verbunden mit der Bestimmung der Öffentlichkeit von Bewertungskulturen ist dann wiederum auch ihre Performativität:
Welche Reaktivität (Espeland und Sauer 2007) haben sie, welche Effekte zeitigen sie in unterschiedlichen Situationen und sozialen Feldern? Weiterhin muss
mit Blick auf die Reichweite von Bewertungen auch thematisiert werden, mit welchen Mittel diese zur Darstellung gebracht und kommuniziert werden. Für eine
theoretisch weiterführende Behandlung dieses Aspekts lassen sich verschiedene

Spuren verfolgen. Zum einen lässt sich auf die Arbeiten von Heintz zu numeri-
schen Vergleichen und Ranglisten (2010, 2019) verweisen. Zum anderen eröffnet
dieser Aspekt auch Verbindungen zu Überlegungen aus dem Feld der Science
and Technology Studies, insbesondere zu Arbeiten bezüglich der Repräsentation
von Wissenschaft. Stellvertretend sei hier Bruno Latours Konzept der „immutable
mobiles" (1990) als ein möglicher Ansatzpunkt für die vergleichende Diskussion
von Bestenlisten, ihrer zunehmenden Verbreitung und Performativität genannt.
Schließlich ist die Reichweite von Bewertungskulturen eng mit Technologien,
Infrastrukturen und Artefakten verbunden, die konstitutiv an der Hervorbringung und transsituativen Stabilisierung von Bewertungen beteiligt sind. Beispiele
hierfür wären standardisierte Bewertungsbögen für Hausarbeiten, Software für
Spielanalysen etc. Die Beispiele in der vorliegenden Literatur und in den Beiträgen dieses Bandes sind einerseits vielfältig und andererseits bei weitem noch
nicht erschöpfend in konzeptionelle Überlegungen eingebettet. Insbesondere die
Veränderungen von Bewertungskulturen durch Digitalisierung und die verstärkte
Nutzung von Plattformen wie Tripadvisor, Uber, Airbnb oder von Datingportalen
stellen in dieser Hinsicht eine der zentralen Herausforderungen für die SVE dar
(Kropf und Laser 2019).

In der *agonalen Dimension* werden drittens Fragen der Konflikthaftigkeit von
Bewertungen und Legitimationen behandelt. In dieser Dimension werden die
Fluchtlinien sozialer Aushandlungsprozesse und Kämpfe um Bewertungen ana-
lysiert. Diese Dimension wird in der SVE bereits vielfach untersucht und spielt
sowohl in ungleichheitsanalytisch, pragmatisch und wissensanalytisch angelegten
Beiträgen eine zentrale Rolle. Es lässt sich fragen, welche Legitimationsord-
nungen miteinander in Konflikt geraten und welche Kompromisse zwischen
ihnen geschlossen werden (Boltanski und Thévenot 1991). Welche Formen der
Kompromissbildung bei Wertungskonflikten finden sich in hochformalisierten
Bewertungskulturen? Wie beeinflusst die Antizipation von Bewertungskonflikten die Legitimation und Praxis der Bewertung (vgl. Alberth und Wagner in
diesem Band). Darüber hinaus lässt die agonale Dimension auch macht- und herr-
schaftsanalytische Pointierungen zu, indem die gesellschaftlichen Diskurse zur
Herstellung der Wertigkeit in den Blick genommen werden, wie dies beispielsweise Reiner Keller für das Verhältnis von Abfalldiskursen und institutionellen
Praktiken des Umgangs mit Müll in Deutschland und Frankreich unternimmt
(2009).

Die *genealogische Dimension* schließlich, die quer zu den anderen Dimensionen liegt, unterstreicht die Historizität von Bewertungskulturen. Bewertungskulturen sind nicht nur situativ als ein Ergebnis sozialer Interaktionen und Aushandlungsprozesse zu rekonstruieren, sondern sie weisen eine eigene Geschichte

auf. Ähnlich plädiert auch Heintz (2019) für eine diachronische Optik auf Bewertungsprozesse und die herangezogenen Bewertungskriterien (z. B. mit Blick auf die Einschätzung von Kunstwerken oder Sport). Als Beispiel für ein solches Vorgehen kann Luc Boltanskis historische Rekonstruktionen von Klassifizierungen gelten, die beruflichen Ein- und Abgrenzungen zugrunde liegen (1982). In diesem Zusammenhang sollte auch auf die Identifizierung von historisch lokalisierbaren Übergängen von qualitativen, „offenen" Bewertungen hin zu stark quantifizierten Bewertungen hingewiesen werden. So geht Viviana Zelizer in ihrer historisch fundierten Studie zur Entstehung der Lebensversicherungen von Umbruchphasen aus, in denen dem Wert von typischerweise Unbewertbarem (menschlichem Leben) ein monetärer Ausdruck verliehen wird (Zelizer 1979; vgl. auch Zelizer 1985). Ein Feld, das sowohl durch eine Zunahme als auch fortschreitende Formalisierung von Bewertungen gekennzeichnet ist, stellt die Wissenschaft dar. Zeitgenössische Beispiele wären die Kopplung von Mittelzuweisung und Leistungsbeurteilung, kurz LOM im deutschen Kontext (Alberth und Wagner im Band) wie auch das Research Excellence Framework (REF) in Großbritannien (Hamann 2016b). Aber auch andere Bewertungsprozesse im Universitäts- und Wissenschaftskontext werden im Gefolge historischer Änderungen zunehmend formalisiert, zu denken wäre hier u. a. an Berufungsverfahren. Die genealogische Dimension dient bereits als ein zentrales Vergleichsmoment in empirischen Studien zu Bewertungsprozessen (bspw. Diaz-Bone und Salais 2011). In dieser Hinsicht sind auch Studien zu verzeichnen, die Bewertungskulturen quer zu Kulturräumen – z. B. in Europa und den Vereinigten Staaten – beobachten (Lamont und Thévenot 2000) oder vielfältige, in Bewertungskulturen wirkende Konventionen angesichts ihrer je historischen Ausprägungen miteinander vergleichen (Boisard 2003).

Ausgehend von den empirischen Analysen der Beiträge dieses Bandes verweisen die vorstehenden Überlegungen zu Bewertungskulturen auf den Gewinn der vorgestellten Heuristik. Sie zeigen, dass ein Fokus auf Formalisierung, Reichweite, Agonalität und Genealogie in der Lage ist, Forschungsfragen zu generieren, die sowohl den Vergleich von bestehenden Studien anleiten als auch in neue Untersuchungen einmünden können.

Dank In den vorliegenden Band sind Beiträge aus einer Tagung zu „Kulturen der Bewertung" eingegangen. Diese Veranstaltung wurde in Kooperation zwischen dem Arbeitskreis „Soziologie des (Be)Wertens" der DGS-Sektion Wissenssoziologie und der DGS-Sektion Kultursoziologie am 9./10. November 2017 in Köln durchgeführt. Unser besonderer Dank gilt der Fritz Thyssen Stiftung, welche diese Tagung großzügig finanziell unterstützt hat, wie auch den beteiligten beiden Sektionen der DGS. Allen Teilnehmenden sei an dieser Stelle für ihre Beiträge, Kommentare und die angenehme Diskussionskultur gedankt, den Beitragenden für Ihre Kooperation und Geduld im Prozess der Erstellung dieses Bandes.

Literatur

Anand, N., & Peterson, R. A. (2000). When market information constitutes fields. Sense-making of markets in the commercial music industry. *Organization Science 11*(3), 270–284.

Barbier, J.-C., & Hawkins, P. (Hrsg.). (2012). *Evaluation cultures. Sense-making in complex times.* New Brunswick: Transaction Publishers.

Barnes, B., Bloor, D., & Henry, J. (1996). *Scientific knowledge: A sociological analysis.* Chicago: Chicago University Press.

Beckert, J., & Aspers, P. (Hrsg.). (2011). *The worth of goods: Valuation and pricing in the economy.* Oxford: Oxford University Press.

Beckert, J., & Musselin, C. (Hrsg.). (2013). *Constructing quality: The classification of goods in markets.* Oxford: Oxford University Press.

Beljean, S., Chong, P., & Lamont, M. (2016). A post-Bourdieusian sociology of valuation and evaluation for the field of cultural production. In L. Hanquinet, & M. Savage (Hrsg.), *Routledge International Handbook of the Sociology of Art and Culture* (S. 38–48). London/New York: Routledge.

Berger, P. L., & Luckmann, T. (1969[1966]). *Die gesellschaftliche Konstruktion der Wirklichkeit. Eine Theorie der Wissenssoziologie.* Frankfurt a. M: Fischer.

Bergmann, J. (1987). *Klatsch. Zur Sozialform der diskreten Indiskretion.* Berlin: de Gruyter.

Berli, O. (2014). *Grenzenlos guter Geschmack. Die feinen Unterschiede des Musikhörens.* Bielefeld: transcript.

Berli, O., & Parzer, M. (2019). Die 1000 besten Songs aller Zeiten. Musikbestenlisten als Ausdruck und kulturelle Medien gesellschaftlichen Wandels. In N. Burzan (Hrsg.), *Komplexe Dynamiken globaler und lokaler Entwicklungen. Verhandlungen des 39. Kongresses der Deutschen Gesellschaft für Soziologie in Göttingen 2018.* http://publikationen.soziologie.de/index.php/kongressband_2018/article/view/1114/1362. Zugegriffen: 16. Apr. 2020.

Berthoin Antal, A., Hutter, M., & Stark, D. (Hrsg.). (2015). *Moments of valuation: Exploring sites of dissonance.* Oxford: Oxford University Press.

Boisard, P. (2003). *Camembert. A national myth.* Berkeley u.a: University of California Press.

Boltanski, L. (1990[1982]). *Die Führungskräfte: Die Entstehung einer sozialen Gruppe.* Frankfurt a. M.: Campus.

Boltanski, L., & Thévenot, L. (2007[1991]). *Über die Rechtfertigung. Eine Soziologie der kritischen Urteilskraft.* Hamburg: Hamburger Edition.

Bourdieu, P. (1984[1979]). *Die feinen Unterschiede. Kritik der gesellschaftlichen Urteilskraft.* Frankfurt a. M.: Suhrkamp.

Bowker, G. C., & Star, S. L. (2000). *Sorting things out: Classification and its consequences.* Cambridge: MIT Press.

Breidenstein, G. (2012). *Zeugnisnotenbesprechung. Zur Analyse der Praxis schulischer Leistungsbewertung.* Opladen: Budrich.

Cefaï, D., Zimmermann, B., Nicolae, S., & Endreß, M. (2015). Introduction. Special issue on sociology of valuation and evaluation. *Human Studies 38*(1), 1–12.

Chong, P. (2011). Reading difference: How race and ethnicity function as tools for critical appraisal. *Poetics 39*(1), 64–84.

Dewey, J. (1939). *Theory of valuation.* Chicago: University of Chicago Press.

Diaz-Bone, R. (2010). *Kulturwelt, Diskurs und Lebensstil. Eine diskurstheoretische Erweiterung der bourdieuschen Distinktionstheorie* (2. Aufl.). Wiesbaden: VS.

Diaz-Bone, R. (2015). *Die „Economie des conventions".* Grundlagen und Entwicklungen der neuen französischen Wirtschaftssoziologie. Wiesbaden: Springer VS.

Diaz-Bone, R., & Salais, R. (2011). Conventions and institutions from a historical perspective. *Historical Social Research 36*(4), 125–149.

Downs, Y. (2017). Furthering alternative cultures of valuation in higher education research. *Cambridge Journal of Education 47*(1), 37–51.

Durkheim, É., & Mauss, M. (1987[1903]). Über einige primitive Formen von Klassifikation. Ein Beitrag zur Erforschung der kollektiven Vorstellungen. In É. Durkheim (Hrsg.), *Schriften zur Soziologie der Erkenntnis* (S. 169–256). Frankfurt a. M.: Suhrkamp.

Dussauge, I., Helgesson, C.-F., & Lee, F. (2015). Valuography. Studying the making of values. In I. Dussauge, C.-F. Helgesson, & F. Lee (Hrsg.), *Value Practices in the life sciences and medicine* (S. 267–285). Oxford: Oxford University Press.

Espeland, W. N., & Sauder, M. (2007). Rankings and reactivity: How public measures recreate social worlds. *American Journal of Sociology 113*(1), 1–40.

Fleck, L. (1980[1935]). *Entstehung und Entdeckung einer wissenschaftlichen Tatsache. Einführung in die Lehre vom Denkstil und Denkkollektiv.* Frankfurt a. M.: Suhrkamp.

Flick, U. (Hrsg.). (2006). *Qualitative Evaluationsforschung. Konzepte – Methoden – Umsetzung.* Reinbek: Rowohlt.

Frisch, T. (2019). Digitale Bewertungskultur im Tourismus 2.0. Grenzüberschreitung und Normalisierungsdruck. In J. Kropf, & S. Laser (Hrsg.), *Digitale Bewertungspraktiken. Für eine Bewertungssoziologie des Digitalen* (S. 41–70). Wiesbaden: Springer VS.

Hamann, J. (2016a). "Let us salute one of our kind". How academic obituaries consecrate research biographies. *Poetics 56,* 1–14.

Hamann, J. (2016b). The visible hand of research performance assessment. *Higher Education 72,* 761–779.

Heintz, B. (2010). Numerische Differenz. Überlegungen zu einer Soziologie des (quantitativen) Vergleichs. *Zeitschrift für Soziologie 39*(3), 162–181.

Heintz, B. (2016). „Wir leben im Zeitalter der Vergleichung." Perspektiven einer Soziologie des Vergleichs. *Zeitschrift für Soziologie 45*(5), 305–323.

Heintz, B. (2019). Vom Komparativ zum Superlativ. Eine kleine Soziologie der Rangliste. In S. Nicolae, M. Endreß, O. Berli, & D. Bischur (Hrsg.), *(Be)Werten. Beiträge zur sozialen Konstruktion von Wertigkeit* (S. 45–80). Wiesbaden: Springer VS.

Heuts, F., & Mol, A. (2013). What is a good tomato? A case of valuing in practice. *Valuation Studies 1*(2), 125–146.

Hirschauer, S. (2006). Wie geht Bewerten? – Zu einer anderen Evalutionsforschung. In U. Flick (Hrsg.), *Qualitative Evaluationsforschung. Konzepte – Methoden – Umsetzung* (S. 405–423). Reinbek: Rowohlt.

Hirschauer, S. (2015). How editors decide. Oral communication in journal peer review. Special Issue on Sociology of Valuation and Evaluation. *Human Studies 38*(1), 37–55.

Hirschauer, S. (2019). Urteilen unter Beobachtung. Performative Publizität im Peer Review. In S. Nicolae, M. Endreß, O. Berli, & D. Bischur (Hrsg.), *(Be)Werten. Beiträge zur sozialen Konstruktion von Wertigkeit* (S. 275–298). Wiesbaden: Springer VS.

Kalthoff, H. (1996). Das Zensurenpanoptikum. *Zeitschrift für Soziologie 25*(2), 106–124.

Kalthoff, H. (2013). Practices of grading: An ethnographic study of educational assessment. *Ethnography and Education 8*(1), 89–104.

Kalthoff, H. (2019). Organisierte Humanevaluation. Zur Behandlung und Klassifikation von Schulinsassen. In S. Nicolae, M. Endreß, O. Berli, & D. Bischur (Hrsg.), *(Be)Werten. Beiträge zur sozialen Konstruktion von Wertigkeit* (S. 221–248). Wiesbaden: Springer VS.

Karpik, L. (2011). *Mehr Wert: Die Ökonomie des Einzigartigen.* Frankfurt a. M.: Campus.

Keller, R. (2009). *Müll. Die gesellschaftliche Konstruktion des Wertvollen.* Wiesbaden: VS.

Keller, R., & Poferl, A. (2016). Soziologische Wissenskulturen zwischen individualisierter Inspiration und prozeduraler Legitimation. Zur Entwicklung qualitativer und interpretativer Sozialforschung in der deutschen und französischen Soziologie seit den 1960er Jahren [76 Absätze]. Forum Qualitative Sozialforschung / Forum: Qualitative Social Research, 17(1), Art. 14. http://nbn-resolving.de/urn:nbn:de:0114-fqs1601145.

Kjellberg, H., Mallard, A., Arjaliès, D.-L., Aspers, P., Beljean, S., Bidet, A., Corsin, A., Didier, E., Fourcade, M., Geiger, S., Hoeyer, K., Lamont, M., MacKenzie, D., Maurer, B., Mouritsen, J., Sjögren, E., Tryggestad, K., Vatin, F., & Woolgar, S. (2013). Valuation studies? Our collective two cents. *Valuation Studies 1*(1), 11–30.

Knorr Cetina, K. (1984). *Die Fabrikation von Erkenntnis. Zur Anthropologie der Naturwissenschaft.* Frankfurt a. M.: Suhrkamp.

Knorr Cetina, K. (1999). *Epistemic Cultures: How the sciences make knowledge.* Cambridge: Harvard University Press.

Kropf, J., & Laser, S. (Hrsg.). (2019). *Digitale Bewertungspraktiken. Für eine Bewertungssoziologie des Digitalen.* Wiesbaden: Springer VS.

Krüger, A. K., & Reinhart, M. (2017). Theories of valuation – Building blocks for conceptualizing valuation between practice and structure. *Historical Social Research – Historische Sozialforschung 42*(1), 263–285.

Lamont, M. (1992). *Money, morals, and manners. The culture of the French and the American upper-middle class.* Chicago: Chicago University Press.

Lamont, M. (2000). *The dignity of working men. Morality and the boundaries of race, class, and immigration.* Cambridge: Harvard University Press.

Lamont, M. (2009). *How professors think. Inside the curious world of academic judgement.* Cambridge: Harvard University Press.

Lamont, M. (2012). Toward a comparative sociology of valuation and evaluation. *Annual Review of Sociology 38*(1), 201–221.

Lamont, M., & Thévenot, L. (Hrsg.). (2000). *Rethinking comparative cultural sociology. Repertoires of evaluation in France and the United States.* Cambridge: Cambridge University Press.

Latour, B. (1990). Drawing things together. In M. Lynch & S. Woolgar (Hrsg.), *Representation in scientific practice* (S. 19–68). Cambridge: MIT Press.

Lepenies, W. (1985). *Die drei Kulturen. Soziologie zwischen Literatur und Wissenschaft.* München: Hanser.

Lilley, S., & Papadopoulos, D. (2014). Material returns: Cultures of valuation, biofinancialisation and the autonomy of politics. *Sociology 48*(5), 972–988.

Lynch, M. (1985). *Art and artifact in laboratory science. A study of shop work and shop talk in a research laboratory.* London etc.: Routledge & Kenan Paul.

MacKenzie, D., & Spears, T. (2014). 'The formula that killed Wall Street': The Gaussian copula and modelling practices in investment banking. *Social Studies of Science 44*(3), 393–417.

Mau, S. (2017). *Das metrische Wir. Über die Quantifizierung des Sozialen.* Berlin: Suhrkamp.

Meier, F., Peetz, T., & Waibel, D. (2016). Bewertungskonstellationen. Theoretische Überlegungen zur Soziologie der Bewertung. *Berliner Journal für Soziologie 26*(3–4), 307–328.

Nicolae, S., Endreß, M., Berli, O., & Bischur, D. (Hrsg.). (2019). *(Be)Werten. Beiträge zur sozialen Konstruktion von Wertigkeit.* Wiesbaden: Springer VS.

Parzer, M. (2011). *Der gute Musikgeschmack. Zur sozialen Praxis ästhetischer Bewertung in der Populärkultur.* Frankfurt a. M.: Lang.

Porter, T. M. (1995). *Trust in numbers. The pursuit of objectivity in science and public life.* Princeton: Princeton University Press.

Reinhart, M. (2012). *Soziologie und Epistemologie des Peer Review.* Baden-Baden: Nomos.

Rivera, L. A., & Tilcsik, A. (2019). Scaling down inequality: Rating scales, gender bias, and the architecture of evaluation. *American Sociological Review 84*(2), 248–274. https://doi.org/10.1177/0003122419833601.

Rosi, Peter H., & Freeman, H. E. (1982). *Evaluation: A systematic approach.* Beverly Hills: Sage.

Schäfer, H. (2016). „Outstanding universal value". Die Arbeit an der Universalisierung des Wertvollen im UNESCO-Welterbe. *Berliner Journal für Soziologie 26*(3–4), 353–375.

Schmutz, V., & Faupel, A. (2010). Gender and cultural consecration in popular music. *Social Forces 89*(2), 685–708.

Stark, D. (2009). *The sense of dissonance. Accounts of worth in economic life.* Princeton: Princeton University Press.

Thévenot, L., Moody, M., & Lafaye, C. (2000). Forms of valuing nature: Arguments and modes of justification in French and American environmental disputes. In M. Lamont, L. Thévenot, et al. (Hrsg.), *Rethinking comparative cultural sociology. Repertoires of evaluation in France and the United States* (S. 229–272). Cambridge: Cambridge University Press.

Vatin, F. (2013). Valuation as evaluating and valorizing. *Valuation Studies 1*(1), 31–50.

Veldhuis, O. (2005). *Talking Prices. Symbolic meanings of prices on the market for contemporary art.* Princeton: Princeton University Press.

von Appen, R. (2007). *Der Wert der Musik. Zur Ästhetik des Populären.* Bielefeld: transcript.

Vormbusch, U. (2012). *Die Herrschaft der Zahlen. Zur Kalkulation des Sozialen in der kapitalistischen Moderne.* Frankfurt a. M.: Campus.

Weiss, C. H. (1972). *Evaluation research. Methods of assessing program effectiveness.* Englewood Cliffs: Prentice Hall.

Zaborowski, K. U., Meier, M., & Breidenstein, G. (2011). *Leistungsbewertung und Unterricht. Ethnographische Studien zur Bewertungspraxis in Gymnasium und Sekundarschule.* Wiesbaden: VS Verlag.

Zelizer, V. (1979). *Morals and markets: The development of life insurance in the United States.* New York: Columbia University Press.

Zelizer, V. (1985). *Pricing the priceless child: The changing social value of children.* New York: Basic Books.

Zuckerman, H. (1977). *Scientific elite: Nobel laureates in the United States.* New York: Free Press.

Zur Justierung von Lebbarkeiten. Normative Bewertungsgefüge in digitalen Teilöffentlichkeiten

Jennifer Eickelmann

1 Einleitende Worte zur Realität normativer Bewertungsgefüge

Sri Lanka, März 2018. Nachdem in der Stadt Kandy vier angetrunkene Jugendliche einen Mann erschlugen, weil er sie auf der Straße nicht überholen ließ, wird der landesweite Notstand ausgerufen. Bei den vier Jugendlichen handelte es sich Medienberichten zufolge um Muslime – bei dem Mann um einen Singhalesen. Das Ereignis führte zur Mobilisierung gewaltbereiter Gruppierungen, darunter auch radikale Buddhisten, die für einen singhalesischen Nationalismus einstehen und derzeit insbesondere gegen die muslimische Minderheit kämpfen (Tagesschau.de 2018). Mindestens zwei weitere Menschen starben, zahlreiche Geschäfte, Wohnungen sowie Moscheen wurden angezündet und beschädigt (Reuters.com 2018a). Dass es sich bei diesen Unruhen um Ereignisse handelt, die sich über unterschiedliche Realitätsdimensionen hinweg konstituieren, zeigen die Eingriffe der Staatsräson: Neben erhöhter Militärpräsenz veranlasste der Präsident Sri Lankas, Maithripala Sirisena, die landesweite, 72-stündige Sperrung des Zugangs zu digitalen Kommunikationsmedien, darunter Facebook, WhatsApp und Viber (Reuters.com 2018b). Insbesondere Facebook geriet in diesem Kontext als Katalysator der Hetze gegen Muslime in den Blick – die Sperrung des Zugangs avancierte zur vielversprechenden Strategie des Staates, den Unruhen zu begegnen. Die Telecommunications Regulatory Commission of Sri Lanka

J. Eickelmann (✉)
Fakultät für Sozialwissenschaften, Technische Universität Dortmund, Dortmund, Deutschland
E-Mail: jennifer.eickelmann@tu-dortmund.de

O. Berli et al. (Hrsg.), *Bewertungskulturen*, Soziologie des Wertens und Bewertens, https://doi.org/10.1007/978-3-658-33409-3_2

(TRCSL), die als staatliche Behörde zuständig für die Ausführung von Sperrungen sowie das Monitoring und die Filterung von Inhalten ist und u. a. vom Verteidigungsministerium instruiert wird, arbeitet seitdem weiter an Möglichkeiten, über Facebook artikulierte ‚Hate Speech' zu regulieren (Srilankamirror.com 2018a; Sundaytimes.lk 2018). Als staatliche Vorbilder für ‚sinnvolle Zensurmaßnahmen' finden sich in der öffentlichen Debatte in Sri Lanka die Philippinen – und Deutschland (vgl. Srilankamirror.com 2018b).[1] Wenn sich auch Zweifel an der Legitimität dieses Vergleiches begründet darlegen ließen, so geht es an dieser Stelle vielmehr darum zu zeigen, dass sich in digitalen Teilöffentlichkeiten artikulierte ‚Hate Speech' *erstens* zu einem nationalen wie weltumspannenden Problem entwickelt, das ein Verlangen nach umfassender, staatlicher Regulierung nach sich zieht, und dass *zweitens* die Effekte von ‚Hate Speech' im Netz längst die Realitätsdimension der Realität (zur Begriffsverwendung s.u.) durchdringen und damit nicht zuletzt die Trennung von Realität und Virtualität selbst ad absurdum führen.

Der hier verwendete Begriff des Bewertungs*gefüges* ist der Orientierung an einem rhizomatischen wie nomadologischen Werden in Anlehnung an Deleuze und Guattari ebenso verpflichtet wie dem Denken von Relationalität als ‚diffraction pattern' in Anlehnung an Donna J. Haraway und Karen Barad (Deleuze und Guattari 1992, S. 508, 522 ff.; Haraway 1992, S. 300; Barad 2007, S. 71 ff.; für eine Gegenüberstellung von Deleuze und Guattari sowie Haraway vgl. Folkers und Hoppe 2017, S. 141 ff.). Er betont die Historizität, Fragilität, und Mehrdeutigkeit von Prozessen der Differenzproduktion in ihrer Situiertheit und Situativität. Situativität meint in diesem Kontext, dass in einem Bewertungsgefüge unterschiedliche Positionierungen, Ästhetiken, technologische Funktionsweisen und Nutzungspraxen konstitutiv aufeinander bezogen sind, die immer im Werden sind und aus denen sich kaum transsituativen Regeln ableiten lassen. Mit dem Begriff des Gefüges soll entsprechend auf die Fragilität und Gleichzeitigkeit mehrdimensionaler Positionierungs*effekte* verwiesen werden, die nicht heuristisch a priori bestimmt, sondern a posteriori im Hinblick auf ihre temporäre Effektivität betrachtet werden.[2]

---

[1] In Deutschland ist zu Beginn des Jahres 2018 das Netzwerkdurchsetzungsgesetz (NetzDG) in Kraft getreten, das soziale Netzwerke mit über zwei Millionen Nutzer*innen zur Löschung bzw. Sperrung rechtswidriger Hassrede sowie Falschnachrichten verpflichtet (vgl. Eickelmann et al. 2017). Das Gesetz stand bereits seit der Entwurfsfassung immer wieder in der Kritik, wobei in jüngster Zeit die Rechte der Nutzer*innen, die Transparenzpflichten der Unternehmen und der Zugang zu Daten der Plattformen für Forschungszwecke thematisiert werden. Zudem hat die EU Kommission im Dezember 2020 einen Entwurf des 'Digital Services Act' vorgelegt, um eine europaweite Regelung zu finden (vgl. Netzpolitik.org 2021).

[2] Meier et al. (2017) haben mit dem Begriff der Bewertungskonstellation eine relationale wie transsituative Konzeptualisierung verwobener Bewertungen vorgeschlagen, die Bewertetes,

Bei ‚Hate Speech' im Netz handelt es sich um ein spezifisches Bewertungsgefüge, das ich im Folgenden ‚mediatisierte Missachtung' nennen werde. Mediatisierte Missachtung bezeichnet eine medientechnologisch bedingte Form der Bewertung, die nicht nur Differenzen erzeugt, sondern erzeugte Differenzen entlang der machtvollen wie normativen Unterscheidung in Anerkennbares und Verworfenes (an-)ordnet und damit zugleich Räume des Lebbaren sowie dessen Anderes performativ erzeugt. Nähert man sich eben jenen Bewertungsgefügen, kommt man nicht umhin, sich zum einen mit konkreten Bewertungspraxen und ihrer medientechnologischen Bedingtheit zu beschäftigen und zum anderen die damit zusammenhängenden (Re-)Produktionsmechanismen kultureller Anerkennungsordnungen zu betrachten. Hinzu kommt, dass mediatisierte Missachtung immer auch historisch, d. h. in kulturelle Ordnungen eingebettet ist, die unsere Existenz übersteigen, stetig aktualisiert werden und die sich damit einer zumindest vollständigen Verfügung durch einzelne Subjekte entziehen. Davon ausgehend, dass Kultur immer dort ist, wo Wert zugeschrieben wird, d. h. Prozesse der Valorisierung stattfinden (Reckwitz 2017, S. 16), erscheint mediatisierte Missachtung eben nicht als eine kulturelle Praxis der Ent-Valorisierung, sondern als eine explizite kulturelle Praxis der Valorisierung, die Wert damit erzeugt, dass sie bewertet, indem sie abwertet und damit das Wertvolle sowie das Andere des Wertvollen erzeugt.

In einem ersten Schritt wird der Begriff ‚mediatisierte Missachtung' vorgestellt und als spezifische Adressierungs- und Artikulationsform normativer Bewertungsgefüge beschreiben. Um diese Perspektive zu vertiefen, wird die theoretische Einbettung, die dem Begriff mediatisierte Missachtung eingeschrieben ist, näher erläutert. Er stützt sich zum einen auf ein performativitätstheoretisches Subjektverständnis nach Judith Butler sowie auf eine medientheoretische Erweiterung dieses Konzepts mithilfe der Schriften von Karen Barad und zum anderen auf ein an Kontingenz orientiertes Verständnis der Realitätsdimensionen der Realität und der Virtualität in Anlehnung an Elena Esposito (Abschn. 2.1). Auf dieser Basis wird im Anschluss auf medienkulturtechnologische Bedingungen mediatisierter Missachtung fokussiert (Abschn. 2.2). Abschließend sucht der Beitrag das Moment der Verfehlung normativer Bewertungspraxis herauszuarbeiten, um zu argumentieren, dass es kein letztes Urteil gibt und geben kann, sondern es

---

Bewertendes und das Publikum vor dem Hintergrund transsituativ geltender Regeln und technologischer Infrastrukturen unterscheidet (Meier et al. 2017). Der vorliegende Beitrag betont stattdessen mit dem Begriff des Bewertungs*gefüges* stärker das Werden unterschiedlicher Relata, deren Situiertheit und Situativität.

vielmehr darum geht, den stetigen Kampf um Anerkennung als Möglichkeitsraum für widerständige Verschiebungen mediatisierter Missachtung zu betrachten
(Abschn. 3). Das Fazit fasst die zentralen Aspekte zusammen Abschn. 4).

2 Mediatisierte Missachtung als normatives Bewertungsgefüge im Kontext digitaler Teilöffentlichkeiten

2.1 Mit Butler und Barad zu einem Begriff mediatisierter Missachtung

Für diffamierende, bedrohende Adressierungen im Netz existieren in öffentlichen
wie wissenschaftlichen Diskursen unterschiedliche Begrifflichkeiten. Der Begriff
‚Hate Speech' – der keineswegs neu ist, sondern historisch als das Andere der
Redefreiheit gemäß des ersten Zusatzartikels der Verfassung der USA betrachtet werden muss (vgl. Eickelmann 2017, S. 120) – scheint sich im Zuge einer
gesteigerten öffentlichen Aufmerksamkeit durchgesetzt zu haben. Diffamierende,
bedrohende Adressierungen in digitalen Teilöffentlichkeiten geraten insbesondere
deswegen als Artikulationsform normativer Bewertungsgefüge in den Blick, da sie
Überschreitungen spezifischer normativer Rahmen nicht nur kommentieren, sondern semiotisch-materiell abwerten und sanktionieren. Gleichzeitig werden eben
jene normativen Rahmen erst im Zuge dieser Bewertungen und Sanktionierun-
gen performativ hergestellt. Im Kontext einer idealisierten Diskursivierung des
Internets als dereguliertes, partizipatives Medium wird gleichzeitig betont, dass
die ‚Redefreiheit' im Kontext der Versuche einer Reglementierung von Zeichen
in digitalen Teilöffentlichkeiten gefährdet sei. Damit zeichnet sich die öffentliche Debatte derzeit durch ein konstitutives Dilemma aus: Während auf der einen
Seite als vermeintlich sicher gilt, dass normativen Bewertungsgefüge einen unmittelbaren Gewaltakt in der Realität vollziehen, d. h. die Adressierten unmittelbar
verletzen (Hate Speech-Diskurs), wird auf der anderen Seite betont, dass auch
normative Abwertungen durch die ‚Redefreiheit' geschützt werden müssen (Free
Speech-Diskurs). Die Kritik an teils schmähenden Bewertungen von Individuen
oder Gruppen, insbesondere aufgrund ethnischer, religiöser oder auch geschlecht-
licher Zugehörigkeiten, gerät hier nicht zuletzt als Ausdruck einer umfassenden
Regulierungsmaßnahme im Namen der ‚Political Correctness' in den Blick, die
– ebenso normativ – zensiere.[3] Die hier vorliegende Verengung der Diskussion

---

[3]Vgl. zu entsprechenden Positionierungen exemplarisch Reddit:

lässt sich mittels der Gegenüberstellung zweier, für die Debatte konstitutiver, Fragen veranschaulichen: Handelt es sich bei Zeichen im Netz, die als gewaltvoll diskursiviert werden, um rechtswidrige Artikulationen, die es gilt, mithilfe von Sperrungen und/oder Löschungen unsichtbar zu machen? Oder: Handelt es sich bei eben jenen Zeichen nicht etwa um ‚gewaltvolle Zeichen', sondern um Zeichen als ‚Ausdruck der Redefreiheit', die es zu verteidigen gilt? Bei dem hier deutlich werdenden Dualismus von ‚Zeichen als Gewaltakt' (Hate Speech-Diskurs) oder von ‚Zeichen als Ausdruck der Redefreiheit' (Free Speech-Diskurs) ist die jeweilige Einschätzung der Materialität von digitalen Zeichen zentral: Während der Hate Speech-Diskurs Zeichen per se materiale Effekte zuschreibt, also Zeichenhaftigkeit und Materialität gleichsetzt und sie damit als unmittelbar verletzend betrachtet, erkennt der Free Speech-Diskurs die Materialität des Zeichenhaften nicht an und schließt eine Verletzungsmacht von Zeichen aus (vgl. Butler 2006, S. 32 ff.; Eickelmann 2017, S. 117 ff.). Beiden Argumentationen sind damit bereits selbst schon normative Bewertungen eingeschrieben, die die Frage nach dem Verhältnis von Semiotik und Materialität betreffen, die wiederum im Kontext der Frage nach der Verletzungsmacht von Artikulationen auf zwei Fluchtpunkte im Sinne eines Entweder-Oders zulaufen. Mit Butler argumentiert wird hier deutlich, dass der Umstand, dass die semiotisch-materielle Dimension des Zeichens *eben nicht* im Zeichen selbst wurzelt, sondern als Effekt des Adressierungsgeschehens, d. h. einer ereignishaften Praxis, betrachtet werden muss, vollends negiert wird. Hier wird eine Unmittelbarkeit der semiotisch-materiellen Dimension des Zeichens (als Gewaltakt oder als Redefreiheit) postuliert, die letztlich als universalistische Politisierung von Zeichen in den Blick rückt (vgl. Eickelmann 2019b).

Hinzu kommt, dass die Medialität des Phänomens nur selten Berücksichtigung findet. Versucht man nun, das komplexe Wechselverhältnis von normativen Bewertungspraktiken und Anerkennungsordnungen im Kontext ihrer medientechnologischen Bedingtheit zu beobachten und die dualistisch strukturierte Debatte zu verschieben, scheint eine begriffliche Alternative unausweichlich. Dies nicht zuletzt auch deshalb, weil die Klärung der Gewaltfrage im Kontext virtueller Artikulationen sowie die Rechtslage nicht immer so eindeutig sind, wie das eingangs aufgemachte Beispiel suggeriert. Der Begriff ‚mediatisierte Missachtung' zielt entsprechend darauf ab, sich den Herausforderungen kontingenter Bedeutungen von Valorisierungsprozessen zu stellen und damit eine begriffliche wie

---

https://www.reddit.com/r/AskReddit/comments/68ojrw/what_do_you_hate_the_most_about_political/ und https://www.reddit.com/r/politicallyincorrect/ (Zugriff: 29. August 2019).

analytische Perspektivverschiebung anzuregen. Mediatisierte Missachtung soll im
Folgenden verstanden werden als

> „Miss-Achtung, d. h. als medientechnologisch bedingte Zurückweisung und Her-
> absetzung, die Ausschlüsse produziert und damit den Möglichkeitsraum für (Über-
>)Lebensfähigkeit begrenzt. Mediatisierte Missachtung stellt eine Bedrohung für
> Subjekte im existenziellen Spannungsfeld von Realität und Virtualität dar, deren Effek-
> tivität nicht im Vorhinein abgeschätzt werden kann. Das Funktionieren der Bedrohung,
> d. h. ihre performative Effektivität, ist dabei unmittelbar an einen durch Teilöffentlich-
> keiten im Netz hergestellten Schauplatz der Macht geknüpft. Dieser wird im Kontext
> digitaler Hypermedialität von [staatspolitischen, Erg. d. Verf.]⁴ technologischen wie
> ökonomischen Infrastrukturen ebenso mitbestimmt, wie von historisch gewachsenen
> und performativ hergestellten diskursiven Formationen." (Eickelmann 2017, S. 22)

Das hier vorgestellte Begriffsinstrumentarium fußt zum einen auf einem performativitätstheoretischen Subjektverständnis im Kontext medientechnologischer
Bedingtheit und zum anderen auf einem an Kontingenz orientierten Verständnis
des Verhältnisses von Diskursivität und Materialität. Beide Aspekte werden im
Folgenden erläutert.

2.1.1 Performativitätstheoretisches Subjektverständnis im Kontext medientechnologischer Bedingtheit

Subjektivität aus einer performativitätstheoretischen Perspektive zu betrachten,
bedeutet zuvorderst, Subjektivation als Prozess zu begreifen. Judith Butler hat
in ihren Arbeiten in Anlehnung an die sprachtheoretischen Schriften von John
L. Austin Performativität als „die ständig wiederholende und zitierende Praxis,
durch die der Diskurs die Wirkungen erzeugt, die er benennt" (Butler 1997, S.
22) beschrieben. Butler begreift kulturelle Normen als regulierende Modi, die
performativ hergestellt und wirksam werden. Das heißt, dass kulturelle Normen Subjektivitäten und ihre Körper erst herstellen. Es gibt keine Subjektivität
und auch keine Materialität jenseits performativer Praxis. Erst in der wieder-
holenden Aufführung werden Subjektivität und ihre Materialität – immer nur
temporär – hergestellt und können folglich nicht in ihrer Existenz als solche
vorausgesetzt werden. In ihrem Buch *Haß spricht. Zur Politik des Performativen* (Butler 2006) führt Butler in Anlehnung an Louis Althusser aus, dass

---

⁴Die Ergänzung um den Aspekt des Staatlichen scheint spätestens seit Inkrafttreten des
Netzwerkdurchsetzungsgesetztes (NetzDG) zu Beginn des Jahres 2018 und den aktuellen internationalen Diskussionen zur rechtlichen Regulierung von ‚Hate Speech' im Netz
notwendig.

der Akt der Anrufung (Interpellation) eine zentrale Stellung im Subjektivationsgeschehen einnimmt. Diese Ausführungen sind für eine Konzeptualisierung mediatisierter Missachtung als Artikulations- und damit auch Adressierungsform normativer Bewertungsgefüge insbesondere deswegen relevant, da sie es erlauben, diffamierende Adressierungen im Kontext von Subjektivationsprozessen zu betrachten. Der „benennende Ruf" (Butler 2006, S. 15), d. h. der namengebende Akt der Anrede ist bei Butler Teil eines ständigen Erzeugungsprozesses des Angesprochen-Werdens, des Ansprechens, aber auch des Sich-Selbst-Sprechens (Butler 2006, S. 15 f., 2014, S. 111; vgl. auch Eickelmann 2018b). Bei diesen Prozessen handelt es sich gleichzeitig um einen produktiven Prozess der Subjektwerdung, wie auch um einen Prozess des Unterwerfens unter normative Anerkennungsordnungen (Butler 2000, S. 7). Zentral ist zudem – und darauf wird später noch vertiefend eingegangen – dass Akte der Adressierung ihre Verfehlung stets mit sich führen. Es handelt sich um unsouveräne Sprechakte, die in ihrer Bedeutung nicht im Vorhinein bestimmt werden können, sondern von ihrer Effektivität aus gedacht werden müssen (Butler 2006, S. 32). Eben jene performativitätstheoretische Perspektive lässt sich damit als eine spezifische Form des praxistheoretischen Zugangs begreifen, welcher nicht zuletzt aufgrund seiner dekonstruktivistischen Einbettung die Fehlbarkeit wie Unkontrollierbarkeit wiederholender Praxis in das Zentrum des Interesses rückt (Derrida 1990a, S. 127 ff.; vgl. Reckwitz 2004, S. 46; vgl. Schäfer 2013, S. 36 ff.; vgl. Hillebrandt 2014, S. 49). So hat Hilmar Schäfer herausgearbeitet, dass insbesondere die poststrukturalistische Kritik des Strukturbegriffs für eine praxistheoretische Perspektivierung insofern konstitutiv ist, als sie die Zeitlichkeit und Ereignishaftigkeit – und damit unweigerlich: Prozesshaftigkeit – von Sozialität betont (Schäfer 2013, S. 36, 203).

Nun ist es so, dass wir es im Kontext mediatisierter Missachtung mit einem digitalen Adressierungsgeschehen zu tun haben, das wiederum in ökonomische wie technologische sowie z. T. staatliche Rationalitäten eingebunden ist. Auch wenn die Ausführungen Butlers meiner Lesart nach zwar nicht ausschließlich auf das Zeichensystem Sprache samt ihrer Materialität beschränkt sind, so gilt es dennoch, theoretische Erweiterungen vorzunehmen, um die medialen Bedingungen des Adressierungsgeschehens explizieren zu können. Zu diesem Zweck habe ich eine Erweiterung des performativitätstheoretischen Ansatzes von Judith Butler mithilfe der Schriften von Karen Barad und Donna J. Haraway vorgeschlagen (Eickelmann 2017, 2018a, b, 2019a).

Karen Barads Konzept des ‚Agentiellen Realismus' entwickelt unter Rekurs auf die Quantenphysik Nils Bohrs eine Theorie der Materialität, die insbesondere in den letzten Jahren im Kontext des ‚New Materialism' auch im deutschsprachigen Raum verstärkt Aufmerksamkeit erfahren hat (vgl. exemplarisch Bath et al. 2013; Goll et al. 2013; Eickelmann 2017; Hoppe und Lipp 2017). In der Barad'schen Theorie geraten medientechnologische Apparaturen als konstitutive Aspekte der prozesshaften Weltwerdung in den Blick (Barad 2012, S. 20 f.). Während die Newton'sche Physik davon ausgeht, dass Materialitäten passive Entitäten sind und Wissenschaft eben jene festgelegten Eigenschaften abbildet, argumentiert Barad – auch unter Rekurs auf die feministische Wissenschaftskritik nach Donna J. Haraway – erstens, dass Materialitäten selbst produktiv sind und zweitens, dass ihre Ontologie von spezifischen Beobachtungsbedingungen, d. h. auch Wissenspraktiken, abhängen. Der ebenfalls performativitätstheoretisch angelegte Begriff der materiellen Rekonfiguration beschreibt die Verschränkung von Apparaturen, Objekten und Subjekten von Wissenspraktiken sowie die wechselseitige Herstellung von Materialitäten, diskursiven Zwängen und Ausschlüssen (Barad 1998, S. 96 f.). Eben jene Verschränktheit, die nicht in der Addition einzelner Aspekte aufgeht, sondern ein konstitutives Wechselverhältnis meint, fasst Barad mithilfe des Begriffes ‚Intraaktion':

> „In brief, *agential separability* is the agential realist conception of separability that results from *intra-actions* (not interactions): Differentiations do not precede intra-actions but rather result in and through them, such that the ‚differentiations' so constituted are entangled or ontologically inseparable (as part of one phenomenon)." (Barad 2017, S. 39, Hervorh. i. Orig.)[5]

Phänomene bestehen mit Barad gesprochen also aus unterschiedlichen konstitutiven Wechselverhältnissen, die sich ihrerseits ebenso prozesshaft verändern (können) wie das Phänomen, das erst in ihrem Zusammenwirken entsteht. Während der Begriff der Interaktion mehr oder weniger direkt noch eine festgelegte Ontologie einzelner Entitäten unterstellt bzw. mitherstellt, die in ihrem Zusammenwirken ein Phänomen konstituieren, geraten mit dem Begriff der ‚Intraaktion' bzw. ‚Intraaktivität' zum einen die vielfältigen Ebenen eines Phänomens als fragile und nicht vorauszusetzenden Aspekte in den Blick und zum anderen verweist er darauf, dass die Unterscheidung zwischen unterschiedlichen Ebenen eines Phänomens selbst schon ein Effekt grenzziehender Praktiken ist. Etwas konkreter bedeutet dies, dass Phänomene mediatisierter Missachtung erst durch die Verschränktheit ökonomischer, technologischer und damit auch: apparativer wie auch staatlicher Diskurse entstehen können – die Trennung von Ökonomie, Technologie sowie Staatspolitik ist dabei allerdings selbst schon eine Differenzierung,

---

[5]Der Begriff *intra-activity* ist eng an den Begriff der *différance* bei Derrida geknüpft (vgl. Derrida 1990b).

die wiederum als Gesamtkomplex zusammen gedacht werden muss: „Intra-actions cut together-apart, differentiate-entangle" (Barad 2017, S. 18, Hervorh. getilgt). Eben jene Grenzziehungspraktiken, die – ausgehend von einer umfassenden Relationalität der Weltwerdung[6] – mit Barad zum Untersuchungsgegenstand werden, beschreibt Barad als *agentielle Schnitte* (Barad 2012, S. 34 f.). Agentielle Schnitte vereinfach und vereindeutigen komplexe Relationalitäten:

> „Apparate vollziehen agentielle Schnitte, die eindeutige Grenzen und Eigenschaften von ‚Entitäten' innerhalb von Phänomenen hervorbringen, wobei ‚Phänomene' die ontologische Unzertrennlichkeit von agentiell intraagierenden Bestandteilen sind."
> (Barad 2012, S. 34 f.)

Medientechnologische Apparaturen geraten so als wirkmächtige Agenten bei Subjektivationsprozessen in den Blick. Mediatisierte Missachtung als eine spezifische Artikulations- und Adressierungsform normativer Bewertungsgefüge in digitalen Teilöffentlichkeiten lässt sich also mit der hier vorgenommenen theoretischen Erweiterung als grenzziehender wie vereindeutigender Subjektivationsmodus fassen. Mediatisierte Missachtung stellt eine jeweils spezifische Verschränkung unterschiedlicher diskursiv-materieller Ebenen dar, darunter insbesondere ökonomische, technologische wie staatliche Rationalitäten und ihre Wirkungsweisen. Mediatisierte Missachtung ist damit ein produktives wie unterwerfendes Gefüge der performativen Herstellung von Subjektivität und ihrer Körperlichkeit – gleichzeitig artikuliert sich über mediatisierte Missachtung das Andere der Anerkennung, d. h. es werden Räume des Lebbaren abgesteckt und ihr konstitutives Außen, das Verworfene, mithergestellt.

2.1.2 An Kontingenz orientiertes Verständnis des Verhältnisses von Realität und Virtualität

Darüber hinaus beruht der Begriff mediatisierte Missachtung auf einem an Kontingenz orientierten Verständnis des Verhältnisses von Realität und Virtualität. Elena

---

[6]Wobei an dieser Stelle angemerkt werden muss, dass das Barad'sche Verständnis von Weltwerdung aus einer anti-essentialistischen und metaphysikkritischen Perspektive durchaus tückisch ist: Wenn sie von Intraaktivität schreibt, argumentiert sie etwa, dass es sich hierbei um Bestandteile einer Ontologie der prozesshaften Weltwerdung handelt (vgl. Deuber-Mankowsky 2011, S. 89). Damit läuft das Konzept des *Agentiellen Realismus* Gefahr, einer Re-Naturalisierung der Performativitätstheorie Vorschub zu leisten. Meine hier vorgestellte Konzeptualisierung ist daher stärker an dem metaphorischen Verständnis eben jener Prozesse orientiert, wie es Donna J. Haraway vorgestellt hat (Haraway 1997). Das Barad'sche Vokabular – metaphorisch, nicht ontologisch verstanden – erlaubt dennoch begriffliche Präzisierungen (vgl. vertiefend Eickelmann 2017, S. 40).

Esposito unterscheidet in ihrer systemtheoretischen Konzeption unterschiedlicher Realitätsdimensionen das Reale vom Fiktionalen (Esposito 1998). Diese Unterscheidung von Realitätsdimensionen hat sich, Esposito folgend, mit dem Aufkommen moderner Massenmedien seit dem 15. Jhd. entwickelt (Esposito 1998, S. 269 ff., 2014, S. 233, S. 245). Im Zuge der Etablierung der Fernkommunikation durch die Praxis der Reproduktion schriftlicher Kommunikation, auch im Kontext des Buchdrucks und der Verbreitung fiktionaler Romane, differenziert sich die Realität in eine reale und eine fiktionale Realität. In Espositos Worten handelt es sich hierbei um ‚Realitätsverdoppelungen (Esposito 2010, S. 161 ff.). Zentral ist, dass beide Realitätsdimensionen seitdem als sich gegenseitig ausschließende Entitäten konzipiert werden.

In welchem Verhältnis stehen nun digitale Teilöffentlichkeiten zu diesen beiden Realitätsdimensionen? Espositos Anspruch ist es, die Trennung von Realität und Fiktion aufzubrechen, indem sie den Begriff der Virtualität als quer zur Unterscheidung von Realität und Fiktion konzipiert. Der Begriff des Virtuellen beschreibt demnach die Verschränktheit unterschiedlicher Realitätsdimensionen, davon ausgehend, dass die „fiktive Realität […] nicht ohne Folgen für die reale Realität" bleibt (Esposito 2014, S. 11). Die Virtualität ist ein kontingenter Möglichkeitsraum zwischen der Realität und Fiktion, was bedeutet, dass die Virtualität zwar reale Effekte zeitigen *kann*, aber eben nicht muss.

Die beiden bereits erläuterten Diskurse (Hate Speech/Free Speech) lassen sich nun auch daraufhin untersuchen, wie sie das Verhältnis der Realitätsdimension der Realität und der Realitätsdimension der Virtualität einschätzen. Der Hate Speech-Diskurs geht davon aus, dass die Realitätsdimension der Virtualität mit der Realitätsdimension der Realität zusammenfällt, d. h. dass Diffamierungen und Bedrohungen immer auch reale Gewaltakte zeitigen und damit unmittelbar verletzen. Der Free Speech-Diskurs geht hingegen davon aus, dass eben jene Adressierungen ‚nur' Zeichen sind, keine realen Gewaltakte darstellen und damit in der Fiktionalität verortet sind und keine Verletzungsmacht besitzen (vgl. Eickelmann 2017). Der oben vorgestellte Begriff mediatisierter Missachtung ist an Espositos Begriff des Virtuellen angelehnt und betont damit die Kontingenz der Effektivität mediatisierter Missachtung. Mediatisierte Missachtung als normative Bewertungspraxis kann Subjekte angreifen und Lebbarkeiten regulieren, aber nicht in einem direktionalen Sinne. Performativitätstheoretisch betrachtet lässt sich vielmehr eine Kluft zwischen dem Adressierungsgeschehen im Kontext normativer Bewertungspraxis auf der einen und materialen Effekten auf der anderen Seite konstatieren, worauf der Begriff der Kontingenz verweist (vgl. auch Austin 2002). Die aktuellen gewaltsamen Auseinandersetzungen in Sri Lanka und ihre Kommunikation wie Organisation über digitale Teilöffentlichkeiten belegen allerdings auf grausame Art und Weise, dass die Virtualität und die Realität miteinander verflochten sind und dass in diesem Spannungsfeld Differenzen erzeugt werden, hierarchisierende Bewertungen von ethnischer Zugehörigkeit stattfinden und sich auf dieser Basis zum Teil brutale Übergriffe auf Lebensräume im weitesten Sinne vollziehen. Doch nicht jede schmähende Adressierung, nicht jeder Aufruf zu Gewalt materialisiert sich in dieser Art und Weise. Vielmehr sind es stetige (Re-)Konfigurationen von Phänomenen, die es verunmöglichen, Konzepte für das Verhältnis von Realität und Virtualität zu entwickeln, die mit linearen Zeitvorstellungen und (uni-)direktionalen Kausalitätsketten arbeiten. Das bedeutet, dass Adressierungen, die im Kontext normativer Bewertungsgefüge artikuliert werden, durchaus fehlbar sind und nicht unmittelbar den Effekt haben *müssen*, den sie bezeichnen – hieraus ergibt sich wiederum ein Möglichkeitsraum für widerständige Praktiken. Darüber hinaus verweist das Begriffsinstrumentarium darauf, dass sich eine Analyse mediatisierter Missachtung für die Verschränktheit medientechnologischer, ökonomischer sowie z. T. staatlicher Bedingtheiten interessieren muss. Ihre Einbettung in historisch gewachsene Machtkonstellationen ist hierbei unerlässlich. Die Kontingenz mediatisierter Missachtung zu betonen und sie somit nicht zuvorderst als gewaltvolle Praxis per se zu konzeptualisieren, bedeutet allerdings nicht, auszuschließen, dass mediatisierte Missachtung sich gewaltvoll materialisieren kann. Die Ereignisse in Sri Lanka sind ein Beispiel dafür, dass mediatisierte Missachtung sehr wohl reale Gewalt zeitigen kann – aber eben nicht in einem direktionalen Sinne, sondern vielmehr im Sinne einer „handelnde[n] Einwirkung auf Handeln" (Foucault 2005, S. 225).

Das gesteigerte staatliche Interesse an einem kontingenzreduzierten Konzept, das eine polizeiliche Regulierung ermöglichen soll, gerät nicht zuletzt auch deswegen an seine Grenzen, weil die ohnehin schon gegebene Schwierigkeit der Vereindeutigung semantischer Kontingenz unter den kulturellen Voraussetzungen medientechnologischer Entwicklungen weiter verkompliziert wird. Daher geht es im nächsten Schritt um eine Diskussion eben jener medienkulturtechnologischen Bedingtheiten mediatisierter Missachtung.

2.2　Medienkulturtechnologische Bedingtheiten

2.2.1　Digitalität und Konnektivität

Internettechnologien lassen sich im weitesten Sinne als epistemische Dinge verstehen, d. h. als „Dinge, denen die Anstrengungen des Wissens gilt – [sie sind, Erg. d. Verf.] nicht unbedingt Objekte im engeren Sinn, es können auch Strukturen, Reaktionen, Funktionen sein" (Rheinberger, zit. nach Deuber-Mankowsky

2008, S. 139). Damit sind die Diskursivierungen von Internettechnologien immer auch historisch bedingt und stetigen Aushandlungsprozessen unterlegen. Dennoch sollen an dieser Stelle einige spezifische Aspekte von Internettechnologien, wie sie sich aktuell darstellen (lassen), diskutiert werden, die für die Betrachtung normativer Bewertungsgefüge konstitutiv erscheinen, darunter die beiden Aspekte Digitalität und Konnektivität.

Digitalität stellt die wohl zentralste technische Eigenschaft internetbasierter Mediendienste dar. Der Begriff Digitalität bezeichnet in erster Linie ein „ziffernbasiertes Codiersystem" (Haber 2010, S. 121). Computer sind Rechenmaschinen, die Daten prozessieren, wobei die Herstellung und Verarbeitung von Daten zunehmend automatisiert ablaufen (Carstensen et al. 2014). Auf der Grundlage einzelner Ziffern ergeben sich theoretisch unbegrenzte Re-Kombinationsmöglichkeiten, was nicht zuletzt zu rasanten Vervielfältigungen kultureller Möglichkeiten führt (Stalder 2017, S. 10). Normative Bewertungsgefüge in digitalen Teilöffentlichkeiten zeichnen sich insbesondere durch ihre Multimodalität aus: Sie artikulieren sich über Schrift, Bilder, Audiospuren oder auch audiovisuelle Bewegtbilder (Eickelmann 2019a). Diesen wiederum ist insofern eine Materialität inhärent, als sie erstens ohne konkrete Apparaturen (Hardware wie Software) gar nicht prozessieren könnten und als sie zweitens reale Effekte zeitigen (können) (vgl. auch Passoth 2017). Kulturtheoretisch betrachtet gewinnt die Algorithmizität digitaler Daten, verstanden als von Rechenmaschinen ausgeführte Regulierungen kultureller Prozesse (vgl. Stalder 2017, S. 95 f.; Seyfert und Roberge 2017), zunehmend an Bedeutung, da sie nicht zuletzt Sicht- und Sagbarkeiten mitkonstituieren. Das „Blackboxing von graphentheoretischen Kalkülen" (Gießmann 2018, S. 496) wird vor diesem Hintergrund zunehmend problematisiert.

Hatte Mark Weise bereits in den 1990er Jahren die Utopie des ‚Ubiquitous Computing' als unsichtbare Form der Dauerkonnektivität beschrieben (Weiser 1999), sind jene Ideen längst Realität geworden. So beschreibt der Begriff ‚Internet der Dinge' die internetbasierte Vernetzung von Objekten, die miteinander interagieren bzw. intraagieren können (vgl. Sprenger und Engemann 2015). Das Internet der Dinge beschreibt somit einen Entwicklungstrend hin zur Allgegenwart und Unsichtbarkeit internetbasierter Vernetzung (Adamowsky 2015, S. 128 ff.). Natascha Adamowsky zufolge beschreibt das Internet der Dinge eine „flächendeckende Topografie des Digitalen" (2015, S. 128). Die damit zusammenhängende Dauerkonnektivität lässt sich auch als Daueradressierbarkeit verstehen. Unterschiedliche Applikationen werden meist nebeneinander genutzt, sodass auf einem Endgerät, wie beispielsweise einem Smartphone, unterschiedlichste Adressierbarkeiten zusammenlaufen (Eickelmann 2017, S. 97 f.). Zu bedenken ist in diesem Kontext, dass Adressierungen im Netz aufgrund von Nutzungsnormen

– Facebook darf hier wohl als deutlichstes Beispiel angeführt werden – nur sehr begrenzt das Spiel mit Identitäten ermöglichen. Stattdessen wird, aufgrund ökonomischer Nutzbarkeit und staatlicher Sicherheitserwägungen, kohärenten Identitätsentwürfen zugearbeitet, die letztlich auch auf das Selbst verweisen, das bei staatlichen Behörden registriert ist (Lovink 2012, S. 56). Dieser Umstand verdeutlicht, dass virtuelle Adressierungen die vermeintliche Grenze von Virtualität und Realität überschreiten.

2.3 Das Internet als letzte Bastion der ‚Redefreiheit'

Die Nutzungspraktiken digitaler Teilöffentlichkeiten stehen in einem engen Zusammenhang mit ihren jeweils spezifischen Nutzungskulturen. Die Frage nach Formen normativer Bewertungsgefüge in digitalen Teilöffentlichkeiten lässt sich damit nicht generalisierend bzw. transsituativ bearbeiten. Zu verschieden sind technische Apparaturen und Funktionsweisen, die Ästhetiken jeweiliger Interfaces, Kommunikationskulturen sowie Diskursivierungen ihrer Funktionen und Legitimation. So werden beispielsweise sogenannte Image Boards bzw. Social News Sites – wie 4chan oder Reddit – aufgrund beleidigener, bedrohender sowie besonders brutaler Inhalte teilweise verallgemeinernd als „Toxic Technoculture" (Massanari 2015, S. 1) bezeichnet. Wohl wissend, dass es sich hierbei um eine Generalisierung handelt, die kaum der Heterogenität jener Teilöffentlichkeiten gerecht wird, scheinen 4chan und Reddit aufgrund ihrer Prominenz und ihres Rufes geeignet, um gerade das Werden von Teilöffentlichkeiten in ihrem kulturellen Kontext in den Blick zu bekommen. Als was 4chan und Reddit erscheinen, hängt also mit Nutzungspraktiken und Diskursivierungen in anderen Öffentlichkeiten zusammen und lässt sich nicht auf eine technologische Funktionsweise verengen.

Die Kommunikationskultur auf 4chan und Reddit orientiert sich derzeit zuvorderst am meritokratischen Prinzip. Das bessere Argument gilt als zentraler Orientierungsrahmen und wird normativ nicht nur höher bewertet als nicht legitimierte Differenzmerkmale, wie beispielsweise Prominenz, sondern gilt als einzig legitimes, weil libertäres, Ordnungsprinzip. Der Begriff ‚Political Correctness' wird aus dieser Perspektive zur Abgrenzung von Regulierungsbestrebungen verwendet, die hier diskursiv als ‚Zensur' gefasst werden. Damit stellen sie nicht zuletzt eine spezifische Materialisierung des Free-Speech-Diskurses dar, dessen Subjektverständnis sich an der Idee von Individualität und Souveränität orientiert (Butler 2006, S. 32). Die Vorstellung von uneingeschränkter wie eindeutiger Handlungsmacht einzelner Individuen ist, Butler folgend, eng an die Idealisierung souveräner Rechtsstaatlichkeit geknüpft. Sie argumentiert, dass die Diskursivierung des Sprechakts als souveräne Handlung von der historischen Vorstellung souveräner Staatsmacht getragen wird. Diese habe sich auf die Bürger*innen verschoben, die entsprechend als souveräne Subjekte erscheinen. Dieses Argument ist bei Butler eingebettet in eine Kritik der paternalistischen Macht des Staates: Mit der Verlagerung der Souveränität des Staates auf die Bürger*innen erscheint der Staat letztlich als „neutrales Instrument", das Zuflucht gewährt (Butler 2006, S. 131). Eine vermeintlich nur vom Staat zu bearbeitende von anderen ausgehende Gefahr ergibt sich entsprechend erst aus der Verschiebung der Souveränitätsmacht auf seine Bürger*innen. Vor diesem Hintergrund wird es erst möglich, dass ein ‚neutraler Staat' erscheint, der in diesem Szenario zum vermeintlich unparteiischen Zufluchtsort von Subjektivitäten avanciert, die sich selbst als souveräne Akteure begreifen. Die Idee rechtsstaatlicher Souveränität hat also historisch betrachtet ihre Exklusivität verloren und materialisiert sich nicht zuletzt in (post-)modernen Entwürfen von Subjektivität. Auf 4chan und Reddit lässt sich dies daran ablesen, dass die Partizipierenden für jede Artikulation – jenseits der Frage, wie viel Verletzungsmacht dem Akt der Adressierung inhärent sein könnte – Legitimität beanspruchen. Diffamierende Adressierungen werden in diesem Kontext gegen Regulierungen verteidigt: „Totally free speech justifies the image boards' place in the online ecology, and the idea that every topic needs to be allowed a place for discussion has virtue" (Mortensen 2016, S. 9). Eben jene digitalen Teilöffentlichkeiten arbeiten aktiv daran, als ‚letzte Bastion' der Redefreiheit gerahmt zu werden. Über die Restituierung individueller Souveränität hinaus weisen Bewertungsgefüge in digitalen Teilöffentlichkeiten zumeist eine moralische Komponente auf. Zugehörigkeiten, Lebens- und Körperpraxen sowie Positionierungen werden hier häufig entlang der Differenz von gut und böse bewertet. Redefreiheit bedeutet dann auch, im Namen des Guten gegen das Böse zu kämpfen, wobei sich dieser Kampf als Notwendigkeit konzeptualisiert, um eine wie auch immer geartete Wertekultur vor ihrem Untergang zu bewahren: „We must keep ‚evil' out of our country!" (Donald J. Trump @real Donald Trump via Twitter 2017).

2.4 Bewertungspraxen und Aufmerksamkeitsmärkte

Digitale Teilöffentlichkeiten im Netz sind zudem unter dem Aspekt der Aufmerksamkeitsökonomien zu betrachten, da eben diese den Kampf um Sichtbarkeiten regulieren. Im Kontext netzspezifischer Teilöffentlichkeiten verschränkt sich der disziplinierende Blick, den Michel Foucault noch im Kontext seiner Ausführungen zur Disziplinargesellschaft ins Zentrum der Betrachtung gestellt hatte (Foucault 1993), mit einer „post-disziplinären Visibilität" (Reckwitz 2015, S. 2). Sichtbarkeit kann so nicht mehr zuvorderst als Aspekt der Objektivierung durch Überwachung verstanden werden, sondern vielmehr als Aspekt der produktiven Subjektkonstitution. Während Sichtbarkeit zur Verheißung avanciert, bedeutet Unsichtbarkeit den sozialen Tod (Becker und Eickelmann 2009; Reckwitz 2015, S. 4). Jener Kampf um Sichtbarkeit wird auf Aufmerksamkeitsmärkten kompetitiv ausgetragen (Reckwitz 2015, S. 5), wobei die Medialität und Ästhetik unterschiedlicher Teilöffentlichkeiten konstitutiv sind. Aufgrund der Unüberschaubarkeit der Datenmassen gibt es unterschiedliche medientechnische Verfahren, welche die Sichtbarkeit von Inhalten mitregulieren. Sei es über die Netzwerklogik, wie beispielsweise bei Facebook, oder mittels der Quantifizierung von Reaktionen. Dies ist zentral, da (teil-)öffentliche Bewertungen notwendigerweise an Sichtbarkeiten geknüpft sind. Einerseits setzen Bewertungen Sichtbarkeiten voraus, andererseits stellen Bewertungen Sichtbarkeiten aber auch erst her. So verschwinden in den Teilöffentlichkeiten 4chan und Reddit Inhalte, die im Kampf um die Quantifizierung von Reaktionen nicht mithalten können, da sie so weit nach unten rutschen, dass sie nicht mehr angezeigt werden.

Der disziplinierende Blick hat seine Wirkmacht allerdings nicht verloren, sondern er verschränkt sich mit der post-disziplinären Sichtbarkeitsordnung, woraus sich eine Paradoxie ergibt: Während die post-disziplinäre Sichtbarkeitsordnung einer gesteigerten Sichtbarkeit im Kampf um Aufmerksamkeit verpflichtet ist, zielt die disziplinäre Sichtbarkeitsordnung auf Verhaltensregulierung und -normierung ab. Ein ,Jemand' werden zu können ist damit zum einen daran geknüpft, eine gewisse Extraordinarität performativ herzustellen; gleichzeitig werden Abweichungen von bestimmten Anerkennungsstrukturen aber auch, insbesondere durch mediatisierte Missachtung, sanktioniert. Aus dieser Verschränktheit ergibt sich gewissermaßen eine Schleife ohne Anfang und Ende, denn selbst diffamierende Adressierungen sorgen wiederum für gesteigerte mediale Sichtbarkeit.

3 Intelligibilität und Widerspenstigkeit – Zum Moment der Verfehlung

Mit einem abschließenden Fokus auf das Moment der Verfehlung von Adressierungen im Kontext mediatisierter Missachtung geht es mir nun darum, den bereits angedeuteten Aspekt der Widerständigkeit vertiefend auszuführen. Geht man davon aus, dass es sich bei mediatisierter Missachtung auch um einen Modus der (Re-)Produktion kultureller Normen handelt, dann stellt sich die Frage, wie die Kontingenz und die Verschiebung von Bedeutungen in diesem Kontext als produktiv dargestellt werden können.

Judith Butlers Begriff der Intelligibilität verweist auf die bereits ausgeführte Problematik der Anerkennbarkeit. Intelligibel zu sein bedeutet, im Kontext der durch Bewertungspraxen performativ hergestellten Normen anerkennbar zu sein, wobei die der Anerkennung zugrunde liegende und prozesshaft gedachte Ordnung die einzelnen Subjekte übersteigt (Butler 2012, S. 63). Mediatisierte Missachtung ist damit eine medienkulturtechnologische Bewertungspraxis, die gleichzeitig intelligible und verworfene Subjektivitäten im Kontext kultureller Anerkennungsordnungen performativ herstellt. Mit diesem Verständnis des Nexus von Bewertungspraxis und Anerkennungsordnungen gelingt es, normative Bewertungsgefüge als an ihre Kulturgeschichte geknüpfte kulturelle Praxis zu verstehen, die nicht lediglich in situ performativ hergestellt wird, sondern immer auch an ihre Vergangenheit gebunden ist.

Intelligibilität und Anerkennung sind diesem Verständnis nach Aspekte kultureller Praxis, die auch darüber bestimmen, welche Existenzen überhaupt erst lebbar sind. Bei dem hier vorliegenden Verständnis von Anerkennung geht es damit nicht darum, für das anerkannt zu werden, was man schon ist – sondern es geht darum, durch Anerkennung überhaupt erst zu einem ‚Jemand' werden zu können (Butler 2012, S. 62). Aus dieser Relationalität des Seins ergibt sich, mit Butler gesprochen, eine existenzielle Verletzbarkeit insbesondere deswegen, da unser Sein als solches weder vorausgesetzt werden noch als sichergestellt gelten kann. Mediatisierte Missachtung adressiert damit eine Verletzbarkeit, die sich erst aus der Relationalität des Seins im Spannungsfeld von Subjektivität und Medialität sowie Realität und Virtualität ergibt, und justiert in genau diesem Sinne Lebbarkeiten. Bei dem Verhältnis von Adressierungsakten und ihren materialen Effekten handelt es sich allerdings, wie schon beschrieben, um ein kontingentes, nicht (uni-)direktionales Verhältnis. Bezogen auf den Gegenstand der mediatisierten Missachtung heißt das, dass die Kontingenz der Effektivität der Adressierung auch das Moment der Verfehlung umfasst. Mit der Betrachtung der Kluft zwischen Adressierung und Effekt lässt sich ein Möglichkeitsraum für widerständige Praktiken ausmachen. Normative Bewertungen sind so betrachtet im Hinblick auf Subjektivationsprozesse zwar wirkmächtig, aber eben nicht unmittelbar. Möglichkeitsräume für Verschiebungen, bspw. die kritische Rezitation und Rekontextualisierung von Schmähungen und Diffamierungen, sind damit auch als Räume für Re-Signifikationen (Butler) bzw. Re-Konfigurationen (Barad) zu verstehen.

Mit Butler zu argumentieren, dass jeder Akt der Adressierung im Kontext normativer Bewertungsgefüge immer auch das Potenzial seiner Verfehlung enthält, führt zu einer Konzeptualisierung von Widerständigkeit in Bezug auf mediatisierte Missachtung, die eine andere Möglichkeit des kritischen Umgangs zu denken anbietet, die jenseits vereindeutigender Eingriffe des Rechtsstaats prozessiert. Adressierte werden dann nicht per se zu ‚Opfern‘, deren Rettung in den Händen des rechtsstaatlichen Eingriffs liegt. Ein Nachdenken über die Wirksamkeit der hier beschriebenen Adressierungs- und Artikulationsform normativer Bewertungsgefüge erfordert vielmehr ein Nachdenken darüber, wie normative Bewertungen herausgefordert werden können, dass sie nicht immer funktionieren und wie verworfene Räume zu Räumen des Lebbaren werden können.

Judith Butler regt mit dem Begriff der Verletzbarkeit ein Nachdenken über die Relationalität jedweden Seins an. Verletzbarkeit ist Butler zufolge keine Eigenschaft spezifischer Subjekte. ‚Frauen‘ oder ‚Minderheiten‘ werden hier nicht als besonders ‚verletzungsoffen‘ konzipiert (Butler 2014, S. 13). Mit Butler bezeichnet Verletzbarkeit vielmehr die grundlegende Bedingtheit jedweden Seins, die zwar aufgrund (instabiler) gesellschaftlicher Strukturen und Machtregimes ungleich verteilt ist (Butler 2014, S. 14; zur Bedeutung gesellschaftlich etablierter Bedeutungskomplexe bei Butler vgl. Schäfer 2013, S. 207 f.), aber nicht den Subjekten selbst zugeschrieben werden kann. Zudem handelt es sich nicht um einen Zustand, sondern Verletzbarkeit hängt erst von Normen der Anerkennung ab (Butler 2012, S. 61). Dass sowohl andere wie auch ich verletzbar sind – weil wir in Relation zueinander stehen und damit existenziell voneinander abhängen – muss erst anerkannt werden, um relevant zu werden. Damit gibt es keine Verletzbarkeit *vor* ihrer Anerkennung. Die Herausforderung besteht darin, Verletzbarkeit und das damit zusammenhängende Ausgesetztsein nicht etwa als zu überwindendes Defizit zu denken, sondern als produktiven Möglichkeitsraum. Nach dem Butler'schen Verständnis von Anerkennung – in einer poststrukturalistischen Wendung Hegels – hat die Anerkennung von Verletzbarkeit und damit das Erkennen, dass jede/r von Anerkennung abhängt „auch die Macht, Bedeutung und Struktur der Verletzbarkeit selbst zu ändern" (Butler 2012, S. 62). Die Anerkennung von Verletzbarkeit bedeutet also nichts anderes als das Erkennen der eigenen Bedingtheit und die Herstellung konstitutiver Wechselbeziehungen zu anderen (Butler 2012, S. 62). Das Politische normativer Bewertungsgefüge ergibt sich so betrachtet zuvorderst aus dem Kampf um die Anerkennung von Verletzbarkeit im Kontext normativer Ordnungen bzw. diskursiver Regulierungstechnologien.

Im Hinblick auf mediatisierte Missachtung lässt sich dieser Kampf um Anerkennung nicht ohne ihre Einbettung in ökonomische, staatliche wie medientechnologische Bedingtheiten betrachten. Vielmehr geht es darum, sich der

Herausforderung zu stellen, die Komplexitätssteigerung, die sich durch ihr intraaktives Prozessieren ergibt, in den Blick zu nehmen und dabei das widerständige Potenzial des Ausgesetztseins im Kontext normativer Bewertungsgefüge stets mitzudenken und herauszuarbeiten. Praktiken der Solidarisierung geraten damit ebenso in den Blick wie Versuche der Immunisierung normativer Bewertungsgefüge. Dass es sich bei Praktiken der Re-Konfiguration insbesondere im Kontext digitaler Teilöffentlichkeiten um einen komplexen Gegenstand handelt, zeigt ein Beispiel: Die Bloggerin Sophie Gray entschloss sich im September 2017 ihren Instagram-Account nicht mehr zuvorderst mit körperbetonten und freizügigen Fitness-Fotos zu füllen und sich stattdessen der Normierung und Normalisierung ihres Körpers zu entsagen – angetrieben durch zahlreiche Follower, die nicht nur Anerkennung, sondern auch Spott und Beleidigungen mit sich brachten: „No. No. No. I am not defined by my legs, and if I was, that still makes me awesome – because every inch of my outer shell is an absolute gift to this world" (wayofgray via instagram 2017). Medienberichten zufolge verlor sie durch diese Aktion 70.000 Follower (bento.de 2017). Doch immerhin 6.364 Mal wurde ihre Absage an Körpernormen als ‚Gefällt' markiert. Mittlerweile lassen sich auf dem Account weniger freizügige Fitness-Fotos finden – stattdessen das Glück inszenierende Fotos mit ihrer kleinen Tochter, ihrem Hund oder auch Blumen, zumeist bearbeitet mithilfe entsprechender Filter. Fraglich für die wissenschaftliche Beschäftigung mit derartigen Phänomenen bleibt jedoch, ob und wenn ja inwiefern, es sich hierbei tatsächlich um eine Re-Konfiguration von Körpernormen handelt oder auch um eine Verschiebung der eigenen Sichtbarmachung in ein anderes machtvolles, wiederum von Aufmerksamkeitsmärkten mitgelenktes Sichtbarkeitsregime. Aufgabe der Auseinandersetzung kann nicht sein, dies zu beurteilen, sondern es geht vielmehr darum, die kontextgebundenen Diskursivierungen solcher Phänomene zu beobachten, sich selbst vor normativen Bewertungen zu hüten und Uneindeutigkeiten nicht wissenschaftlich zu bereinigen, sondern in ihrem Wirken zu diskutieren. Darin liegt wohl die größte Herausforderung für die Beschäftigung mit normativen Bewertungsgefügen.

4   Fazit

Der vorliegende Beitrag hat gezeigt, dass eine Betrachtung normativer Bewertungsgefüge in digitalen Teilöffentlichkeiten die medienkulturtechnologischen Bedingtheiten von Adressierungs- und Artikulationsformen konzeptuell berücksichtigen muss. So wurde herausgearbeitet, dass es sich bei mediatisierter Missachtung – verstanden als eine spezifische Adressierungs- und Artikulationsform normativer Bewertungspraxis – um einen Subjektivationsmodus handelt, der konstitutiv von ökonomischen, staatlichen wie medientechnologischen Bedingungen abhängt. Die Brisanz mediatisierter Missachtung ergibt sich nicht zuletzt erstens aus dem Umstand, dass es sich nicht um ein auf die Virtualität beschränktes Phänomen handelt, sondern dass ihre Effektivität längst in die Realitätsdimension der Realität hineinragt, sowie zweitens daraus, dass sie die Macht hat, Räume des Lebbaren abzustecken und damit eine spezifische Form der Verletzbarkeit zu adressieren. Diese Verletzbarkeit beruht gerade auf der Verschränktheit von Subjektivität und Medialität. Zudem konnte deutlich gemacht werden, dass normative Bewertungspraxen nicht ohne die Betrachtung historisch gewachsener Anerkennungsordnungen zu denken sind, die stetig (re-)produziert werden. Die Anerkennung der Verletzbarkeit und damit auch der Relationalität des Seins, d. h. gegenseitiger Angewiesenheit, wurde abschließend nicht als zu überwindendes Problem, sondern im Gegenteil als Möglichkeitsraum für die Re-Konfiguration normativer Bewertungsgefüge betrachtet. So konnte gezeigt werden, dass normativen Bewertungsgefügen aufgrund der Kontingenz ihrer Effektivität immer auch ein widerspenstiges Moment eingeschrieben ist, das Handlungsspielräume schafft. Das letzte Urteil wird damit nie gefällt worden sein.

Literatur

Austin, J. L. (2002 [1979]). *Zur Theorie der Sprechakte*. 2. Aufl. Stuttgart: Reclam.

Adamowsky, N. (2015). Vom Internet zum Internet der Dinge. Die neuen Episteme und wir. In F. Sprenger, & C. Engemann (Hrsg.), *Internet der Dinge. Über smarte Objekte, intelligente Umgebungen und die technische Durchdringung der Welt* (S. 119-135). Bielefeld: transcript.

Barad, K. (2007). *Meeting the universe halfway. Quantum physics and the entanglement of matter and meaning*. Durham/London: Duke University Press.

Barad, K. (2012). *Agentieller Realismus. Über die Bedeutung materiell-diskursiver Praktiken*. Frankfurt a. M.: Suhrkamp.

Barad, K. (2017). What flashes up: Theological-political-scientific fragments. In C. Keller & M.-J. Rubenstein (Hrsg.), *Entangled worlds: Religion, science, and new materialisms* (S. 21–88). Fordham: University Press.

Bath, C., Meißner, H., Trinkaus, S., & Völker, S. (2013). *Geschlechter Interferenzen. Wissensformen – Subjektivierungsweisen – Materialisierungen*. Berlin u.a.: Lit Verlag.

Becker, B., & Eickelmann, J. (2009). Kontrollverlust. Zum Zusammenhang moderner Informationstechnologien und medialer Gewalt. *Onlinejournal kultur & geschlecht 5*. https://kulturundgeschlecht.blogs.ruhr-uni-bochum.de/wp-content/uploads/2015/08/Becker-Eickelmann_LiquidMedia.pdf. Zugegriffen: 28. Aug. 2019.

Bento.de. (2017). Weil sie keine Bikinibilder mehr postet, verliert sie 70.000 Follower auf Instagram. http://www.bento.de/style/instagram-weil-sie-keine-bikinibilder-mehr-postet-verliert-sie-70-000-follower-1698677/. Zugegriffen: 14. Apr. 2018.

Butler, J. (1997). *Körper von Gewicht*. Frankfurt a. M.: Suhrkamp.

Butler, J. (2000). *Psyche der Macht. Das Subjekt der Unterwerfung*. 8. Aufl. Frankfurt a. M.: Suhrkamp.

Butler, J. (2006). *Haß spricht. Zur Politik des Performativen*. Frankfurt a. M.: Suhrkamp.

Butler, J. (2012). *Gefährdetes Leben. Politische Essays*. Frankfurt a. M.: Suhrkamp.

Butler, J. (2014). Körperliche Verletzbarkeit, Bündnisse und Street Politics. *West End. Neue Zeitschrift für Sozialforschung, 11*(1), 3–24.

Carstensen, T., Schachtner, C., Schelhowe, H., & Beer, R. (2014). *Digitale Subjekte. Praktiken der Subjektivierung im Medienumbruch der Gegenwart*. Bielefeld: transcript.

Deleuze, G., & Guattari, F. (1992). *Tausend Plateaus. Kapitalismus und Schizophrenie, Bd. 2*. Berlin: Merve.

Derrida, J. (1990a). Die Struktur, das Zeichen und das Spiel im Diskurs der Wissenschaften vom Menschen. In P. Engelmann (Hrsg.), *Postmoderne und Dekonstruktion. Texte französischer Philosophen der Gegenwart* (S. 114–139). Stuttgart: Reclam.

Derrida, J. (1990b). Die différance. In P. Engelmann (Hrsg.), *Postmoderne und Dekonstruktion. Texte französischer Philosophen der Gegenwart* (S. 76–113). Stuttgart: Reclam.

Deuber-Mankowsky, A. (2008). Eine Frage des Wissens. Gender als epistemisches Ding. In M.-L. Angerer & C. König, Christiane (Hrsg.), *Gender goes Life. Die Lebenswissenschaften als Herausforderung für die Gender Studies* (S. 137–161). Bielefeld: transcript.

Eickelmann, J. (2017). *„Hate Speech" und Verletzbarkeit im digitalen Zeitalter. Phänomene mediatisierter Missachtung aus der Perspektive der Gender Media Studies*. Bielefeld: transcript.

Eickelmann, J. (2018a). Mediatisierte Missachtung. Anerkennungsordnungen in digitalen Öffentlichkeiten. In T. Thomas, L. Brink, E. Grittmann, & K. de Wolff (Hrsg.), *Anerkennung und Sichtbarkeit. Perspektiven für eine kritische Medienkulturforschung* (S. 155–171). Bielefeld: transcript.

Eickelmann, J. (2018b). Mediatisierte Missachtung als Modus der Subjektivation. Eine intraaktive, performativitätstheoretische Perspektive auf die Kontingenz internetbasierter Adressierungen. In A. Geimer, S. Bosančić, & S. Amling (Hrsg.), *Subjekt und Subjektivierung – empirische und theoretische Perspektiven auf Subjektivierungsprozesse* (S. 169–190). Wiesbaden: VS.

Eickelmann, J. (2019a). The digital image as thread. How mediatized disrespect matters. In L. C. Grabbe, P. Rupert-Kruse, & N. M. Schmitz (Hrsg.), *Technobilder. Medialität, Multimodalität und Materialität als medien- und bildtheoretische Konzepte der Technosphäre* (S. 177–197). Marburg: Büchner-Verlag.

Eickelmann, J. (2019b, i.E.). Der Kampf um die Materialität digitaler Zeichen. Dissens und Verletzbarkeit miteinander – nicht gegeneinander – denken. In C. Bünger, A. Liesner, & S. Kluge (Hrsg.), *Political Correctness und pädagogische Kritik. Jahrbuch für Pädagogik 2018*. Berlin u.a.: Lang.

Eickelmann, J., Grashöfer, K., & Westermann, B. (2017). #NetzDG #maaslos. Eine Stellungnahme zum Netzwerkdurchsetzungsgesetz. *Zeitschrift für Medienwissenschaft 17*(2), 176–185.

Esposito, E. (2010). Ästhetik und Spiel. Formen der Kontingenz in der pluralen Realität. In M. Peitraß, & R. Funick (Hrsg.), *Mensch und Medien. Philosophische und sozialwissenschaftliche Perspektiven* (S. 159–177). Wiesbaden: VS.

Esposito, E. (2014). Algorithmische Kontingenz. Der Umgang mit Unsicherheit im Web. In A. Cevolini (Hrsg.), *Die Ordnung des Kontingenten. Innovation und Gesellschaft* (S. 233–249). Wiesbaden: VS.

Esposito, E. (1998). Fiktion und Virtualität. In S. Krämer (Hrsg.), *Medien, Computer, Realität. Wirklichkeitsvorstellungen und neue Medien* (S. 269–296). Frankfurt a. M.: Suhrkamp.

Folkers, A, & Hoppe, K. (2017). Von der Modernisierung zur Ökologisierung. Werden und Biopolitik bei Deleuze/Guattari und Haraway. In H. Delitz, F. Nungesser, & R. Seyfert (Hrsg.), *Soziologien des Lebens. Überschreitung, Differenzierung, Kritik* (S. 137–164). Bielefeld: transcript.

Foucault, M. (1993). *Überwachen und Strafen. Die Geburt des Gefängnisses*. Frankfurt a. M.: Suhrkamp.

Foucault, M. (2005). Subjekt und Macht. In D. Defert & F. Ewald (Hrsg.), *Michel Foucault: Analytik der Macht* (S. 240–264). Frankfurt a. M.: Suhrkamp.

Gießmann, S. (2018). Vernetzen. In H. Christians, M. Bickenbach, & N. Wegmann (Hrsg.), *Historisches Wörterbuch des Mediengebrauchs* (Bd. 2, S. 482–501). Köln/Weimar/Wien: Böhlau.

Goll, T., Keil, D., & Telios, T. (Hrsg.). (2013). *Critical Matter. Diskussionen eines neuen Materialismus*. Münster: edition assemblage.

Haber, P. (2010). Sprung in eine andere Welt? Mediengeschichte im Zeichen von Digitalität und Remediation. *Schweizerische Zeitschrift für Geschichte 60*(1), 121–132.

Haraway, D. J. (1992). The promises of monsters: A regenerative politics for inappropriate/d others. In L. Grossberg, C. Nelson, & P. Treichler (Hrsg.), *Cultural studies* (S. 295–337). London: Routledge.

Haraway,   D.J.   (1997).   *Modest_Witness@Second_Millennium.   Female-Man©_Meets_OncoMouse™. Feminism and Technoscience*. New   York: Routledge.

Hillebrandt, F. (2014). *Soziologische Praxistheorien. Eine Einführung*. Wiesbaden: VS.

Hoppe, K., & Lipp, B. (Hrsg.) (2017). Neue Materialismen. *Behemoth. A Journal on Civilisation 10*(1). https://ojs.ub.uni-freiburg.de/behemoth/issue/view/79. Zugegriffen: 16. Apr. 2018.

Instagram (2017). Wayofgray: it's time to @divethru. https://www.instagram.com/p/BT2ny1 8gWnE/?utm_source=ig_embed. Zugegriffen: 30. Aug. 2019.

Lovink, G. (2012). *Das halbwegs Soziale. Eine Kritik der Vernetzungskultur*. Bielefeld: transcript.

Massanari, A. (2015). #Gamergate and The Fappening: How Reddit's algorithm, governance, and culture support toxic technocultures. *New Media & Society*. http://nms.sagepub.com/content/early/2015/10/07/1461444815608807.full.pdf+html (25.05.2021).

Meier, F., Peetz, T., & Waibel, D. (2017). Bewertungskonstellationen. Theoretische Überlegungen zur Soziologie der Bewertung. *Berliner Journal für Soziologie 3–4*, 307–328.

Mortensen, T. E. (2016). Anger, Fear, and Games. The Long Event of #GamerGate. *Games and Culture*, 1–20.

Netzpolitik.org (2021). Bundestag überarbeitet Regeln zu Hassrede im Netz. https://net zpolitik.org/2021/netzwerkdurchsetzungsgesetz-bundestag-ueberarbeitet-regeln-zu-has srede-im-netz/ (25.05.2021).

Passoth, J.-H. (2017). Hardware, Software, Runtime. Das Politische der (zumindest) dreifachen Materialität des Digitalen. *Behemouth. A Journal on Civilisation 10*(1), 57–73. https://ojs.ub.uni-freiburg.de/behemoth/article/view/946/890. Zugegriffen: 30. Aug. 2019.

Reckwitz, A. (2004). Die Reproduktion und die Subversion sozialer Praktiken. Zugleich ein Kommentar zu Pierre Bourdieu und Judith Butler. In K. H. Hörnig & J. Reuter (Hrsg.), *Doing Culture. Neue Positionen zum Verhältnis von Kultur und sozialer Praxis* (S. 40–54). Bielefeld: transcript.

Reckwitz, A. (2015). Die Transformation der Sichtbarkeitsordnungen. Vom disziplinären Blick zu den kompetitiven Singularitäten. *Soziopolis*. https://www.soziopolis.de/beobac hten/kultur/artikel/die-transformation-der-sichtbarkeitsordnungen/. Zugegriffen: 30. Aug. 2019.

Reckwitz, A. (2017). *Die Gesellschaft der Singularitäten. Zum Strukturwandel der Moderne*. Frankfurt a. M.: Suhrkamp.

Reuters.com. (2018a). Sri Lanka lifts nationwide state of emergency. https://www.reuters. com/article/us-sri-lanka-clashes-emergency/sri-lanka-lifts-nationwide-state-of-emerge ncy-idUSKCN1GU02R?utm_campaign=trueAnthem%3A+Trending+Content&utm_ content=5aadd75e04d3016a94ff5292&utm_medium=trueAnthem&utm_source=fac ebook. Zugegriffen: 3. Apr. 2018.

Reuters.com. (2018b). Sri Lanka blocks social media networks to stop sectarian violence. https://www.reuters.com/article/sri-lanka-clashes-internet/sri-lanka-blocks-soc ial-media-networks-to-stop-sectarian-violence-idUSL4N1QP39X. Zugegriffen: 3. Apr. 2018.

Schäfer, H. (2013). *Die Instabilität der Praxis. Reproduktion und Transformation des Sozialen in der Praxistheorie*. Weilerswist: Velbrück.

Seyfert, R., & Roberge, J. (2017). *Algorithmuskulturen. Über die rechnerische Konstruktion der Wirklichkeit*. Bielefeld: transcript.

Sprenger, F., & Engemann, C. (Hrsg.). (2015). *Internet der Dinge. Über smarte Objekte, intelligente Umgebungen und die technische Durchdringung der Welt*. Bielefeld: transcript.

Srilankamirror.com (2018a). Govt. decides to lift Facebook block! https://www.srilan kamirror.com/news/7678-govt-decides-to-lift-facebook-block http://www.srilankam irror.com/news/7674-fb-not-to-be-blamed-entirely-for-kandy-incidents-shiral-lakthilake. Zugegriffen: 3. Apr. 2018.

Srilankamirror.com. (2018b). Govt. intends censoring social media similar to Germany, Philippines! https://www.srilankamirror.com/news/7606-govt-intends-censoring-social-media-similar-to-germany-philippines. Zugegriffen: 3. Apr. 2018.

Sundaytimes.lk. (2018). Slowdown of social media platforms as TRC starts monitoring content. Zugegriffen: 3. Apr. 2018.

Tagesschau.de (2018). Kein Tag ohne Gewalt. https://www.tagesschau.de/ausland/sri-lanka-149.html. Zugegriffen: 3. Apr. 2018.

Twitter. (2017). Donald J. Trump @realDonaldTrump, Status. https://twitter.com/realdonaldtrump/status/827655062835052544?lang=de. Zugegriffen: 13. Apr. 2018.

Weiser, M. (1999). The computer for the 21st century. *ACM SIGMOBILE. Mobile Computing and Communications Review 3*(3), 3–11.

Dissensfiktionen als Element formaler Organisation. Die Bewertung wissenschaftlicher Leistungen an Hochschulen

Lars Alberth und Gabriele Wagner

1 Einleitung

Mit großer Selbstverständlichkeit wurden und werden an Hochschulen vielfältige Bewertungen durchgeführt: Student*innen werden geprüft, Dissertationen werden benotet, Habilitationen gewürdigt, die eine wird berufen, der andere auf Listenplatz zwei oder drei gesetzt und alle anderen werden für nicht listenfähig erklärt, herausragende Wissenschaftler*innen werden von den Universitätsleitungen in ideeller wie materieller Hinsicht bessergestellt, Fächer genießen unterschiedliche Reputation, in den einzelnen Instituten weiß man um jene, die dabei sind und jene, auf die es ankommt. Die Liste der Praxis des Bewertens mit durchaus weitreichenden Konsequenzen für die Bewerteten ließe sich beliebig lang fortsetzen. Mit einem Wort: Es gab und gibt vielfältige Wertungsläufe an Hochschulen. Parallel dazu hat das wissenschaftliche Personal mehr oder weniger gut die Kompetenz ausgebildet und die Norm verinnerlicht, in sozial schonender Weise über alle differenzierenden Wertungsläufe hinweg die Gleichheitsfiktion im alltäglichen Miteinander aufrechtzuerhalten, obgleich alle wissen, dass es Kolleg*innen gibt, die etwas gleicher sind als die anderen gleichen.[1] Mit Blick auf die Vielfalt

L. Alberth (✉)
Leuphana Universität Lüneburg, Lüneburg, Deutschland
E-Mail: alberth@leuphana.de

G. Wagner
Leibniz Universität Hannover, Hannover, Deutschland
E-Mail: g.wagner@ish.uni-hannover.de

[1]Diesen wichtigen Hinweis verdanken wir Stefan Hornborstel. Eine frühe Version dieses Textes konnten wir im Rahmen des Workshops „Bewertungspraktiken in Wissenschaft und

© Der/die Autor(en), exklusiv lizenziert durch Springer Fachmedien Wiesbaden GmbH, ein Teil von Springer Nature 2021
O. Berli et al. (Hrsg.), *Bewertungskulturen,* Soziologie des Wertens und Bewertens, https://doi.org/10.1007/978-3-658-33409-3_3

an Bewertungen hat sich ein breites Repertoire an kollegialen Normen und Verhaltensweisen herausgebildet, mit Ungleichheiten einigermaßen konsensorientiert umzugehen und sei es, dass unübersehbare Differenzen als „seen but unnoticed feature" im Alltag kommunikativ behandelt werden (Hirschauer 1994, S. 678). Neue Governance-Instrumente, die das Leistungsverhalten des wissenschaftlichen Personals nach Maßgabe organisatorischer Kriterien erfassen, bewerten und zum Anlass für allokationsrelevante Entscheidungen machen, fordern die etablierte normative Infrastruktur heraus. Das Verhalten von Mitgliedern, das bis dato überhaupt nicht als organisationsseitig orchestrierte Entscheidung für oder gegen geforderte Leistungsbeiträge beobachtet wurde, erscheint zumindest der Chance nach auf der Bildfläche der „Organisation" und das markiert einen potenziellen Bruch mit der normativ eingelebten doxa. Hochschulen – und darauf spielt der doxa Begriff an – sind mit Blick auf Entscheidungskommunikation „besondere Organisationen" (vgl. Kleimann 2016, S. 67 ff.; Hahn und Wagner 2016). Die Besonderheit bestünde darin, dass die „Zugriffsmöglichkeiten auf die Arbeitsleistung der Professoren" bis dato „verhältnismäßig stark beschränkt" seien (Kleimann 2016, S. 265). „In few other work places, if any", so Musselin, „is it as frequent to ignore what colleagues seated next door are doing" (2006, S. 7).

Bereits die Möglichkeit der Beobachtung des Verhaltens als Entscheidung für oder gegen organisatorisch gerahmte Bewertungsläufe, für die man verantwortlich gemacht werden kann, wird hier als Zumutung erlebt und in die Nähe des Angriffes gerückt, der „in der Arena des Geistes" als „grober und ungefilterter Machteinsatz tabu[isiert]" (Paris 2001, S. 196) wird. So besteht an Hochschulen die normative Erwartung immer noch darin, so Meier (2009, S. 149), dass „es doch traditionell Aufgabe der akademischen Profession (sei, d. A.), die Qualität der wissenschaftlichen Leistungen sicherzustellen: Langjährige Ausbildung, vielfache Prüfung potentieller Kandidaten auf dem Weg zur Professur, (…), sowie die fortwährende kollegiale Kontrolle und Kritik sollen ein hohes Niveau des wissenschaftlichen Personals und hohe Standards von Forschung und Lehre gewährleisten". An Hochschulen hat sich das Prinzip etabliert, Praxis in Forschung und Lehre – weitgehend – nicht als Mitgliedschaftshandeln, sondern als wissenschaftliche disziplinäre Praxis zu beobachten. Forschung und Lehre sind – weitgehend – disziplinär geprägte Sphären „hochschulischen Geschehens" (Hahn

---

Hochschule" am DZHW, Standort Berlin vorstellen und diskutieren. Neben Stefan Hornbostel und der Veranstalterin, Anne K. Krüger, danken wir auch allen anderen Teilnehmer*innen für die ausgesprochen konstruktive und die Sache voranbringende Diskussion. Unser Dank gilt auch Matthias Hahn, der wesentliche Ideen zu dem vorliegenden Text beigetragen hat.

2019). Zugespitzt formuliert: Mit großer Selbstverständlichkeit werden die anderen bewertet, man selbst lässt sich freilich nicht als Organisationsinsasse mit organisierten Bewertungsformaten traktieren.

Am empirischen Gegenstand der leistungsorientierten Mittelvergabe (LOM) möchten wir zeigen, dass die Möglichkeiten der Hochschulen, formale Erwartungen an Leistungen von Professor*innen in den Leistungsbereichen Lehre und Forschung zu bewerten und Erwartungserfüllungen oder -enttäuschungen formal zu sanktionieren, empirisch nach wie vor sehr beschränkt sind und eine Orientierung am Professionsethos überwiegt (vgl. Alberth et al. 2016; Kleimann 2016; Stichweh 2005). Mit der formalen Entscheidung der Hochschulen, Leistungen zu erheben, zu bewerten und materiell zu honorieren, wird ein Tabubruch gegenüber der eingeschwungenen doxa riskiert. Dabei wird aufseiten der Verwaltungsabteilungen mit einer Dissensfiktion gearbeitet, die – so unsere These – einen Mechanismus installiert, der funktional äquivalent zur fehlenden hierarchisch durchstrukturierten Stellenordnung und der damit verbundenen Sanktionsmöglichkeiten gegenüber – aus der Perspektive der Organisation – „leistungsunwilligen" Organisationsmitgliedern ist und zugleich den Widerstand gegen den Tabubruch in den Dienst der legitimatorischen Rahmung nimmt.

Im Zentrum unseres Interesses steht also die soziale Vorbereitung der intendierten Wirkungsmechanismen der LOM. Begreift man Formalisierung nicht einfach als Modus von Organisationen, sondern als sozialen Prozess, so hat die Analyse nicht erst mit der Umsetzung von Entscheidungen zu beginnen, sondern mit der Analyse dessen, was Luhmann die „interne Vorbereitung organisatorischer Änderungen" (1964, S. 247) nannte. In den Blick geraten damit jene Verhandlungen, die mit dem Akt der Formalisierung zu Strukturen geronnen sind. Wir wollen uns daher in diesem Beitrag den lokalen *Vor-/*Geschichten der Gestaltung und Anpassung der LOM zuwenden.

Die Erwartung, dass sich die LOM als konflikthaft erweisen müsste, ergibt sich nicht allein aus dem Spannungsverhältnis Organisation versus Profession bzw. dem Bruch mit etablierten Bewertungsformaten. Hinzu kommt ein der LOM eigener Bewertungsprozess und seine Strukturfolgen: Grundlage ist die jährlich wiederkehrende Verteilung von Geldern mittels eines über Leistungswettbewerbe gesteuerten Alimentierungsschlüssels. Auch wenn die daraus resultierenden materiellen Differenzen und Steuerungseffekte in der Breite eher gering ausfallen (Dohmen 2015), so wird auf der Basis symbolischer Markierungen ein Transparenzregime installiert, das die Leistungsvergleiche in den Nah-Raum des Kollegenkreises verlagert. Waren diese Vergleiche bislang eine Angelegenheit der Profession, so bilden diese nun ein Element organisationalen Rechnens. Damit wird die Leistung der einzelnen Wissenschaftler*innen nun auch stärker unter öffentliche Beobachtung gestellt und Rechtfertigungsanforderungen unterworfen (Fangmann und Heise 2008). Das lässt die konfliktfreie Umsetzung der politischen Vorgabe auf der Ebene der einzelnen Hochschulen mit ihren Abteilungen unwahrscheinlich werden.

Im Zentrum des folgenden Beitrags stehen die Akteure der oben angeführten „internen Vorbereitung": jenes Verwaltungspersonal der Hochschulen, das mit der lokalen Implementation und Anpassung der LOM beauftragt sind. Dabei werden wir den Begriff der „Dissensfiktion" (Hahn 1983) nutzen. Mithilfe dieses Konzeptes mittlerer Reichweite soll die Realisierung eines Bewertungs- und Umverteilungsverfahrens erklärt werden, dessen mutmaßliche Ungerechtigkeiten und Konfliktpotenziale in der Literatur unter Schlagworten wie zum Beispiel „akademischer Kapitalismus" (Münch 2011), „Kontrolltechnik" (Flink und Simon 2014), „Ökonomisierung" (Osterloh 2012) verhandelt werden. Unser Vorschlag besteht darin, die „Dissensfiktion" als Mechanismus zu begreifen, der das Handeln der Verwaltung im Hinblick auf Koordinierungsbedarfe möglicher Bewertungskonflikte orientiert: Die Mitarbeiter legen ihrem Handeln die Unterstellung zugrunde, dass die zu bewertenden Wissenschaftler der zukünftigen Ausgestaltung der LOM kritisch gegenüberstehen werden und die Umsetzung der Leistungsbewertung in der Zukunft negativ erleben würden – völlig unabhängig davon, welche Haltung das wissenschaftliche Personal tatsächlich dazu zeigen werden. Der Verwaltung gelingt es so, Konflikte, die sich aus der Formalisierung von Leistungsvergleichen ergeben könnten, so zu koordinieren, dass er zur Legitimation der LOM selbst und den daraus erwachsenden Ungleichheiten beiträgt. Damit lassen sich die stabilisierenden und normbindenden Folgen einer auf erwartbare Konflikte ausgerichteten Formalisierung von Verhaltenserwartungen in Organisationen untersuchen.

2   Das Bewertungsinstrument der leistungsorientierten Mittelvergabe

Bei der LOM handelt es sich um ein politisch vorgegebenes Verfahren zur wettbewerblichen Verteilung von begrenzten Ressourcen auf die Wissenschaftler einer Hochschule, das deren Leistung zum Entscheidungskriterium für die Höhe der ihnen zugewiesenen Geldmenge macht. Die so durch die Anwendung der LOM entstehende soziale Ungleichheit muss als potentiell konflikterzeugend verstanden werden, da finanzielle Mittel zwischen den Mitgliedern umverteilt werden und einige Mitglieder nun im Vergleich zu vorhergehenden Zuteilungen mit niedrigeren Geldsummen ausgestattet sind. Zusätzlich ist davon auszugehen, dass Versuche der Steuerung von Organisationsmitgliedern über hausintern aufgelegte Leistungsvergleiche – so die gängige Deutung der LOM – mit Ansprüchen auf Autonomie, wie sie in der akademischen Kultur gelten, kollidieren. Während bislang galt, dass das autonome Urteilsvermögen der akademischen peer group über die Qualität wissenschaftlicher Leistungen befand, kommen nun verschiedene quantifizierende Indikatoren hinzu, allen voran die Höhe eingeworbener Drittmittel, Indizes zu Anzahl und Reichweite von Publikationen, sowie Betreuungsquoten von Postgraduierten. Es besteht daher der Verdacht, dass sich mit der Quantifizierung und Formalisierung wissenschaftlicher Leistung der soziale Beurteilungshorizont für wissenschaftliche Leistung pluralisiert: Zur wissenschaftlichen Community tritt nun die Organisation Hochschule mit ihren Rationalitätserwartungen hinzu. Die damit einhergehende Anheizung von Leistungswettbewerben findet auf unterschiedlichen Ebenen statt. Auf Landesebene konkurrieren die einzelnen Universitäten um jene Gelder, die schließlich den Fachbereichen zur Verfügung gestellt werden, um ihr Wissenschaftspersonal zu finanzieren.

Eine zentrale Folge ist nun, dass sich die finanzielle Ausstattung einzelner Wissenschaftler*innen und zum Teil am relativen Erfolg bemisst, der sich aus dem Vergleich mit den direkten Kollegen an der eigenen Fakultät ergibt. Umgekehrt müssen sich einzelne Wissenschaftler*innen nun mit Kolleg*innen vergleichen lassen, die möglicherweise bislang gar nicht als Vergleichsinstanz erachtet wurden. Die Hochschule drängt sich den Wissenschaftler*innen verstärkt als Arena für Kämpfe um Status und Ressourcen auf. Die Wissenschaftler*innen konkurrieren um verschiedene Leistungsindikatoren (Drittmittel, Publikationen, Lehre, Reputation etc.), deren Wertigkeiten unterschiedlich gemessen und gewichtet werden können. Nicht zuletzt deshalb ist die Konkurrenz um LOM auch als Kampf um die Bewertungsinstrumente zu verstehen, der die Angemessenheit und Richtigkeit der Leistungsbewertung in der Hochschule zum Objekt hat.

Vor diesem Hintergrund gilt es zu untersuchen, wie es der Verwaltung gelingt, einer Situation Wirklichkeitscharakter zu verleihen, von der sie selbst annimmt, dass sie von den Wissenschaftler*innen nicht erwünscht ist: die stets konfliktschwangere Leistungsbeobachtung durch die Organisation und die Kollegen im Haus. Im Folgenden wollen wir uns solchen Prozessen der „internen Vorbereitung" organisationaler Entscheidungen zuwenden, die sich im Fall der LOM als Antizipation der konfliktiven sozialen Folgen des Bewertungsprozesses darstellt – mit dem Ziel, diese Folgen zu ent- oder verschärfen. Zugleich wird der leistungsorientierten Mittelvergabe als geltende Norm Legitimität zu verschaffen gesucht.

Im Folgenden werden wir unsere Ausführungen auf eine eigene Interviewstudie an 18 Hochschulen in Deutschland stützen. Die Datenbasis bilden 58 leitfadengestützte Interviews mit 39 Mitgliedern der Hochschulverwaltung sowie mit 19 Wissenschaftler*innen unterschiedlicher Disziplinen an 18 deutschen Hochschulen. Nach Maßgabe der maximalen Strukturparameter Varianz umfasste das Sample sowohl Universitäten als auch Fachhochschulen, die von den Bundesländern öffentlich finanziert werden und sich über das gesamte Bundesgebiet verteilen. Die Interviewten sind entweder in den zuständigen Dezernaten der Hochschulverwaltung angestellt oder bilden an ihren jeweiligen Fakultäten Anlaufpunkt für die vielfältige Kritik an den fakultätsinternen Modellen der leistungsorientierten Mittelvergabe. Sie sind daher in besonderem Maße dafür geeignet, Auskunft über Umsetzung und Folgen der LOM zu geben. Entsprechend zielte der Leitfaden auf die Erfassung der formalen Struktur administrativer Beobachtungs- und Steuerungsinstrumente wissenschaftlicher Leistung wie auch auf die konkreten Entscheidungen mit ihren organisationalen (Vor-)Geschichten. Die Auswertung zielte auf die Rekonstruktion von Orientierungsrahmen unter Anwendung der dokumentarischen Methode (Nohl 2006).[2] In regelmäßigen Interpretationssitzungen des Projektteams wurden die Interviews ausgewertet und die so erfassten Orientierungsrahmen im Anschluss durch die Projektmitarbeiter*innen arbeitsteilig dokumentiert, im Rückgriff auf die vorliegenden Interviews systematisiert und mit typischen und eindrücklichen Textpassagen belegt.

Während die akademischen Mitglieder die Folgen formalisierter Leistungswettbewerbe vor allem im Hinblick auf ihre wissenschaftliche Karriere und die eigene Lebensführung problematisierten, berichteten das Personal der Verwaltungsabteilungen sowohl von tatsächlichen wie auch erwartbaren Konflikten mit dem wissenschaftlichen Personal um eine angemessene Leistungserfassung und -bewertung. Beide Mitarbeitergruppen berichteten dabei von sehr unterschiedlichen Arenen der Verhandlung der LOM: Für die Wissenschaftler stellte die Hochschulverwaltung selbst keinen relevanten Reflexionshorizont eigenen Erlebens und Handelns dar, während das Verwaltungspersonal die Erzählungen zur Implementation und Durchführung von Leistungsvergleichen stets auf Konflikte mit den zu bewertenden Wissenschaftler*innen hin rahmten (eine ausführliche Ergebnisdarstellung findet sich in Alberth et al. 2016, 2018).

---

[2]Die Interviews wurden im Rahmen des vom BMBF geförderten Projekts „Hochschulen in der Anerkennungsfalle?" (Laufzeit: 2013–2017) an der Leibniz Universität Hannover erhoben und ausgewertet. Zum Projekt-Team gehörten Gabriele Wagner, Matthias Hahn, Lars Alberth und Christine Schwarz.

3 Dissensfiktionen der Leistungsbewertung

Wenn wir behaupten, dass die Wirksamkeit der leistungsorientierten Mittelvergabe als Bewertungsinstrument auf einer Dissensfiktion organisationalen Handelns beruhe, so sind damit drei analytische Probleme aufgerufen, die wir in diesem Abschnitt darlegen wollen. Zum einen stellt sich die Frage nach dem Modus des Handelns, dem die Dissensfiktion entspricht. Zum anderen muss in Rechnung gestellt werden, dass es sich bei der leistungsorientierten Mittelvergabe um einen Prozess formaler Organisation handelt. Schließlich ist zu fragen, welche Funktionen ein solch dissensorientiertes Handeln erfüllt. Hierzu wollen wir den Mechanismus der Dissensfiktion unter Berücksichtigung dreier theoretischer Rahmen rekonstruieren: erstens als Handeln modo futuri exacti nach Alfred Schütz, zweitens als Problem formaler Organisation im Sinne von Niklas Luhmann und drittens als sozial integrierendes Mittel mit integrierender und zugleich normstabilisierender Wirkung, die wir als funktionales Äquivalent zu der Wirkung des von Karl Otto Hondrich untersuchten Konflikttyps des politischen Skandals beschreiben möchten.

3.1 Konsens- und Dissensfiktionen als Handeln modo futuri exacti

Der Begriff der „Dissensfiktion" stammt von Alois Hahn (1983), der ihn als Gegenstück zur Konsensfiktion konzipierte. Hahn ging mit Schütz davon aus, dass es in Gruppen eines Konsenses über die Wirklichkeit bedürfe, der als Basis für die Kooperation ihrer Mitglieder dient. Der Grad der Konsensbedürftigkeit variiere dabei mit dem Grad der vorgängigen normativen Strukturierung, etwa über Zwecksetzungen oder Rollenstrukturen. Während es für Organisationen genüge, Konsens über die zu verfolgenden Zwecke und die Befolgung von Regeln herzustellen, zeichnen sich Gruppen, die nicht mittels vorgängiger Rollenverständnisse strukturiert sind, durch einen besonders hohen Bedarf nach Konsens aus. Hahn wählte dafür das Ehepaar als Sozialform für seine Analyse aus. Für diese gelte in der individualisierten Moderne, dass „die ‚traditionelle' Rollenhaftigkeit nicht nur unzulänglich ist, sondern auch als unzumutbar und unerwünscht angesehen wird" (Hahn 1983, S. 213). Die Ehepaare seien gesellschaftlich dazu aufgefordert, eine gemeinsame Form der Wirklichkeitserzeugung hervorzubringen, die sich nicht aus extern geltenden Normen ableiten lasse, sondern auf der Ausbildung eines Konsenses zwischen den Eheleuten beruhe. Dabei ist es zugleich höchst unwahrscheinlich, dass die Ehepaare in einem umfassenden deliberativen Prozess der

Aushandlung einer gemeinsamen Welt eintreten. Hahn zeigt in der Befragung von jungen Ehepaaren, dass diese kontrafaktisch von einem Konsens bezüglich zentraler Fragen der Lebensführung ausgehen: Die Eheleute glaubten also, dass ihre Partner bzw. Partnerin dieselbe Haltung hätten wie sie selber, obwohl dies nicht stimmte. Diese Konsensfiktion funktioniert auf der Basis eines wechselseitigen Vertrauensvorschusses, dessen Überprüfung typischerweise nicht vollzogen wird: Deren kognitive, normative und emotionale Folgekosten könnten sich als bestandsgefährdend für die Beziehung erweisen – das gilt auch dann, wenn sich die Beteiligten des fiktiven Charakters ihrer Konsensunterstellung bewusst sind. Dann nämlich wird die ökonomische Dimension der Konsensfiktionen für die Erhaltung der Gruppe sichtbar: Die Aufrechterhaltung der Fiktion schützt davor, eben diese im Falle einer Entlarvung zu „sunken costs" zu machen: „Die Kosten für Konsensfiktionen können also auch als Investitionen angesehen werden" (Hahn 1983, S. 229).

Im Anschluss an Hahn, der zwar von Dissensfiktionen spricht, diese aber selbst nicht empirisch untersucht, führt Bruno Hildenbrand aus, dass „so gehandelt wird, als ob ein gewisser Sachverhalt gegeben sei, also ein Konsens oder Dissens, ohne dass es (im Augenblick des Handelns) dafür konkrete Anhaltspunkte gibt" (Hildenbrand 2006, S. 193). Das impliziere wiederum, „dass in der Zukunft ein Zustand eingetreten sein wird, in welchem die Fiktion entfallen kann" (Hildenbrand 2006, S. 193). Damit erweist sich – obwohl Hildenbrand dem nicht nachgeht – die Dissensfiktion als *Handeln modo futuri exacti* (Schütz 1937). Ein solches Handeln entwirft einen zukünftigen Zustand, der das Ergebnis einer abgeschlossenen Handlung sein soll. Dieser Zustand wiederum orientiert das Handeln in der Gegenwart. Schütz illustriert den Fall des *Handelns modo futuri exacti* am Beispiel der Herstellung eines Gerätes, das einem bestimmten Zweck dienen soll:

> „Wenn ich ein Gerät verfertige, damit sich Andere desselben bedienen, so sind die Bewußtseinserlebnisse dieser Anderen, welche durch den Gebrauch des Gerätes herbeigeführt werden sollen (z. B. daß diese Anderen erkennen werden, dieser Gegenstand sei ein ‚Gerät um zu' ....), als Endziel meines Handelns modo futuri exacti im Entwurf antizipiert." (Schütz 1937, S. 168).

Dissensfiktionen lassen sich entsprechend folgendermaßen verstehen: Ein Dissens wird als Ergebnis einer in der Zukunft abgeschlossenen Handlung vorerinnert, die als Um-Zu-Motiv das Handeln in der Gegenwart orientiert. Ego erwartet also jetzt von alter, dass dessen zukünftiges Handeln an einem dann gegebenen Dissens orientiert sein wird, was wiederum konfliktvermeidende – oder auch konfliktverschärfende Handlungskorrekturen in der Gegenwart zur Folge hat.

Die Unterstellung eines Dissenses durch die Hochschulverwaltung ist nicht aus der Luft gegriffen. Die Konfliktbewährtheit der leistungsorientierten Mittelvergabe zeigt sich etwa in Fällen, in denen Hochschulen[3] mit sinkenden Mittelzuweisungen umgehen müssen und die Fakultäten sich mit Kürzungen konfrontiert sehen:

Ein Fach schließen oder Verluste sozialisieren

Ein Mitarbeiter des Finanzdezernates, der für das Gesamtbudget der Hochschule zuständig ist, berichtet über ein sehr kleines Fach, dessen Leistung im Vergleich mit anderen Hochschulen des Landes zu gering ausfiel. Die Hochschule entscheidet sich, das Fach nicht zu schließen und stattdessen die Verluste zu sozialisieren, d. h. Mittelkürzungen bei anderen Fächern vorzunehmen.

„Es ist so, dass innerhalb der Fächergruppen die Fächer, die auch auf Landesebene dann vergleichsweise schlecht abschneiden, dann auch innerhalb ihrer Fächergruppe bestraft werden. Also Sie müssen es sich so vorstellen: Wir verlieren auf Landesebene 860.000 € im Moment. (…) Sie könnten jetzt auf der anderen Seite auch angeben und sagen, wieviel von diesen 860.000 €, die wir verlieren, entfällt auf das Fach? Aber Sie können sich vorstellen, dass Sie so ein Fach nicht um – ich nenne jetzt mal eine Zahl – einen sechsstelligen Eurobetrag einfach so von jetzt auf gleich kürzen können."

Das Sozialisieren der Verluste vermeidet dabei Konflikte mit den Mitgliedern des bestandsgefährdeten Faches im Haus, allerdings auf die Gefahr hin, Unmut bei anderen Fächern zu erzeugen. Zugleich wird aber auch die Umwelt der Hochschule als Abnehmer von Absolventen und Absolvent*innen ins Spiel gebracht:

„Es gibt einen interessierten Wirtschaftszweig, der hinter diesem Fach steht, der sofort alarmiert wird, wenn auch nur die Hand an eine Professur angelegt wird. Sie kommen dann sehr schnell an die Grenzen der Steuerungsmöglichkeit einer Hochschulleitung. (…) Allerdings provoziert es natürlich die Frage danach umso mehr: Ist dieses Fach notwendig?"

Die Hochschulverwaltung geht also davon aus, dass auf der Grundlage des eigenen Handelns in der Zukunft ein Dissens eintreten wird – dass die Gelder als unangemessen verteilt betrachtet würden, dass ein Fach aufgelöst werden müsste oder dass Konflikte mit dem zu bedienenden Arbeitsmarkt drohten. Deshalb wird eine andere Lösung gewählt, die eben dieses Szenario verhindern soll. Dabei werden letztlich Konfliktperspektiven gegeneinander abgewogen und eine Dissensfiktion durch eine andere ersetzt. Hier optiert die Verwaltung für die Gefahr,

---

[3] Das empirische Material wurde durchgängig anonymisiert; dazu haben wir auch sogenannte „Spiegeluniversitäten" konstruiert. Den Spiegeluniversitäten haben wir vergleichbare Strukturparameter zugewiesen, damit die Interpretation der Fälle für die Leserin nachvollziehbar bleibt.

dass die anderen Fächer Ansprüche anmelden und weitere Mittelkürzungen nicht hinnehmen werden.

Für die Wirksamkeit der Dissensfiktion ist es nun unerheblich, ob ein antizipierter Konflikt tatsächlich eintreten wird oder nicht, d. h. ob sie einem Realitätstest unterworfen werden. Dissensfiktionen können, müssen aber daher keineswegs zu einem Konflikt zwischen den Beteiligten führen. Das liegt zum einen daran, dass das durch die Dissensfiktion orientierte Handeln sowohl konfliktvermeidend als auch konfliktverschärfend ausfallen kann, zum anderen ist nicht gesagt, dass alle Beteiligten dieselbe Handlungsorientierung aufweisen.

Dissensfiktionen werden durch einen weiteren Aspekt befördert: Die Entscheidung der Mittelzuweisung zeigt, dass das normative Gerüst des Finanzierungsmodells weder sicher noch eindeutig ist: Soll nun nach Leistungskriterien oder nach Breite und Sicherheit von Ausbildungsmöglichkeiten finanziert werden? Auch ob die Konsequenz gerecht ausfällt, bleibt fraglich: Vor dem Hintergrund welcher Gerechtigkeitsmaßstäbe lässt sich die Umverteilung von Mitteln rechtfertigen? Dissensfiktionen sind daher in Situationen zu erwarten, die sich durch normative Unklarheiten auszeichnen.

Da Hochschulen formale Organisationen sind, in denen eine Gleichzeitigkeit formaler und informaler Regelkomplexe herrscht (Luhmann 1964), bieten sie sich als ausgezeichnete Kandidaten für die Untersuchung der Dissensfiktion als Mechanismus der Entschärfung von Bewertungskonflikten an. Zugleich verlangt dies aber, dass die Stellung der Dissensfiktion für Entscheidungen in Organisationen bestimmt wird: In den Blick geraten damit die bereits erwähnten Prozesse „der internen Vorbereitung organisatorischer Änderungen" (Luhmann 1964, S. 247) auf der Ebene der Interaktion, hier: die Vorbereitung einer neuen (und damit auch: konkurrierenden) Norm, deren Konfliktpotenzial erkannt wurde. Bevor diese Norm in formalen Entscheidungen umgesetzt wird, gilt es daher, die Waffen zur Konfliktbewältigung zu besichtigen.

3.2   Formalisierung und Dissensfiktion

In Konsens- und Dissensfiktionen wird unterstellt, dass in einer zukünftig eintretenden Situation ein Konsens oder Dissens bezüglich eines richtigen Handelns bestehen wird. Im Gegensatz zu den jungen Ehepaaren bei Hahn, die eben über keine lange Vorgeschichte verfügen, auf die sich eine Einschätzung zukünftiger Ehesituationen gründen könnte, zeichnet sich die leistungsorientierte Mittelvergabe an Hochschulen aber durch den spezifischen Kontext der Organisationsförmigkeit aus. Die Leistungsbewertung ist im Sinne von Luhmann (1964) formalisiert, d. h. sie ist an den Status der Mitgliedschaft in der Organisation Hochschule gebunden. Kein wissenschaftliches Mitglied der Hochschule kann sich der Leistungsbewertung entziehen. Es besteht „erkennbar Konsens darüber [-], daß die Nichtanerkennung oder Nichterfüllung dieser Erwartung mit der Fortsetzung der Mitgliedschaft unvereinbar ist" (Luhmann 1964, S. 38). Die Hochschulen haben damit die politische Vorgabe, ihre wissenschaftlichen Leistungen zu bewerten und ins Verhältnis zu anderen Hochschulen zu setzen, zu einer Mitgliedschaftsregel gemacht. Für den Fall, dass akademische Mitglieder der Hochschule die mit der leistungsorientierten Mittelvergabe verknüpften Verhaltenserwartungen (z. B. Berichtspflichten oder die Erfüllung von Zusagen aus Berufungsverhandlungen) nicht erfüllen, kann die Organisation Sanktionen verhängen, etwa Mittelkürzungen, Schließung von Studiengängen, Restrukturierung der Fächer oder im Fall zunächst befristeter Berufungen gar die Auflösung des Mitgliedschaftsverhältnisses.

Die mit der Formalisierung einhergehende zeitliche, sachliche und soziale Generalisierung von Erwartungen an das Verhalten der Organisationsmitglieder dient der Stabilisierung eben dieser Verhaltenserwartung, sie kann aber nicht ohne weiteres eine Kongruenz von organisationsseitig adressierten generalisierten Verhaltenserwartungen und konkreten Handlungen bzw. geforderten Leistungsverausgabungen aufseiten der Mitglieder gewährleisten. Das Problem der Formalisierung besteht nun gerade darin, dass sie zu überbrücken versucht, was sie erst herstellt: den Unterschied zwischen formaler und informaler Organisation: Es entwickelt „sich neben den offiziellen Vorschriften eine andere Verhaltensordnung mit eigenen Normen und Kommunikationswegen, einer besonderen Logik und einem entsprechenden Argumentationsstil, mit eigenen Statusgesichtspunkten, einer eigenen Führungsstruktur und eigenen Sanktionen" (Luhmann 1964, S. 30). Daraus lassen sich drei Schlüsse ziehen, die wir mit empirischem Material belegen wollen:

Erstens führt die Existenz des Doppels von formaler und informaler Organisation zu einer *Dauerstruktur konkurrierender Normen bzw. Verhaltenserwartungen.* Die LOM ist damit nicht nur eine Bemessungsgrundlage für die Verteilung von Ressourcen und Bewirtschaftung von Stellenplänen, darüber hinaus bietet sie sich auch als Instrument für soziale Vergleiche zwischen dem wissenschaftlichen Personal im sozialen Nahraum der Universität an. Damit fordert die LOM auch informale Kollegialitätsnormen heraus.

Umgekehrt heißt dies, dass die Durchsetzung leistungsbasierter Bewertungs- und Ressourcenverteilungsregeln zwar kommunikativ an den Organisationszweck der Hochschule (Wissenschaft und Lehre) anschließen kann, der Organisationszweck allein aber den Wechsel zwischen Regelwerken und damit Veränderungen von Verhaltenserwartungen gerade nicht rechtfertigen kann. Mit der Veränderung von Verteilungspraktiken im Zuge der leistungsorientierten Mittelvergabe werden bisher vorgenommene Ressourcenzuteilungen problematisiert: Sie genügen den normativen Ansprüchen an wissenschaftliche Leistung nicht mehr. Zugleich wird den Mitgliedern mitgeteilt, dass ihre Leistungen nun auch von der Hochschule erfasst und bewertet werden. Die Hochschulverwaltung muss damit schon einmal zwei parallel geltende Bewertungsregime wissenschaftlicher Leistung in Rechnung stellen: die der Scientific Community mit ihrem Ideal autonomer Leistungsbewertung und die indikatorbasierte Mittelvergabe mit ihren Verfahren organisationsbezogener Leistungsvergleiche.

Zwar verfügt auch die Hochschule über formale Mittel der Konfliktlösung. Allerdings bricht sich der Einsatz von Befehlen an der Grenze des Verbeamtungsmodells und der rechtlich garantierten Freiheit von Forschung und Lehre: Während die Arbeitstätigkeitsbeschreibung von Professuren nur in geringem Maße formalisiert werden kann – sie umfasst freie Lehre und Selbstverwaltung – können bei Berufungsverhandlungen zu Beginn von Beschäftigungsverhältnissen die Bedingungen der Mitgliedschaft explizit an Leistungserwartungen geknüpft werden. Später kann die Hochschule die Nichterfüllung von Leistungserwartungen bei Professor*innen allerdings nur noch mit Gehaltseinbußen sanktionieren, so gut wie gar nicht aber mit der Beendigung des Mitgliedschaftsverhältnisses. So müssen Konflikte, die sich aus der LOM ergeben, zwangsläufig im Rahmen der Informalität gelöst werden. Was einerseits eine Entlastung der formalen Organisation darstellt, kann andererseits die Möglichkeit einer Konfliktverschärfung auf der Ebene der formalen Organisation zu einem späteren Zeitpunkt enthalten. Um dies zu verhindern, werden organisatorische Änderungen intern vorbereitet, sodass der „formalen Entscheidung nur noch ratifizierende Bedeutung" (Luhmann 1964, S. 247) zukommt. Genau in dieser internen Vorbereitung hat nun die Dissensfiktion ihre zentrale Stelle.

Die Autonomie der Fächer

Wie wir bereits am obigen Fall der Entscheidung über die Sozialisierung der Verluste zeigen konnten, lässt sich unter einer leistungsbezogenen Perspektive die Frage nach der „Notwendigkeit des Faches" stellen. Ob diese Frage tatsächlich gestellt werden kann, steht jedoch auf einem anderen Blatt. Der bereits zitierte Mitarbeiter des Finanzdezernats erklärt diesbezüglich, dass selbst zwischen den Abteilungen nicht allein nach Gesichtspunkten der Leistungsfähigkeit und Rentabilität argumentiert werden könne:

„Dann ist es allerdings so, dass keiner den strukturellen Eingriff fordert, der dann sagt ‚wir müssen jetzt dann feststellen, dass ein Fach vielleicht nach diesen Kriterien nicht wettbewerbsfähig ist und müssten es eigentlich abschaffen'. So weit geht dann keiner. Das kann man ja auch aus einer Nachbarfakultät heraus schlecht machen."

Die Fächer fungieren nicht nur als Verwaltungseinheiten, sondern auf der Ebene der Informalität auch als soziale Einheiten, die sich den Regeln wissenschaftlicher Autonomie unterworfen sehen und entsprechend selbst darüber zu bestimmen suchen, inwieweit und weshalb sie als Disziplin für die Gesellschaft und in der Folge als Fach für die Organisation unentbehrlich seien. Im Gegenzug müssen sie aber dieselben Autonomieansprüche anderer Fächer anerkennen. Man kann daher nicht ohne weiteres die Schließung eines Faches fordern, selbst dann nicht, wenn man deren Folgekosten zu tragen hat, die sich aus den Leistungsvergleichen zwischen den Universitäten ergeben. Denn umgekehrt gilt: wer die Auflösung eines anderen Faches fordert, muss damit rechnen, selbst als entbehrlich beurteilt zu werden – eine riskante Strategie vor allem für kleine und/oder drittmittelschwache Fächer.

Die aus derartigen Selbstschutzbemühungen resultierenden Nichtangriffspakte operieren nicht nur auf der Ebene der Fächer und Fakultäten, sondern sie wirken sich auch in den Interaktionen zwischen den Inhaber*innen von Professuren und ihnen zugeordnete Stellen aus: Die formale kollegiale Gleichrangigkeit der Professuren und die nur gering ausdifferenzierten Stellenhierarchien zwischen den Wissenschaftler*innen machen zwar Leistungsvergleiche möglich, zugleich aber leistungsbezogene Kritik an einzelnen Stelleninhaber*innen – vor allem über Fach- und Fakultätsgrenzen hinaus – unwahrscheinlich.

Somit erweist sich zweitens die *Formalisierung der Leistungsbewertung als Konsensfiktion,* da ja unterstellt wird, dass die Mitglieder die sanktionsbewährte Formalstruktur dauerhaft *im Allgemeinen* anerkennen und erfüllen werden. Dabei ist auch für die Hochschulverwaltung nicht der faktische Konsens der Mitglieder zentral, sondern die Herstellung einer Situation, in der die Darstellung von Konflikten unwahrscheinlich wird (Luhmann 1964, S. 68 ff.).

Die Trennung von Teilnahme- und Leistungsmotivation ermöglicht es der Organisation dabei, von der normativen Einbindung der Mitglieder abzusehen, ganz gleich, welche Haltung diese zu Personalentscheidungen, Stellenzuschnitten, Ausstattungen etc. haben.

Ein richtiges System

Die folgende Sequenz aus einem Interview mit einer Finanzdezernentin belegt die Konsensfiktion, die sich aus dem Stillschweigen der betroffenen Wissenschaftler ergibt.

„Zum einen das Vertrauen in die Verwaltung, dass jetzt keiner in der Verwaltung irgendjemanden benachteiligen will. Ist ja auch nicht der Fall. Und zum anderen haben die Leute eben auch akzeptiert, dass es nicht *das* eine richtige System gibt. Also was ist denn, wie würde denn ein richtigeres System aussehen? Es ist auch nicht falsch, das System. Wir können – die müssen es nur beurteilen, die müssen damit ja leben können. Und offensichtlich können wir damit leben, also scheint es das für uns passende System zu sein."

Diese Passung des Leistungsbewertungssystems rührt nicht von einer entsprechenden normativen Verpflichtung der Mitglieder her, sondern von deren Toleranz des Bewertungssystems selbst. Da den Wissenschaftler*innen unterstellt wird, sie hätten die Macht, das Bewertungsinstrument zu bewerten („die müssen es nur beurteilen"), kann vom Ausbleiben offener Konflikte auf einen Konsens geschlossen werden.

Da jene Konsensfiktion die Legitimität des formalisierten Bewertungsverfahrens begründet und deshalb von der tatsächlichen Konsensbeschaffung entlastet (Luhmann 1983), kann die Verwaltung davon ausgehen, dass entsprechend herbeigeführte Bewertungsentscheidungen ebenfalls als legitim gelten dürfen. Das heißt aber nicht, dass die Bewertungsentscheidungen in ihren Konsequenzen konfliktfrei blieben. Der Bedarf einer Formalisierung von Verhaltenserwartungen verweist wie jede Normierung auf die Möglichkeit eines zukünftigen Konflikts, der die Notwendigkeit der Sanktionsbewehrung rechtfertigt.

Damit erweist sich drittens jedoch die *Formalisierung der Leistungsbewertung gleichzeitig als Dissensfiktion zukünftiger Bewertungsentscheidungen.* Indem *konkrete Sachverhalte* zur Mitgliedschaftsregel erhoben werden, die sich als strittig erwiesen haben oder als strittig erweisen könnten, wird zugleich ein Regelungsbedarf benannt. Die Hochschulverwaltung erwartet also, dass es zu Situationen kommen wird, in der die formalisierte Regelung Anwendung finden wird. Insofern stellt jede Formalisierung in Rechnung, dass sich die Organisationsmitglieder gegenüber einer konkret gefassten Regel anders verhalten können. Luhmann merkt hierzu ausdrücklich an, dass formale Organisationen Wertwidersprüche ertragen und verarbeiten können müssen: „Formalisierte Systeme müssen dem ewigen Problem der Wertwidersprüche durch ein Nebeneinander von formalen und informalen Mitteln der Konfliktbehandlung Rechnung tragen" (Luhmann 1964, S. 244). Die Formalisierung von Verhaltenserwartungen hat also stets das Problem, dass sie sich gegen etablierte formale und informale Erwartungen und deren Legitimität behaupten können muss. Für die Formalisierung der Leistungsbewertung heißt das, dass der Organisationszweck als eine Norm gehandhabt wird, die gegen Widerstände durchgesetzt werden muss – und zwar erneut unabhängig davon, ob diese Widerstände tatsächlich auftreten oder nicht. Das ist der fiktionale Kern jeder Formalisierung.

Die transparente Kommunikation von Bewertungsergebnissen

Ein Verwaltungsmitarbeiter einer geisteswissenschaftlichen Fakultät verlangt offen, dass „meine Professorinnen und Professoren sich aktiv mit dem Problem auseinandersetzen". Er berichtete über seine Praxis der fakultätsinternen Darstellung der Leistungsbewertung, für die er von Kollegen anderer Fakultäten nach eigener Aussage „belächelt" wird:

> „[...] weil bei uns die Transparenz sogar so weit geht, dass ich selbst die Ergebnisliste an die Professoren 'rumschicke. Da sagen die andern: ‚Nein, das behalte ich hier. Das ist doch geheim'. Da sage ich: ‚Nein! Jeder soll wissen, wo er steht und wo die anderen stehen'."

Natürlich lässt sich spekulieren, aus welchen Gründen die Ergebnisse der Leistungsbewertung in anderen Fakultäten zurückbehalten werden oder nicht. Der Verweis auf das Geheimnis lässt sich jedoch mit Georg Simmel (1992) dahin gehend interpretieren, dass die offene Kommunikation der Leistungsbewertung auf die für Organisation typische Ungleichheit von Wissen und Nichtwissen ihrer Mitglieder trifft.

Wie wir bereits oben gezeigt haben, basiert die leistungsorientierte Mittelvergabe nicht auf einer einmalig getroffenen Entscheidung, sondern funktioniert als jährlich wiederkehrender Verteilungsmechanismus, der das Verhältnis von wissenschaftlicher Leistungserstellung und monetärem Ertrag kontingent hält. Der für die Hochschule und ihre Fakultäten, Institute und Abteilungen verfügbare Haushalt ergibt sich aus den Vergleichskaskaden zwischen konkurrierenden Fächergruppen an Hochschulen auf Landesebene, zwischen Einrichtungen innerhalb der Hochschulen und zwischen einzelnen Stelleninhaber*innen. Auch wenn sich mittel- und langfristig eine erkennbare Hierarchisierung zwischen Hochschulen, Fachbereichen und einzelnen Wissenschaftlern im Hause etabliert, wird in regelmäßigen Abständen das aus der leistungsorientierten Mittelvergabe resultierende Statusgefüge neu geordnet – und sei es nur, dass der Einzelne trotz verstärkter Anstrengungen über eine geringere Summe verfügen kann als im Vorjahr. So muss sich die Hochschulverwaltung immer wieder auf einen möglichen Bewertungsdissens einstellen und Entscheidungen entsprechend vorbereiten und anpassen.

Die individuelle Anpassung von Bewertungskriterien

Als Begleitmaßnahme zur transparenten Leistungskommunikation muss der Verwaltungsmitarbeiter die Dauerenttäuschung einzelner Wissenschaftler*innen mit dem Mittel individueller Absprachen absorbieren. In der Folge werden Möglichkeiten der Anpassung von einzelnen Bewertungskriterien eruiert:

„Es kann ja nicht sein, dass irgendein Prof. sagt: ‚Ich komme nie auf einen grünen Zweig, weil meine Journals sind alle aus irgendwelchen Gründen abgewertet. Die Fakultät lässt nicht mit sich reden und ich habe nur halb so viel Budget wie alle anderen', sondern da müssen wir eben gucken. Gibt es einen Grund? Gibt es eine systematische Abweichung? Gibt es gute Argumente zu sagen: ‚Wir weichen davon ab'?"

Man könnte nun erwarten, dass die Dauerenttäuschung benachteiligter Wissenschaftler*innen die Rückkehr des Motivationsproblems für die Hochschule bedeutete und zwar in der Form legitimer Nichterfüllung formaler Vorgaben, d. h. als Dienst nach Vorschrift. Zwar kann die Hochschule die Nichterfüllung von Leistungszielen mit der Nichtzuteilung von Belohnung ahnden. Wichtig für die Organisation ist jedoch, dass diese Sanktionen nicht zu einem Legitimationsverlust des Bewertungsverfahrens führen. Zu diesem Zweck muss die Hochschule sicherstellen, dass die Konsequenzen der Formalisierung der Leistungsbewertung in das Informale verschoben und damit im Rahmen der Regeln und Zwänge des Kollegiums behandelt werden. Die Frage stellt sich also, wie Dissensfiktionen dazu beitragen, das Bewertungsverfahren zu legitimieren und im besten Falle auch noch offenen Konflikt zu vermeiden. Dissensfiktionen haben zur Folge, dass die Beteiligten normativ in die Legitimierung des Konfliktobjekts LOM selbst eingebunden werden (Integrationsfunktion), während zugleich die mit der LOM verknüpften Erwartungen an die Normerfüllung abgesichert werden (Stabilitätsfunktion).

3.3 Dissensfiktionen und Normkonflikte

Wie kann die Gefahr des Motivationsproblems gebannt werden? Der Prozess, die leistungsorientierte Mittelvergabe zur Mitgliedschaftsbedingung zu machen, wirft die Frage nach der Tiefe und Reichweite der Norm wissenschaftlicher Leistungserfüllung auf. Gemeint ist damit Definition eines Korridors an Verhaltenserwartungen, die markieren, was als legitime Erfüllung der Vorgaben gelten kann, was als Nichterfüllung von der Organisation sanktionslos hingenommen und was als illegitimes Verhalten unbedingt sanktioniert werden muss. Damit ist zugleich die soziale Funktion von Normkonflikten angesprochen. Zwar können Konflikte darum, was als richtiges oder falsches Verhalten gelten soll, zu Spaltungen führen. Solche Normkonflikte entfalten allerdings auch eine soziale Bindekraft (Simmel 1992). Zur Analyse des Verhältnisses von Dissensfiktion und pluralen Normkontexten greifen wir auf die Untersuchungen zu politischen Skandalen von Karl Otto Hondrich (2002) zurück.

Für Karl Otto Hondrich besteht die soziale Funktion von politischen Skandalen in der Mobilisierung kollektiver Entrüstung über Normverstöße, womit zugleich „das Gefühl für deren [gemeint ist hier die Norm selbst, die verletzt wurde, die Autoren] Wichtigkeit und Richtigkeit" (Hondrich 2002, S. 18) geschärft wird. Denn durch die Entrüstung werden geltende Werte adressiert, in Stellung gebracht und bekräftigt, gegen die die im Skandal verwickelten Akteure gerade verstoßen. Skandale sind daher gerade nicht als Erosion von Normen zu interpretieren. Vielmehr dienen sie deren Stabilisierung und Revitalisierung. Im Skandal zeige sich „spontan und momentan die moralische Einheit" (Hondrich 2002, S. 22) der Gesellschaft. Was nämlich im Skandal hervortrete, sei die Spannung zwischen der „Oberwelt" offizieller Politik und Wirtschaft und der „Unterwelt" einer inoffiziellen Sozialität des kollektiven Lebens. Wie im Fall der Unterscheidung von Formalität und Informalität werden hier zwei Komplexe von Verhaltensregeln bzw. Normen unterschieden, die gleichzeitig gelten und in Spannung geraten.

Hondrich beobachtet, dass der Skandal zunächst eine solche Spannung zwischen der Welt der Offizialität und der Welt der Inoffizialität aufbaut, die dann aber auch wieder gelöst und eingeebnet werden muss. Gesellschaften lernen dabei, der „Verselbstständigung von Politik von anderen Lebensbereichen" (Hondrich 2002, S. 71) punktuell entgegenzuwirken. An Georg Simmel anschließend versteht Hondrich den Skandal als Mechanismus der Integration, der die Beteiligten im Wertkonflikt bindet, der kollektiven Empörung eine Form gibt und diese dabei entschärft. Wenn sich aber an öffentlichen Skandalen gerade deren normative Integrationsfähigkeit beobachten lässt, so ist anzunehmen, dass Dissensfiktionen mit den einhergehenden konfliktantizipierenden Handlungen als funktionales Äquivalent fungieren kann: Zu zeigen wäre dann, dass sie im Hinblick auf die Leistungsbewertung sowohl integrierend als auch normstabilisierend wirkt.

3.3.1 Dissensfiktion und Integration

Für die Dissensfiktion gilt nun aber, dass solche Momente der Empörung vorwegnehmend in Rechnung gestellt werden. Die Verwaltung bereitet sich damit auf Szenarien vor, in denen sich die Wissenschaftler*innen über die Entscheidungen, die auf der Basis der Leistungsbewertung gefällt werden, empören. Dissensfiktionen nehmen diese Empörungen zeitlich vorweg und berücksichtigen diese schon vor dem Eintreten eines möglichen Konflikts. Das ermöglicht ein Handeln der Verwaltung, mit dem es gelingt, die unterstellte Empörung der wissenschaftlichen Organisationsmitglieder so zu adressieren, dass diese sich zum Leistungsbeitrag im Sinne der neuen Norm verpflichtet sehen.

Die Vorbereitung von „Auskühlungsprozessen" und das Eigenrecht der Situation

Der Mitarbeiter, der auf die Transparenz der Leistungsbewertung setzte, berichtete von zwei Strategien, mit denen die Empörung der Wissenschaftler schon in Ansätzen ausgekühlt werden sollte. Zum einen werden Neuberufene umfassend über die Verfahren der Leistungsbewertung informiert:

„Also ich stelle folgendes fest: wenn jemand neu berufen wird, dann ist er in den ersten ein, zwei Tagen (korrigiert) Jahren nicht immer in der Lage, das System komplett zu verstehen. Wir machen uns dort eigentlich relativ viel Mühe. [...] Deshalb ,pass auf, die Budgetierung läuft bei uns nach LOM. LOM heißt... LOM-Forschung bedeutet ... So funktioniert's, LOM-Lehre so ...'."

Es geht hier also um Bereitstellung einer Organisationsgeschichte, auf die im Falle einer Beschwerde als Mittel zum „Auskühlen" (Goffman 1952) zurückgegriffen werden kann. Die Verwaltung kann dann auf gemeinsame Situationen der Aushandlung von Mitgliedschaftsbedingungen verweisen, was den Rückgriff der betroffenen Professor*innen auf ihr Nichtwissen dramaturgisch verunmöglicht:

„Das ist ja irgendwie blöd, wenn jemand sich darauf einlässt und hinterher sagt ,meine Güte! Hätte ich gewusst, dass mein Haushalt, was ich pro Jahr an Geld bekomme, davon abhängt, dass da so ein Riesensystem hinterhängt!'"

Zum anderen wird diese Informationspolitik durch ein Handeln flankiert, dass der bereits angesprochenen Dauerenttäuschung entgegenwirken soll. Während von den Wissenschaftler*innen eingefordert wird, sich aktiv mit der leistungsorientierten Mittelvergabe auseinanderzusetzen, muss die Verwaltung auf der Gegenseite eine Bereitschaft zur Anpassung der Leistungsbewertung signalisieren, mit denen sie auf Kritik eingeht:

„und das geht einher auch mit der Identifikation mit dem System, und das ist genau das, was ich gerne möchte. Ich möchte, dass sie sich das angucken und damit sie das System verstehen, weil dann können sie auch selber für sich entscheiden: finde ich das gut oder nicht? Oder finde ich das gerecht oder nicht? Und dann fängt nämlich vielleicht die Äußerung an ,ich find's nicht gerecht, weil ...'. Und dann erst können wir, haben wir auch die Möglichkeit, ihn einzubinden. ,Ja, dann sag, warum'. ,Ja, diese Journals sind nicht genug beurteilt, weil ...'. Und dann sagen wir ,okay'. Und dann sage ich: ,Wunderbar. Bitte eine Mail an mich, Vorsitzender der Forschungskommission, wir haben in drei Wochen Sitzung. Dann entscheiden wir darüber'."

Die Erwartung, die Wissenschaftler*innen fühlten sich ungerecht behandelt, wird explizit zum „Tinkering" am Bewertungsinstrument genutzt. Dieses „Tinkering" kann dabei im Sinne des Findens und „Zusammenbastelns" von individuellen Lösungen für einzelne Beschwerdeführer*innen verstanden werden. Zugleich wird dabei auch ein Verhältnis von Organisation und Mitglied installiert, das explizit von der Motivation der Beteiligten absehen kann. Damit wird von der Verwaltungsseite ein Verfahren aufgesetzt, dass die Kritik am Bewertungsverfahren antizipiert und von den Bedenkenträger*innen eine Stellungnahme zu den Kriterien der Leistungserfassung einfordert, die selbst nicht zurückgewiesen werden kann, da die Leistungserstellung selbst Grundlage der formalen Mitgliedschaft darstellt. Durch diese situative Einbindung in die Anpassung des Bewertungsverfahrens wird das zukünftige Fernziel einer gerechten

Leistungsbewertung „in der Gegenwart sinnvoll verankert" (Luhmann 1983, S. 227). Der Situation kommt insofern ein Eigenrecht zu, als sie die Beteiligten zu Leistungen des Bestanderhalts verpflichtet (Goffman 1964; Luhmann 1964). Vor allem impliziert dies eine Selbstdarstellung der Beteiligten im Sinne der Situation. Nach Maßgabe von Luhmanns „Legitimation durch Verfahren" (Luhmann 1983) zielen solche Prozeduren gerade nicht auf sachgerechtere Entscheidungen. Die Funktion von Beteiligungsverfahren besteht vielmehr darin, Legitimation für Entscheidungen zu erzeugen, indem Abnahmemotive erzeugt werden. Der Kniff besteht dann darin, dass selbst sachlich als falsch wahrgenommene Entscheidungen die Entscheider*innen auf ihre Annahme hin verpflichten. Die beteiligten Wissenschaftler*innen können sich deshalb hinterher nicht mehr als Opponenten des Verfahrens darstellen. Sie waren ja dabei und hätten Gelegenheit gehabt, Änderungen entsprechend ihrer Bedürfnisse und Interessen einzubringen. So sinkt durch die Beteiligung am Verfahren die Chance einer offenen Kritik. Die Unterstellung eines Dissenses führt zu einer situativ gestalteten Anpassung des Bewertungsverfahrens. Kritik wird nicht nur absorbiert, sondern sogar in ihr Gegenteil verkehrt: in eine bekräftigende Investition in die Legitimität der LOM.

3.3.2 Die Stabilisierung legitimer Normerfüllung

Neben der *Integrationsfunktion* – die die Legitimität der Leistungsbewertung gewährleistet, kommt der Dissensfiktion auch eine *Stabilisierungsfunktion* zu: die Definition legitimer Normerfüllung. Gemeint ist damit das Ausloten möglicher Bewertungsalternativen, mittels derer Reichweite und Enge der erwarteten Leistungserfüllung – und damit verbunden auch deren Nichterfüllung – definiert und gegen Kritik immunisiert werden.

Die Suche nach einer gerechteren Leistungsbewertung

Eine Mitarbeiterin einer geisteswissenschaftlichen Fakultät berichtete davon, dass man versuchte, die Erfassung der Leistungsbeiträge der Wissenschaftler*innen gerechter zu gestalten. Zunächst wurde angestrebt, die publizierten Seitenzahlen zur Grundlage der Leistungsbewertung zu machen, was allerdings an den unterschiedlichen Publikationsmedien scheiterte:

„Das heißt, Sie können Qualitätskriterien kaum festmachen. Wir sind erstmal (...) auf Seiten zählen verfallen. (...) Also jetzt, wenn ich in die aktuelle Liste sehe, da findet man eben beispielsweise die Publikationstypen Aufsatz, Monografie, Herausgabe, Film usw. Und dann hat man eben fein ziseliert überlegt: Wie könnte man diese Beiträge oder diese Publikationen bewerten? Wie viele Punkte soll es für eine Seite in dieser oder jener und jener Publikationskategorie geben? Das ist natürlich unglaublich angreifbar. Da können Sie jahrelang drüber diskutieren."

Auch hier greift eine Dissensfiktion. Den Wissenschaftler*innen wird unterstellt, dass sie die Erfassung ihrer Leistung als ungerecht betrachten könnten, weshalb ein anderes Modell der Leistungsbemessung erprobt wird. Wenn statt der Qualität des Publikationsortes nun der Umfang der Publikationen zählen soll, wird nicht nur ein anderes Differenzierungsmodell erwogen, sondern auch ein anderes Verhalten als leistungswürdig betrachtet. Die damit verbundenen Folgeprobleme, vor allem die Hierarchisierung unterschiedlicher Publikationsformate, führt aber in diesem Fall dazu, dass die Suche nach einem gerechteren Modell aufgegeben werden kann. Die Rückkehr zum alten Modell wird schließlich damit begründet, dass sich diese verworfenen Bewertungsmodelle als zu aufwendig erwiesen hätten:

> „Immer muss man das alles miteinander vergleichen, und es wird eben nicht gewichtet nach Fächerkultur. Das könnte man machen. Aber, wie gesagt, der Aufwand scheint uns eben insgesamt zu hoch."

Der hier interessierende Punkt ist jedoch gerade das Aussortieren und somit Entwerten solcher Verhaltensweisen, die prinzipiell als Leistung beobachtet und bewertet werden könnten. Alternativen werden erwogen und verworfen. Die Notwendigkeit, andere Bewertungsmodelle und entsprechende Handlungsalternativen begründen zu müssen – das trifft sowohl auf die „Publikationstypen" als auch auf eine „Gewichtung nach Fächerkultur" zu – hat zur Konsequenz, dass auch die anderen Modelle auf ihre Konfliktträchtigkeit hin untersucht werden. Daraus folgen Aushandlungen um eine angemessene Erfassung wissenschaftlicher Leistung. Die Entwicklung alternativer Leistungsbewertungsmodelle kann durch die Verwaltungsmitarbeiter mit Blick auf erwartbare Konfliktfolgen zurückgewiesen werden. In der Konsequenz kehrt die Verwaltung zum bereits etablierten System zurück und stabilisiert zugleich die darin angelegten Leistungsnormen, die doch korrigiert werden sollten. Die Bereitschaft, Änderungen anzudenken, erlaubt es, das bestehende Bewertungsmodell durchzusetzen, nicht zuletzt deshalb, weil „gerechtere" Versuche scheiterten. Damit gelingt es der Verwaltung, ihre bisherige Bewertungspraxis aufrechtzuerhalten und mögliche Empörung über das Verfahren ins Leere laufen zu lassen.

Die Perspektive, dass auch nach Änderungen im Verfahren stets mit Kritik zu rechnen ist – es wird also ein Dissens bezüglich einer gerechteren Leistungsbewertung unterstellt – dient als Argument dafür, einen höheren Aufwand zu scheuen. Die Suche nach gerechteren Alternativen wird eingestellt und Verhaltenserwartungen legitimer Normerfüllung stabilisiert.

4 Schluss

Wir schlagen vor, dass die Umsetzung der leistungsorientierten Mittelvergabe Ergebnis eines eigenen organisationalen Prozesses darstellt, in der die Hochschulverwaltung qua Formalisierung der Leistungsbewertung zukünftige Konflikte antizipiert und daraufhin ihr gegenwärtiges Handeln so orientiert, dass das wissenschaftliche Personal an den als konfliktiv konstruierten Gegenstand LOM normativ gebunden werden und zugleich die damit verbundenen Leistungserwartungen akzeptieren. Indem die zuständigen Verwaltungsmitarbeiter*innen den Wissenschaftler*innen unterstellten, der Leistungsbewertung kritisch gegenüberzustehen, versuchten sie antizipativ auf deren mögliche Einwände zu reagieren und im Voraus zu entschärfen. Das wiederum ermöglichte es, eben jene als unerwünscht gedeutete Bewertungssituation wirklichkeitswirksam werden zu lassen. Die Leistungsmotive mobilisierende Funktion der Bewertungsläufe greift nicht als intendierter Akt, wohl aber im Sinne der Intention. Diese Wirksamkeit lässt sich als Effekt der internen Vorbereitung formaler Entscheidungen fassen, womit der Dissensfiktion ein systematischer Stellenwert in Formalisierungsprozessen in Organisationen und der Eingewöhnung in Bewertungsverfahren zugewiesen werden konnte, die als ‚sachfremd' erlebt werden.

Somit erfüllt das Verwaltungshandeln, das sich aus den Dissensfiktionen um die Leistungsbewertung ergibt, mit Bezug auf die Leistungsnormen zwei Funktionen: Einerseits werden die Adressat*innen der Leistungsbewertung durch den Einbezug in das konfliktvermeidende Handeln auf die Gültigkeit der Leistungsbewertung normativ verpflichtet (Integrationsfunktion), zum anderen wird der Korridor der legitimen Erfüllung der Verhaltenserwartungen sachlich festgelegt und stabilisiert (Stabilisierungsfunktion). Dissensfiktionen, so unsere These, leisten damit einen Beitrag zur Bewältigung und Legitimation neuer Ungleichheiten zwischen den bewerteten Organisationsmitgliedern. Die Dissensfiktion stellt damit ein funktionales Äquivalent zur Klärung offener Bewertungskonflikte qua Sanktionen dar. Gerade die letztgenannte Variante steht Hochschulen als Organisationen nur höchst eingeschränkt zur Verfügung. Schließlich können sie das Mitgliedschaftsverhältnis aufseiten des Wissenschaftspersonals nur in höchst eingeschränktem Umfang an die Erfüllung bestimmter Leistungserwartungen verbindlich knüpfen.

Das erlaubt die Modellierung koordinationsbedürftiger Situationen (Boltanski und Thévenot 2007) in Organisationen unter der Bedingung konkurrierender Bewertungshorizonte. In diesem Sinne versteht sich die vorliegende Analyse als

Beitrag zur einer organisationstheoretischen Kontextualisierung von Bewertungskonflikten und Bewertungsprozessen (Zembylas 2019). Sie zeigt, dass Hochschulen mit Blick auf Leistungsbewertung nicht einfach bloß soziale Ungleichheiten
und Ambivalenzen anheizen (Sondermann und Janßen 2019), sondern dass es den
Hochschulen dabei gelingt, die Bewerteten in die Bewertungsverfahren derart einzubinden, dass im selben Zug Legitimität für eben dieses Bewertungsverfahren
und die daraus resultierenden Ungleichheiten bereit gestellt wird.

Die interne Vorbereitung von Verwaltungsentscheidungen zur leistungsorientierten Mittelvergabe erweist sich schließlich als derart erfolgreich, dass selbst
noch die Thematisierung von akuten Konflikten der bewerteten Wissenschaftler*innen mit der zuständigen Verwaltung verunmöglicht wird. Das erlaubt der
Hochschule, Konfliktpotenziale zu absorbieren und in andere Arenen auszulagern,
z. B. in die Scientific Community, den Kollegenkreis oder in die private Lebensführung, Der Verwaltung gelingt es, Konflikte um Leistungsnormen in kollegiale
Normen zu transformieren und damit als Bewertungskriterien zu normalisieren.
Zugleich wird kontrafaktisch der alte Konsens an Hochschulen bestärkt, dass sich
Verwaltung und Profession autonom zueinander verhalten. Sichtbar wird damit
auch, dass sich Hochschulen in ihrer organisationalen Verfasstheit durch eine
polyvalente Bewertungskultur auszeichnen. Sie können sehr wohl mit divergieren-
den und sogar widersprüchlichen normativen Vorgaben und Bewertungsprozessen
operieren. Gerade weil die Umsetzung formaler Bewertungsverfahren von einem
Bewertungsdissens ausgeht, kann die Bewertung selbst als organisationales Bin-
demittel fungieren, ohne dass die Wissenschaftler*innen damit den kulturellen
Vorgaben der Scientific Community entsagen müssten.

Literatur

Alberth, L., Hahn, M., & Wagner, G. (2016). Wissenschaftler-Karrieren scheitern nicht. Zur
    Herstellung von „Karriere" in Karriereerzählungen von Wissenschaftlerinnen. In J. Reuter,
    O. Berli, & M. Tischler (Hrsg.), *Wissenschaftliche Karriere als Hasard. Eine Sondierung*
    (S. 49–75). Frankfurt a. M.: Campus.
Alberth, L., Hahn, M., & Wagner, G. (2018). Hochschulen zwischen Vergleichbarkeit und
    Unvergleichbarkeit. In V. Tacke, & C. Dorn (Hrsg.), *Vergleich und Leistung in der
    funktional differenzierten Gesellschaft* (S. 101–130). Wiesbaden: Springer VS.
Boltanski, L., & Thévenot, L. (2007). *Über die Rechtfertigung. Eine Soziologie der kritischen
    Urteilskraft*. Hamburg: Hamburger Edition.
Dohmen, D. (2015). Anreize und Steuerung in Hochschulen – Welche Rolle spielt die
    leistungsbezogene Mittelzuweisung? In S. Naumann (Hrsg.), *Wege zu einer höheren
    Wirksamkeit des Qualitätsmanagements. Tagungsband der 14. Jahrestagung des Arbeits-
    kreises Evaluation und Qualitätssicherung der Berliner und Brandenburger Hochschulen*

am 23./24. September 2013 an der Humboldt-Universität zu Berlin (S. 92–121). Berlin: Humboldt Universität.

Fangmann, H., & Heise, S. (2008). Staatliche Mittelvergabe als Marktsimulation? Systemische Probleme und Lösungsansätze. *Zeitschrift Für Hochschulentwicklung 3,* 41–58.

Flink, T., & Simon, D. (2014). Erfolg in der Wissenschaft: Von der Ambivalenz klassischer Anerkennung und neuer Leistungsmessung. *Leviathan 42, Sonderband 29,* 123–145.

Goffman, E. (1952). On cooling the mark out. *Psychiatry and Interpersonal and Biological Processes 4,* 451–463.

Goffman, E. (1964). The neglected situation. *American Anthropologist 66,* 133–136.

Hahn, A. (1983). Konsensfiktionen in Kleingruppen. Dargestellt am Beispiel junger Ehen. In F. Neidhardt (Hrsg.), *Gruppensoziologie. Perspektiven und Materialien. Sonderheft der Kölner Zeitschrift für Soziologie und Sozialpsychologie* (S. 210–232). Opladen: Westdeutscher Verlag.

Hahn, M. (2019). *Organisation im Stand-by-Modus. Zur Ausblendung formaler Organisation an Hochschulen.* Wiesbaden: Springer.

Hahn, M., & Wagner, G. (2016). Organisation" im on/off-Modus. Zur Praxis von Qualitätsmanagern an Hochschulen als Ermöglichung und Verunmöglichung von „Organisation. *Sozialer Sinn 17*(1), 35–68.

Hildenbrand, B. (2006). Dissensfiktionen bei Paaren. In G. Burkart (Hrsg.), *Die Ausweitung der Bekenntniskultur – neue Formen der Selbstthematisierung?* (S. 185–206). Wiesbaden: VS.

Hirschauer, S. (1994). Die soziale Fortpflanzung von Zweigeschlechtlichkeit. *Kölner Zeitschrift Für Soziologie Und Sozialpsychologie 46,* 668–692.

Hondrich, K. O. (2002). *Enthüllung und Entrüstung. Eine Phänomenologie des politischen Skandals.* Frankfurt a. M.: Suhrkamp.

Kleimann, B. (2016). *Universitätsorganisation und präsidiale Leitung. Führungspraktiken in einer multiplen Hybridorganisation.* Wiesbaden: Springer Fachmedien.

Luhmann, N. (1964). *Funktionen und Folgen formaler Organisation.* Berlin: Duncker & Humblot.

Luhmann, N. (1983). *Legitimation durch Verfahren.* Frankfurt a. M.: Suhrkamp.

Meier, F. (2009). *Die Universität als Akteur. Zum institutionellen Wandel der Hochschulorganisation.* Wiesbaden: VS.

Münch, R. (2011). *Akademischer Kapitalismus. Über die politische Akademie der Hochschulreform.* Berlin: Suhrkamp.

Musselin, C. (2006). Are universities specific organisations? In G. Krücken, A. Kosmützky, & M. Torka (Hrsg.), *Towards a multiversity? Universities between global trends and national Traditions* (S. 63–84). Bielefeld: transcript.

Nohl, A. (2006). *Interview und dokumentarische Methode. Anleitung für die Forschungspraxis.* Wiesbaden: VS.

Osterloh, M. (2012). ‚New Public Management' versus ‚Gelehrtenrepublik' – Rankings als Instrument der Qualitätsbeurteilung in der Wissenschaft. In U. Wilkesmann, & C. J. Schmidt (Hrsg.), *Hochschule als Organisation* (S. 209–221). Wiesbaden: Springer.

Paris, R. (2001). Machtfreiheit als negative Utopie. Die Hochschule als Idee und Betrieb. In E. Stölting, & U. Schimank (Hrsg.). *Die Krise Der Universität: Bd. 20. Leviathan-Sonderheft* (S. 194–222). Wiesbaden: Westdeutscher Verlag.

Schütz, A. (1937). *Der sinnhafte Aufbau der sozialen Welt. Eine Einleitung in die verstehende Soziologie.* Wien: Springer.

Simmel, G. (1992). *Soziologie. Untersuchungen über die Formen der Vergesellschaftung.* Frankfurt a. M.: Suhrkamp.

Sondermann, A., & Jansen, M. (2019). Folgen universitärer Leistungsbewertungen für das berufliche Handeln von Hochschulprofessoren: Verschärfter Anpassungsdruck und kollegiale Grenzziehungen? In S. Nicolae, M. Endreß, O. Berli, & D. Bischur (Hrsg.), *(Be)Werten. Beiträge zur sozialen Konstruktion von Wertigkeit* (S. 249–274). Wiesbaden: Springer VS.

Stichweh, R. (2005). Neue Steuerungsformen der Universität und die akademische Selbstverwaltung. Die Universität als Organisation. In U. Sieg, & D. Korsch (Hrsg.), *Die Idee der Universität heute* (S. 123–135). Saur: München.

Zembylas, T. (2019). Zur Kontextualisierung von Bewertungsprozessen. In S. Nicolae, M. Endreß, O. Berli, & D. Bischur (Hrsg.), *(Be)Werten. Beiträge zur sozialen Konstruktion von Wertigkeit* (S. 171–194). Wiesbaden: Springer VS.

Sichtbarkeitskonstellationen im Journal Peer Review – Konsequenzen von In/Transparenz in wissenschaftlichen Bewertungsverfahren

Felicitas Hesselmann, Cornelia Schendzielorz und Anne K. Krüger

1 Einleitung

Bewertungsverfahren sind nicht nur allgegenwärtig, sondern können auch weitreichende Konsequenzen haben. Wenn Bewertungsurteile kritisiert werden, stehen daher schnell Fragen der Gestaltung der dahinterstehenden Verfahren im Fokus: Wie ist die Bewertung zustande gekommen? Wer war daran beteiligt? Welche Kriterien wurden angelegt? Und insbesondere: Wie transparent ist das Verfahren insgesamt gestaltet? Vor diesem Hintergrund analysiert unser Beitrag die konkrete Gestaltung von Sichtbarkeitskonstellationen am Fall des Journal Peer Review. Zentral ist dabei für uns deren Bedeutung für die Legitimierung von Bewertungsverfahren in wissenschaftlichen Zeitschriften und den damit einhergehenden Publikationsentscheidungen. Damit wollen wir einen Beitrag zur aktuellen Soziologie des Wertens und Bewertens (Lamont 2012; Krüger und Reinhart

F. Hesselmann (✉)
Deutsches Zentrum für Hochschul- und Wissenschaftsforschung (DZHW), Berlin, Deutschland
E-Mail: hesselmann@dzhw.eu

C. Schendzielorz
Humboldt Universität zu Berlin, Berlin, Deutschland
E-Mail: schendzc@hu-berlin.de

A. K. Krüger
Berlin-Brandenburgische Akademie der Wissenschaften, Berlin, Deutschland
E-Mail: anne.krueger@bbaw.de

O. Berli et al. (Hrsg.), *Bewertungskulturen,* Soziologie des Wertens und Bewertens, https://doi.org/10.1007/978-3-658-33409-3_4

2017; Meier et al. 2017) leisten, indem wir soziologische, politikwissenschaftliche und philosophische Reflexionen zu Transparenz für die Untersuchung von Bewertungsverfahren fruchtbar machen.

Das Journal Peer Review stellt dabei in mehrfacher Hinsicht einen wichtigen und aufschlussreichen Gegenstand für die Forschung zu Bewertungspraktiken dar: Grundsätzlich ist Journal Peer Review selbst ein äußerst relevantes Bewertungsverfahren, denn Peer Review ist „der zentrale Mechanismus, mit dem sich Wissenschaft selbst steuert" (Reinhart 2012, S. 6). Mit Mario Biagioli lässt sich Journal Peer Review „as one of the fundamental conditions of possibility of academic knowledge and the construction of its value" (Biagioli 2002, S. 11) betrachten. Denn einerseits stellen Publikationen, insbesondere von Artikeln in Fachjournalen mit Peer Review, ein zentrales Element der wissenschaftlichen Währung (Biagioli 2002, S. 20) dar, in der wissenschaftliche Leistungen gemessen werden. Andererseits geht es im Journal Peer Review um nichts Geringeres als um die Bewertung wissenschaftlicher Wissensproduktion und damit um die Frage nach der Erlangung eines „objektiven" oder zumindest durch nichtwissenschaftliche Faktoren wie z. B. Geschlecht oder Herkunft unbeeinflussten Urteils über wissenschaftliche Qualität. Im Fall von Journal Peer Review entscheiden die hier getroffenen Bewertungsurteile darüber, welches Wissen aufgrund der Begutachtung durch die Herausgeber*innen einer Zeitschrift und/oder externe Gutachtende als Erkenntnisfortschritt „zertifiziert" und der wissenschaftlichen Community durch die Veröffentlichung zur Kenntnis gebracht wird. Zeitschriften dienen damit als eine der Gatekeeperinnen für wissenschaftliche Erkenntnis und Karrieren. Vor dem Hintergrund dieser wichtigen Funktion von Peer Review in Zeitschriften verwundert es nicht, dass Journal Peer Review immer wieder kontrovers diskutiert und häufig kritisiert wird (Dannenberg 2017; Flaherty 2017; Wissenschaftsrat 2017) – auch wenn man sich weitgehend einig ist, dass die Begutachtung von Einreichungen in Zeitschriften durch Peers unerlässlich ist, schon allein um „die Lesezeit einer Disziplin" zu kalibrieren (Hirschauer 2004, S. 62).

Darüber hinaus ist das Journal Peer Review besonders geeignet, um die Rolle von Sichtbarkeit in Bewertungsverfahren zu untersuchen. Mit Blick auf die prozedurale Gestaltung von Bewertungen spielen Fragen der (In-)Transparenz, d. h., der Schaffung oder Verhinderung von Einsehbarkeit in Verfahrensabläufe bzw. von Sichtbarkeit der beteiligten Personen und Objekte eine zentrale Rolle. Dies bezeugen die Debatten um neuartige, alternative oder modifizierte Formen des Journal Peer Review, die rund um die Schlagworte Open Peer Review, Post Publication Peer Review, Transparent Peer Review und die verschiedenen Varianten des Blindings geführt werden. Vor diesem Hintergrund gilt es zu erörtern, welche Sichtbarkeitskonstellationen in den Bewertungsprozessen des Journal Peer Review vorzufinden sind, an welcher Stelle sie wie transparent bzw. intransparent sind, und welche Konsequenzen die spezifischen Sichtbarkeitskonstellationen haben. Am Journal Peer Review lässt sich somit in besonderem Maße die Rolle von Transparenz für die Legitimierung von Bewertungsprozeduren in der Wissenschaft untersuchen. Es soll dementsprechend danach gefragt werden, inwiefern Transparenz dazu beiträgt, das Bewertungsverfahren des Journal Peer Review und die darin getroffenen Entscheidungen zu rechtfertigen und ihnen letztlich Akzeptanz innerhalb der wissenschaftlichen Community zu verleihen.

Zur Beantwortung dieser Frage gehen wir folgendermaßen vor: Wir skizzieren zunächst unser Verständnis von Sichtbarkeitskonstellationen und erörtern den Begriff der Transparenz bzw. Intransparenz, indem wir ihn als eine spezifische Form von Sichtbarkeit begreifen. Zweitens gehen wir unter Rückgriff auf Ergebnisse unserer Studie zur wissenschaftlichen Qualität im Journal Peer Review[1] darauf ein, wie und welche Formen von Transparenz in Verfahren des Journal Peer Reviews eingefordert werden. Anschließend erläutern wir, wie in den diversen empirischen Varianten des Journal Peer Review Transparenz konkret ausgestaltet wird und systematisieren diese in der vergleichenden Analyse zu drei Formaten, die wir mit Blick auf die darin hergestellten Sichtbarkeitskonstellationen zueinander ins Verhältnis setzen. Abschließend erörtern wird die Konsequenzen der spezifischen Sichtbarkeitskonstellationen im Hinblick auf die Transparenz bzw. Intransparenz in Bewertungsverfahren und skizzieren, welche Rolle sie für die Legitimation von Bewertungsurteilen im Journal Peer Review spielen.

2   Theoretische Reflexionen zu Transparenz in Bewertungsverfahren

Mit Blick auf die Legitimation von Bewertungsverfahren sind Sichtbarkeitsverhältnisse von besonderer Relevanz: Mit Brighenti lässt sich Sichtbarkeit an der Schnittstelle von „aesthetics (relations of perception) and politics (relation of power)" (Brighenti 2007, S. 324) verorten. Brighenti erachtet Sichtbarkeit dabei

---

[1] Diese Ergebnisse stammen aus dem Teilprojekt „Qualitätsvorstellungen in der Wissenschaft" im Rahmen des BMBF-finanzierten Forschungsprojekts „Bewertungspraktiken in Wissenschaft und Hochschule" (2016–2019, FKZ: 01PQ16003). Mittels einer qualitativen Inhaltsanalyse von Websites von 51 Zeitschriften aus den Disziplinen Philosophie, Betriebswirtschaft und Molekularbiologie wurden die Aussagen zur Qualität der Einreichungen, des Journals selbst und des Peer Review-Verfahrens untersucht.

als eine soziale Kategorie, deren Bezugspunkte divers und offen sind. „[V]isibility is not correlated in any straightforward way to recognition and control, or to any specific moral value" (Brighenti 2007, S. 340). Dabei stellt er speziell den relationalen Charakter von Sichtbarkeit heraus: „[S]eeing and being seen are intimately connected" (Brighenti 2007, S. 325). Sichtbarkeit kennzeichnet somit den Zustand des Sehens und Gesehen-werden-Könnens im Unterschied zur Unsichtbarkeit, welche beschreibt, dass eine Person, ein Objekt, ein Prozess oder eine Handlung nicht gesehen, d. h. nicht beobachtet werden kann. In Folge dessen stellt sich die Frage nach den Sichtbarkeitskonstellationen, d. h., was, wann, wie, von wem, zu welchem Zweck sichtbar gemacht wird oder auch der Sichtbarkeit vorenthalten oder (wieder) unsichtbar gemacht wird. Sichtbarkeit bzw. Unsichtbarkeit muss dabei aber nicht dauerhaft, d. h. zeitlich unbegrenzt, gegeben sein, sondern kann über die Zeit von Situation zu Situation variieren.

Auch die Verfahrensabläufe von Bewertungsverfahren sind maßgeblich durch die darin vorherrschenden Sichtbarkeitskonstellationen geprägt. Damit ist die Frage nach den jeweiligen Sichtbarkeitskonstellationen, auf deren Grundlage Bewertungsurteile getroffen werden, unmittelbar mit der Frage nach deren Legitimierung verknüpft. Die Transparenz bzw. Intransparenz von Handlungsabläufen und den darin involvierten Personen und Objekten legitimiert auf entscheidende Weise das Bewertungsverfahren und das darin gefällte Urteil. Transparenz lässt sich dabei als Sichtbarkeit der am Verfahren partizipierenden Akteure, ihrer Handlungen, damit assoziierter Dokumente und der Verfahrensabläufe selbst verstehen. Wir gehen dabei – wie Brighenti im Hinblick auf Sichtbarkeit und unter Bezug auf Frieder Vogelmann (2011) und Vincent August (2018) – davon aus, dass der Transparenzbegriff mit Blick auf seine Bedeutung in gesellschaftlichen Debatten normativ aufgeladen wird, eine solche normative Aufladung jedoch nicht per se gegeben ist. August schreibt dazu: „Die gleiche Praxis kann normativ aus der einen Perspektive als positive Transparenz, aus der anderen als negative Überwachung erscheinen" (August 2018, S. 139). Diese normative Multifunktionalität und vielseitige Instrumentalisierung ist schon in der Terminologie angelegt, welche die „Position des Erkennens" (August 2018, S. 129) unterschlägt und somit Neutralität zu verbürgen scheint. Vor diesem Hintergrund kann (In-)Transparenz unterschiedliche Funktionen erfüllen und Konsequenzen haben:

In Bezug auf Transparenz in Verfahren werden Aspekte der Kontrolle durch einseitige oder auch wechselseitige Beobachtung der Beteiligten zentral. Transparenzforderungen und -erwartungen ebenso wie gezielte Intransparenzen und deren Verteidigung drücken Machtbeziehungen aus, indem sie erstens als strategische Handlungen gedeutet werden, die dazu dienen, den Kreis der Beteiligten einzugrenzen, den Grad der Partizipation zu differenzieren und somit gezielt Rollen zu bestimmen. Hier zeigt sich die Verwobenheit von Sichtbarkeitskonstellationen und Transparenzforderungen mit Machtbeziehungen, wie Vogelmann (2011) betont. Diese Machtbeziehungen sind zweitens dadurch bestimmt, wie die Transparenzforderung tatsächlich geltend gemacht und auch durchgesetzt werden kann, also ob etwa eine formal vorgeschriebene Pflicht besteht oder Transparenz auf freiwilliger Selbstverpflichtung beruht. Drittens äußert sich Macht in der Forderung nach Transparenz darin, dass sie das Handeln desjenigen beeinflusst, der Dinge offenlegen muss. Das Wissen darum, dass Dinge und das eigene damit verbundene Handeln sichtbar werden, beeinflusst den Gegenstand der Transparenzforderung fundamental mit.[2]

Weitgehende Transparenz kann dabei einerseits eine Verteilung der Macht auf vielfältige Akteure bedeuten, aber ebenso im Zuge der Unübersichtlichkeit der breiten Informationen in eine selektive und kaum kontrollierte Unsichtbarkeit von relevanten Objekten und Prozessen umschlagen. Transparenz kann in Folge des „Komplexitätsdilemmas" dysfunktional werden, da sie anstelle mehr Einblicke zu gewähren, diffuse Unsicherheitsgefühle nähren kann (August 2018, S. 140 f.). Ein solcher „information overload" (August 2018, S. 141) kann wiederum selbst zu Wissensasymmetrien führen und starke Einflussnahmen und damit Machtkonzentrationen ermöglichen.

Intransparenz kann dagegen einerseits als Indiz dafür genommen werden, dass die agierenden Akteure nicht begründungspflichtig sind – ob wegen mangelnder Entscheidungsgewalt und dementsprechend geringer Bedeutsamkeit ihres Handelns oder aufgrund ihrer Unanfechtbarkeit. Sie besitzen damit die Freiheit, Transparenzforderungen nicht Folge leisten zu müssen. Andererseits kann Intransparenz auch dazu dienen, eine (unerwünschte) Selbstzensur der agierenden Akteure zu verhindern und somit ein „aufrichtiges", nicht vor etwaigen unangenehmen Folgen zurückscheuendes Urteil ermöglichen (vgl. auch Vogelmann 2011, S. 80 ff.).

Mit Blick auf Bewertungsverfahren ist die Forderung nach Transparenz somit erstens Ausdruck eines Kontroll- und Überprüfungsbedürfnisses, um nachvollziehen zu können, wie Bewertungsurteile zustande kommen. Transparenzforderungen zielen damit auf die Kontrolle derjenigen, die das Bewertungsverfahren verantworten und Kontrolle über die Bewertungsurteile haben. Die Sichtbarmachung der Beobachter*innen ermöglicht es, sie in ihrer Kontrollfunktion zu

---

[2]Vogelmann verweist dazu einerseits ebenfalls auf Benthams Panopticon, in dem allein die Möglichkeit des Beobachtetwerdens dafür reicht, jenen, die dieser totalen Transparenz unterworfen sind, ein bestimmtes Verhalten aufzwingen. Gleichwohl rekurriert er auf die Offenlegung von Parteispenden als ein Beispiel dafür, wie mittels Transparenz die Mächtigen durch die Öffentlichkeit kontrolliert werden.

disziplinieren. Jedoch hängt der Erfolg jener disziplinierenden Kontrolle der Kontrollierenden davon ab, inwiefern das sichtbar Gemachte die Ausübung einer prüfenden Kontrolle ermöglicht und jene, in deren Namen die Transparenz gefordert wurde, zu einer prüfenden Bewertung in der Lage sind (vgl. Vogelmann 2011, S. 76). Diesbezüglich gibt Vogelmann zu bedenken, dass insbesondere extensive Transparenzforderungen auch zu mehr Intransparenz führen können, indem sie die Selbstzensur verstärken. Letztere besteht darin, dass Akteure sich selbst Handlungen untersagen für deren Begründung sie „keinen Platz in den Rechtfertigungsmustern der Öffentlichkeit" sehen und diese Handlungen somit mangels Begründbarkeit nicht mehr „transparentisierbar" sind. (Vogelmann 2011, S. 81 f.).

Zweitens kann Intransparenz auch eine funktionale Bedingung der Komplexitätsreduktion sein, um Entscheidungsfähigkeit zu erlangen bzw. zu erhalten (Reinhart und Sirtes 2006, S. 30). Das ist beispielsweise der Fall, wenn in mehrstufigen Verfahrensverläufen Intransparenz hergestellt wird oder erforderlich ist, um Bewertungen und Entscheidungen der vorangegangenen Stufe in der nächsten nicht mehr zur Disposition zu stellen.[3]

Angesichts dessen verweisen die spezifischen Sichtbarkeitskonstellationen und die Forderungen nach Transparenz bzw. Intransparenz auf Legitimationserfordernisse und -erwartungen. Denn die Einsehbarkeit in Handlungen und damit assoziierte Personen und Objekte ermöglicht es, dass deren Rechtfertigung eingefordert werden kann. Auf diese Möglichkeit zielen viele Transparenzforderungen ab, auch wenn ihre Erfüllung keineswegs notwendig zu deren Einlösung in Form einer Begründung, welche die Legitimität stärkt, führt (vgl. August 2018, S. 141). Vogelmann verweist darauf, dass die Tatsache „[v]om Subjekt der Transparenz zu fordern, seine Handlungen nachvollziehbar zu machen, [...] stets auch die Forderung, rational zu handeln", enthält (Vogelmann 2011, S. 77). Gleiches gilt jedoch auch für jenes, was nicht transparent gemacht wird. Explizite Geheimhaltung durch Unsichtbarkeit wird auf diese Weise ebenfalls erklärungs- und rechtfertigungsbedürftig. In diesem Sinne zielen Transparenzforderungen letztlich (immer) auf die Veränderung von Sichtbarkeitskonstellationen und fordern damit ein, dass die jeweiligen Verfahrensweisen begründet und gerechtfertigt werden, um sich Legitimität und Akzeptanz zu verschaffen.

---

[3]Reinhart argumentiert dementsprechend: „Es gilt deshalb von der Vorstellung Abstand zu nehmen, dass Intransparenz unter normativen Gesichtspunkten prinzipiell unerwünscht ist und stattdessen danach zu fragen, was diese Formen der Regelung von Sichtbarkeitsverhältnissen leisten" (Reinhart 2012, S. 140).

3   Transparenzforderungen im Journal Peer Review

Als ein spezifisches Bewertungsverfahren ist Journal Peer Review in besonderer Weise Gegenstand von Transparenzforderungen. Urteile im Journal Peer Review haben weitreichende Konsequenzen, da Publikationen in Fachzeitschriften für den inhaltlichen Austausch der wissenschaftlichen Community ebenso wie für die individuelle Karriere eine zentrale Rolle spielen und einen wesentlichen Bestandteil der wissenschaftlichen Währung darstellen. In diesem Bewertungsverfahren wird damit auch Sichtbarkeit als zentrale Ressource verhandelt, um als Forscher*in Bedeutung zu erlangen und als Dialogpartner*in und Peer geschätzt und gefragt zu sein. In dieser Dynamik gilt wie Brighenti konstatiert „Effects of one's visibility feed back from and to effects in one's visibility" (Brighenti 2007, S. 331). Sichtbare Publikationen ermöglichen Zitationen, die ihrerseits zusätzliche Sichtbarkeitspotenziale schaffen. Somit spielen die spezifischen Sichtbarkeitskonstellationen bei der Begutachtung in den unterschiedlichen Journal Peer Review-Prozeduren auch für die Sichtbarkeit von Akteuren im wissenschaftlichen Feld und für ihre Laufbahn dauerhaft eine zentrale Rolle.

Angesichts anhaltender kritischer Debatten um Journal Peer Review gewähren viele Zeitschriften in der Außendarstellung ihrer Arbeit auf Websites (die oftmals von den hinter einer Zeitschrift stehenden Verlagen erstellt werden) Einblick in ihr jeweiliges Peer Review-Verfahren. Anhand dieser Selbstbeschreibungen wird deutlich, dass normative Vorgaben aufgerufen werden, nach denen diese Verfahren ausgerichtet sind und die dazu dienen, das jeweilige Verfahren zu rechtfertigen und zu legitimieren.

Hierbei zeigt sich, dass speziell auf Fragen danach eingegangen wird, was wie zu welchem Zeitpunkt des Verfahrens transparent ist, d. h. wie einsehbar Verfahrensabläufe, darin verfügbare Informationen und Objekte sowie die Identität der darin involvierten Personen sind. Verhandelt werden vor diesem Hintergrund insbesondere Fragen der Anonymität und Unvoreingenommenheit von Personen sowie die Einsehbarkeit bzw. Vertraulichkeit von Informationen und Objekten. Während es jedoch Zeitschriften gibt, in deren Verfahren die Identität der Autor*innen (z. B. BBA Molecular Cell Research) oder der Herausgeber*innen (wenn sie nicht selbst gleichzeitig auch die Gutachtenden stellen) offen gelegt wird, stellt die Anonymität der Gutachtenden zumeist einen zentralen Wert im Begutachtungsprozess dar, der immer wieder in der Darstellung der Peer Review-Verfahren betont wird. Es wird also gezielt auf Transparenz hinsichtlich der Identität der wesentlich an dem Verfahren Beteiligten verzichtet.

Mit der Vorgabe der Anonymisierung ist die Forderung nach Unvoreingenommenheit der Gutachtenden verbunden. Unvoreingenommenheit wird in der

Begründung zur Auswahl der Gutachtenden neben fachlicher Eignung als wesentliche Eigenschaft betont, indem gefordert wird, dass sie „without any bias to race, gender, sexual orientation, religious belief, ethnic origin, citizenship, or political philosophy" (Websites *Grazer Philosophische Studien* und *Organization Studies*), d. h. ohne Ansehen der individuellen Eigenschaften der Autor*innen begutachten sollen. Um darüber hinaus Unabhängigkeit sicherzustellen, müssen zudem potenzielle Interessenskonflikte ausgeschlossen werden. Autor*innen, Gutachtende und Herausgeber*innen werden deshalb aufgefordert, etwaige Befangenheiten offen zu legen, d. h., eine transparente Informationslage zu schaffen. Auf diese Weise sollen im Fall der Autor*innen die Herleitung ihrer inhaltlichen Folgerungen und im Fall der Gutachtenden und Herausgeber*innen die Bewertungskriterien transparent gehalten werden.

Hinzu kommt die Gewährleistung eines transparenten Informationsflusses. Die Einsehbarkeit in vorliegende Informationen wird von den Zeitschriften insbesondere auf die verfassten Gutachten bezogen, indem sie darauf hinweisen, dass alle Kommentare aus den Gutachten an die Autor*innen weitergeleitet und für sie transparent gemacht werden. Gleichzeitig wird aber auch die Wahrung von Vertraulichkeit innerhalb des Peer Review-Verfahrens hochgehalten. Vertraulichkeit wird dabei einerseits hinsichtlich der Kommunikation zwischen Gutachtenden und Herausgeber*innen betont. Auch bei jenen Zeitschriften, die einen transparenten Informationsfluss zwischen Gutachter*innen und Autor*innen gewährleisten wollen, sind vertrauliche Kommentare der Gutachtenden an die Herausgeber*innen erlaubt, „in the rare case where there are concerns about ethical standards, data integrity, biosecurity, or conflicts of an academic or commercial nature" (Website *The EMBO Journal*). Diese selektive Intransparenz soll demnach die Möglichkeit einer kritischen Prüfung der Qualität und Redlichkeit der wissenschaftlichen Leistung sicherstellen, ohne durch die Äußerung eines Verdachts Schaden für die Autor*innen und oder Herausgeber*innen zu riskieren. Zudem ist es vor dem Hintergrund der Einhaltung von Höflichkeitsstandards den Herausgebenden auch erlaubt, Gutachterkommentaren, die als „offensive" (Website *Mind*) eingestuft werden, vor den Autor*innen zu verbergen. Intransparenz dient hier dem Schutz der Autor*innen vor unangemessen geäußerter Kritik.

Vertraulichkeit wird andererseits von den Gutachtenden dahin gehend eingefordert, dass „all manuscripts in the review process are to be treated as confidential and not be shown to or discussed with others except authorized by the editor" (Website *Grazer Philosophische Studien*). Es soll dafür gesorgt werden, dass „private information and ideas obtained through double-blind peer review must be kept confidential and not be used for personal advantage" (Website *Organization Science*). Die Zeitschriften verpflichten damit die Gutachtenden zu Diskretion gegenüber Dritten und auf persönliche Integrität mit Blick auf die Leistung der Autor*innen, um deren geistiges Eigentum zu schützen. Gleichzeitig werden auf diese Weise jedoch Informationen über eingereichte Manuskripte nur in dem Fall für die Öffentlichkeit einsehbar, in dem sie tatsächlich veröffentlicht werden. Über die Mehrzahl der eingereichten Manuskripte erfährt die Öffentlichkeit nichts.

Wissenschaftliche Zeitschriften verweisen also in Bezug auf ihre Peer Review-Verfahren auf eine Vielzahl an normativen Vorgaben, an denen erstens ein Fokus auf die Regelung von Sichtbarkeitskonstellationen und den darin zum Ausdruck kommenden Umgang mit Transparenz deutlich wird. Zweitens verdeutlichen sie, dass der Umgang mit Transparenz(-forderungen) im Peer Review-Prozess dazu gedacht ist, die Verfahren zu rechtfertigen und die darin getroffenen Entscheidungen zu legitimieren.

4   Die Umsetzung der Transparenzforderungen in Journal Peer Review-Verfahren

In den aktuellen Diskussionen um Journal Peer Review zeigt sich dementsprechend, dass Fragen von Transparenz besonders intensiv verhandelt werden und mittlerweile zu einer großen Heterogenität an Journal Peer Review-Formaten geführt haben. Im Folgenden sollen die bestehenden Varianten des Journal Peer Review anhand ihrer Sichtbarkeitskonstellationen systematisiert werden, um auf diese Weise die Rolle von (In-)Transparenz in Bewertungsverfahren herauszuarbeiten und hinsichtlich ihrer Konsequenzen untersuchen zu können.

Die Analyse fokussiert dabei auf drei neuralgische Punkte: 1) (Für wen) Sind die Autor*innen und ihr Manuskript sichtbar? 2) (Für wen) Sind die Gutachtenden und ihre Gutachten sichtbar? Zusätzlich zu den Fragen nach der Sichtbarkeit von Personen und den zu bewertenden Objekten wird noch ein dritter Punkt relevant: 3) Wie transparent ist eigentlich das Handeln der Herausgeber*innen in der Auswahl der Manuskripte, in der Auswahl der Gutachtenden und in der letztendlichen Publikationsentscheidung für die Leser*innen?

4.1   Blind Peer Review Verfahren

Blind Peer Review-Verfahren sind in der Wissenschaft sehr bekannt und Gegenstand intensiver Diskussionen. Sie zeichnen sich insbesondere dadurch aus, dass sie einerseits die Identitäten der beteiligten Personen, d. h. besonders der Gutachtenden und Autor*innen (in unterschiedlichem Maße) als vertraulich behandeln und andererseits auch die mit dem Peer Review assoziierten Dokumente nicht öffentlich machen. Diese Einschränkung von Transparenz bezieht sich dabei zunächst auf die Regulierung von Sichtbarkeit zwischen den Verfahrensbeteiligten selbst, wirkt sich aber im Zusammenhang mit der Anonymität der Gutachtenden auch als Einschränkung von Transparenz für die Leser*innen aus.

Blind Peer Review-Verfahren lassen sich wiederum nach unterschiedlichen Graden der Verblindung differenzieren. Im Single Blind Peer Review, das beispielsweise die Zeitschrift *BBA Molecular Cell Research* nutzt, werden lediglich die Identitäten der Gutachtenden verborgen, während die Autoren über das gesamte Verfahren hinweg bekannt sind. Damit liegen hier asymmetrische Sichtbarkeiten vor. Im Double Blind Peer Review, das oft als „Goldstandard" der Begutachtung gehandelt wird, sind sowohl die Gutachtenden den Autor*innen gegenüber anonymisiert, als auch die Autor*innen den Gutachtenden gegenüber, wodurch hier symmetrische Sichtbarkeitsverhältnisse vorliegen. In beiden Fällen sind der Herausgeber*in alle Identitäten bekannt. Am weitesten geht die Verblindung im Fall des Triple Blind Peer Review, das sich beispielsweise bei philosophischen Zeitschriften wie *MIND, Nôus* und dem *European Journal of Philosophy* findet. Dabei werden im Verfahren die Gutachtenden den Autoren*innen gegenüber und die Autoren*innen den Gutachtenden gegenüber anonymisiert. Zusätzlich werden die Autor*innen auch gegenüber den Herausgeber*innen anonymisiert, wobei es unterschiedliche Varianten gibt, diese Anonymität den Herausgeber*innen gegenüber durch das gesamte Verfahren aufrecht zu erhalten *(The Philosophical Review)*, oder aber nur während der ersten Beurteilung des Manuskripts durch die Herausgeber*in, bevor das Manuskript an die Gutachtenden gesendet wird *(The Canadian Journal of Philosophy)*. Allen drei Fällen ist damit gemeinsam, dass die Gutachtenden weder den Autor*innen im Verfahren noch den Leser*innen im Anschluss an das Verfahren bekannt gegeben werden.

Damit konzentrieren sich Blind Peer Review-Verfahren auf eine Regulierung von Transparenz und Intransparenz innerhalb des Verfahrens, indem mit der Einsehbarkeit in Dokumente und jener in die Identität von Personen unterschiedlich verfahren wird. Die zentralen Dokumente (Manuskripte und Reviews) werden für Autor*innen und Gutachtende wechselseitig einsehbar gemacht, wohingegen die Personen (alle oder teilweise) durch Anonymisierung unsichtbar gemacht werden. Somit wird intransparent gemacht, wer das jeweilige Schriftstück produziert und eingereicht hat.

Unabhängig von dem Grad der (In-)Transparenz innerhalb des Verfahrens wird gegenüber den Leser*innen nur wenig über beteiligte Personen, Handlungen oder Dokumente preisgegeben. Selbst nach der Publikationsentscheidung werden diesen nur die Autor*innen bekannt, deren Manuskripte veröffentlich werden.

Welches Gutachten von wem geschrieben wurde bzw. oftmals auch die Gutachten selbst bleiben intransparent. Blind Review-Verfahren werden daher häufig als intransparent oder „secretive" (Tennant et al. 2017, S. 12) kritisiert.

4.2   Open Peer Review Verfahren

An dieser Kritik setzen Verfahren an, die sich in die Gruppe des Open Peer Review einordnen lassen. Diese Verfahren zeichnen sich dadurch aus, dass sie alle im Zusammenhang mit dem im Peer Review-Verfahren erstellten Dokumente, d. h. sowohl die Gutachten der Reviewer*innen als auch die gesamte Kommunikation zwischen Gutachtenden, Herausgeber*innen und eventuell Autor*innen gemeinsam mit dem Artikel öffentlich machen. In vielen, aber nicht in allen Fällen geht damit auch eine öffentliche namentliche Identifizierung der jeweils beteiligten Personen, d. h. insbesondere der Gutachtenden einher. Diese Verfahren zielen damit besonders auf die Ausweitung von Transparenz gegenüber Leser*innen ab.

Besonders bekannt ist beispielsweise das Verfahren des Open Peer Review des *British Medical Journal* (Groves und Loder 2014). Hier werden mit dem Peer Review assoziierte Dokumente, d. h. „all previous versions of the manuscript, the study protocol (mandatory for all clinical trials and encouraged for all other studies at *The BMJ*), the report from the manuscript committee meeting, the reviewers' comments, and the authors' responses to all the comments from reviewers and editors" (Website *British Medical Journal*) gemeinsam mit der Publikation des Artikels öffentlich gemacht; Gutachtende müssen sich ebenfalls mit Klarnamen identifizieren. In dieser Variante des Open Peer Review bleiben die Informationen über abgelehnte Manuskripte jedoch vertraulich. Weder die Gutachten noch die Namen der Gutachtenden werden im Fall einer Ablehnung öffentlich einsehbar gemacht. Allerdings sind die Namen der Gutachtenden den Autor*innen bekannt, sodass nicht nur das im Review verschriftlichte Fachgutachten, sondern auch die Personen, die das ablehnende Urteil über das Manuskript gefällt haben, den Autor*innen mitgeteilt werden. Auch die Autor*innen als Produzenten des Manuskripts sind den Gutachtenden namentlich bekannt.

Die radikalste Umsetzung von Open Peer Review findet sich im sogenannten „Post-Publication Open Peer Review" (Tennant et al. 2017), das beispielsweise die Plattformen *F1000Research* und *ScienceOpen* verwenden. Beide Plattformen sind nur noch schwer als Journals im herkömmlichen Sinne zu verstehen, sondern kombinieren Elemente von Online-Journals, Repositorien und Pre-Print Servern mit interaktiven Kommentarfunktionen. Auch die jeweiligen Peer Review-Verfahren liegen an der Grenze dessen, was in einem traditionellen Sinn als Peer Review verstanden wird – auch wenn beide Plattformen den Begriff des „Peer Review" für ihre Verfahren beanspruchen. *ScienceOpen* beschreibt das eigene Verfahren jedoch gleichzeitig auch als „[…] the same as any other 'social evaluation' platform like Amazon" (Website *ScienceOpen*). Charakteristisch für die Plattformen ist insbesondere, dass zunächst alle eingereichten Artikel publiziert und erst anschließend beurteilt werden. Alle auf der Plattform veröffentlichten Artikel werden entweder nach Einladung *(F1000Research)* oder nach Selbstrekrutierung *(OpenScience)* durch Reviewer kommentiert. Kommentare werden sofort veröffentlicht. Sie sind damit sowohl für die Autor*innen und andere Gutachtende als auch für eine weitere Leserschaft einsehbar. Alle Gutachtenden werden mit Klarnamen zusammen mit ihren Reviews genannt. Bei *F1000Research* beurteilen die Gutachtenden als abschließenden Schritt Artikel als „approved" oder „not approved". Erfolgreiche Artikel werden anschließend in einer Reihe von Literaturdatenbanken indexiert; erfolglose Einreichungen verbleiben ohne Indexierung auf der Plattform. In Form der Indexierung und Einordnung in ein Schlagwort-Referenz-System wird also auch hier eine Bewertung vorgenommen, mit der darüber entschieden wird, ob das Manuskript Teil des im Open Peer Review bestätigten wissenschaftlichen Diskurses sein soll. Diese Bewertung ist somit Grundlage einer Entscheidung über die Ausweitung der Sichtbarkeit von Artikeln durch deren Katalogisierung, die sie zugänglicher, weil leichter auffindbar macht. Dennoch ist es für beide Plattformen und ihr zugehöriges Peer Review prägend, dass die Bewertung im Peer Review hier nicht mehr dazu dient, über die Veröffentlichung von Artikeln zu entscheiden, sondern darüber, welche Artikel indexikalisiert werden. Somit wird hier nicht Sichtbarkeit/Unsichtbarkeit des Artikels, sondern seine Chancen Sichtbarkeit zu erlangen reguliert, da er katalogisiert und somit per Schlagwortsuche gezielter auffindbar ist.

Auch die Bezeichnung „Post-Publication" erscheint damit streng genommen irreführend, da diese Verfahren die Unterscheidung in ein Vor und ein Nach der Publikation letztlich nicht kennen, sondern sich die Beurteilung einem stetigen, nicht mehr sequenzierten Prozess annähert.[4] Damit werden dem Peer Review hier auch andere Funktionen zugewiesen: „[W]e use reviews to refine our knowledge of a ‚product', or research paper, compare across ‚products', and ultimately use

---

[4] Angesichts dessen wäre auch in Anbetracht von Termini wie „Post-Publication Review" das Verständnis von „Publikation" zu erörtern, um zu bestimmen, was der Begriff bedeutet. Ist die Verfügbarkeit, Zugänglichkeit und Zitierfähigkeit von Texten entscheidend, um sie als publiziert zu erachten oder impliziert das konventionelle Verständnis von wissenschaftlichem Publizieren bereits eine darüber hinausgehende Bearbeitungen, bspw. Gegenlesen, inhaltliche Prüfung und Lektorat, redaktionelle Bearbeitung, Satz und Formatierung etc. Zur Frage der Bedeutung von „Publikation" im Kontext von Online-Veröffentlichungen Haustein et al. 2015.

this for advancing our own research as part of a wider community" (Website *ScienceOpen*).

Alle exemplarisch beschriebenen Verfahren des Open Peer Review reklamieren dabei besondere Transparenz für sich, da die Identität der Verfahrensbeteiligten wechselseitig einsehbar ist und zudem deren Dokumente und daran anschließende Kommunikationen (Nachfragen, Anmerkungen, Kommentare und sich entspinnende Diskussionen) auch für die Leser*innen transparent gemacht wird. So schreibt beispielsweise das *British Medical Journal:* „Over the past 15 years peer reviewers for *The BMJ* have shown, by signing their reviews and declaring to authors and editors any relevant competing interests, that they are unafraid of transparent scientific discourse" (Groves und Loder 2014).

Gleichwohl verdeutlicht insbesondere der Fall des Post Publication Open Peer Review, dass dort, wo Entscheidungen über den gezielten Einsatz von Transparenz gefällt werden, diese Entscheidungen selbst wiederum nicht transparent gemacht werden können. Jede Transparenzentscheidung erzeugt also notwendigerweise einen blinden Fleck im Moment ihres Vollzugs.

4.3   Transparent Peer Review

Ein empirischer Fall von Peer Review, der die beiden Logiken der Offenheit und der Verblindung miteinander kombiniert, ist Transparent Peer Review. Praktiziert wird diese Form des Peer Review aktuell beispielsweise als „Transparent Process" bei *EMBO Press*. Dabei werden in sogenannten Review Process Files, d.h die mit dem Peer Review eines Artikels assoziierten Dokumente, gemeinsam mit dem Artikel veröffentlicht, wie es auch beim Open Peer Review vorgesehen ist. Gleichzeitig werden die Gutachtenden jedoch weder im Verfahren den Autor*innen gegenüber noch nachträglich den Leser*innen gegenüber identifiziert: „Importantly, referees remain anonymous" (Website *EMBO Press*). Damit folgt das Verfahren hier teilweise der Logik von Single Blind-Verfahren, in dem nur die Identität der Autor*innen einsehbar ist. Andererseits ist es den Autor*innen in einem opt-in-Prozess möglich, sich für ein Double Blind Peer Review und damit dafür zu entscheiden, ebenfalls den Gutachtenden gegenüber während des Verfahrens anonym zu bleiben. Somit haben die Autor*innen die Wahl, ein asymmetrisches Sichtbarkeitsverhältnis aufrechtzuerhalten oder eine Symmetrie der Verblindung herzustellen.

In dieser spezifischen Variante zeichnet sich ab, wie ein Kompromiss zwischen beiden entgegengesetzten Bestrebungen nach öffentlicher Einsehbarkeit von Personennamen und Informationsflüssen einerseits und nach ihrer Verblindung andererseits aussehen kann: In diesem speziellen Verfahren lässt sich in Bezug auf Dokumente und Kommunikation ein Bestreben nach öffentlicher Einsehbarkeit und transparentem Informationsfluss erkennen: „The EMBO Press journals use a fair and transparent process […]" (Website *EMBO Press*). In Bezug auf die involvierten Personen (insbesondere Gutachtende) jedoch dominiert ein Bemühen um Verblindung und damit um Vertraulichkeit. Beide Logiken werden dazu nicht mehr als grundsätzlich verschiedene Herangehensweisen verstanden, sondern gewissermaßen modularisiert und in einzelne Verfahrensschritte übersetzt, die untereinander dann relativ frei kombinierbar sind.

4.4   Selektive In-/Transparenzen

Daneben gibt es Verfahrenselemente, die mit einigen der oben genannten Verfahren kombiniert werden können und über die weitere Kalibrierung von (In-)Transparenz entscheiden. Ein Element ist beispielsweise die *Erhöhung von Transparenz* innerhalb der Verfahren, indem Gutachtende wechselseitig Einsicht in ihre Gutachten im laufenden Reviewverfahren gegeben wird. Ein solcher Verfahrensschritt existiert beispielsweise als ein möglicher, aber nicht durchweg eingesetzter Prozess bei *EMBO Press:* „Referees are invited to comment on each other's reports before the editor makes a decision, ensuring a balanced review process" (Website *EMBO Press*). Intransparent bleiben hierbei jedoch die Gutachtenden, deren Namen weiterhin nicht einsehbar sind.

In eine ähnliche Richtung geht auch das ausführlich von Hirschauer (2010, 2014) analysierte Peer Review-Verfahren der Zeitschrift für Soziologie: Im Editors' Meeting tauschen sich die Herausgeber*innen in direkter Interaktion über die eingegangenen Gutachten, aber auch über ihre eigenen Urteile aus (Hirschauer 2014, S. 40 ff.). Damit herrscht innerhalb dieses Verfahrens eine „ongoing panoptic organization and surveillance of communication" (Hirschauer 2010, S. 96). Gleichwohl lassen sich am Fall der Zeitschrift für Soziologie auch die verbleibenden Intransparenzen des Peer Review aufzeigen, da weder die Gutachten noch die Dokumentation des Verfahrens anschließend öffentlich gemacht werden. Derart wird die Transparenz im Sinne einer Nachvollziehbarkeit des Verfahrensvollzugs gezielt begrenzt.

Eine gegenseitige Beobachtung der Bewertenden während des Bewertungsprozesses zeigt sich letztlich auch in den ganz zu Beginn diskutierten Open Peer Review-Verfahren von *F1000Research* und *OpenScience*. Dadurch, dass alle Kommentare unmittelbar veröffentlicht werden und der Bewertungsprozess (zumindest im Fall von *F1000Research*) niemals abgeschlossen ist, können nachfolgende Bewertende in direkten Austausch mit vorherigen Bewertenden und ihren Bewertungen treten und sich unmittelbar zu ihnen positionieren. Diese Transparentisierung innerhalb des Verfahrens folgt damit ebenfalls der Logik der offenen Verfahren, wird aber, wie die Zeitschrift für Soziologie zeigt, durchaus auch innerhalb verblindeter Verfahren umgesetzt.

Bei der Betrachtung der existierenden Formate des Journal Peer Review zeigt sich (für eine Übersicht siehe Tab. 1), dass die Einsehbarkeit in die Identität von Personen insbesondere in Bezug auf bestimmte Rollen, die sie im Verfahren einnehmen, problematisiert wird, während andere Verfahrensbeteiligte aus der Diskussion weitgehend ausgeklammert werden. Intensives Management von (In-)Transparenz findet sich insbesondere in Bezug auf die Frage, wer die Namen der Gutachtenden und wen oder was die Gutachtenden ihrerseits kennen sollen. Hier existieren viele differenzierende Formate. Insbesondere in Bezug auf die Herausgeber*innen hingegen existieren kaum Ausdifferenzierungen. Lediglich im Triple Blind Peer Review wird das Wissen der Herausgeber*innen in Bezug auf den Autor eingeschränkt; in allen anderen Formaten erscheint Transparenz einerseits hinsichtlich dessen, was die Herausgeber*in sehen kann, und andererseits das, was er oder sie selbst macht, meist unkontrovers.[5]

---

5   Konsequenzen von In-/Transparenz in Sichtbarkeitskonstellationen des Journal Peer Review

Die empirische Analyse der verschiedenen Verfahrensweisen im Journal Peer Review zeigt eine große Heterogenität hinsichtlich der jeweiligen Sichtbarkeitskonstellationen, durch die selektiv Transparenz und Intransparenz hergestellt werden. Darauf aufbauend sollen nun abschließend die folgenden Fragen adressiert werden: Welche Funktion erfüllen die verschiedenen Formen und welche Konsequenzen haben sie? Welche normativen Anforderungen an eine „legitime"

---

[5]Weder scheint thematisiert zu werden, ob die Herausgeber*in andere Verfahrensbeteiligte (z. B. die Reviewer*innen) nicht kennen sollte, noch, ob die Herausgeber*in ihrerseits in irgendeiner Weise verborgen bleiben sollte. In Anbetracht der hohen Ausdifferenzierung und Spezialisierung des wissenschaftlichen Feldes und der Disziplinen sind persönliche Bekanntschaften zwischen Autor*innen, Reviewer*innen und Herausgeber*innen besonders bei steigendem Karrierestatus durchaus wahrscheinlich. Folglich sind Fragen der Transparenz auch mit Blick auf Herausgeber*innen unter dem Gesichtspunkt, wie ein unbefangenes Urteil gewährleistet und abgesichert werden kann relevant.

Tab. 1 Peer Review Verfahren und Sichtbarkeitsbeziehungen

Verfahren	Beispieljournals	Autor*in für Reviewer	Autor*in für Editor*in	Reviewer für Autor*in	Reviewer für Leser*innen		Gutachten für Leser*innen	Gutachten für andere Reviewer
Blind Peer Review								
Single Blind Peer Review	BBA Molecular Cell Research	**Bekannt**	**Bekannt**	Anonym	Anonym		Nicht einsehbar	Nicht einsehbar
Double Blind Peer Review	Organization Studies	Anonym	**Bekannt**	Anonym	Anonym		Nicht einsehbar	Nicht einsehbar
Triple Blind Peer Review	MIND, Noûs, European Journal of Philosophy, The Philosophical Review, Canadian Journal of Philosophy	Anonym	Anonym	Anonym	Anonym		Nicht einsehbar	Nicht einsehbar
Open Peer Review								
Open Peer Review	British Medical Journal	**Bekannt**	**Bekannt**	**Bekannt**	**Bekannt**		**Hinterher einsehbar**	Nicht einsehbar
Post-Publication Peer Review	ScienceOpen, F1000Research	**Bekannt**	**Bekannt**	**Bekannt**		**Bekannt**	**Gutachten permanent einsehbar**	
Transparent Peer Review	EMBO Press Journals	**Bekannt**	**Bekannt**	Anonym	Anonym		**Hinterher einsehbar**	Nicht einsehbar

(Fortsetzung)

Tab. 1 (Fortsetzung)

Verfahren	Beispieljournals	Autor*in für Reviewer	Autor*in für Editor*in	Reviewer für Autor*in	Reviewer für Leser*innen	Gutachten für Leser*innen	Gutachten für andere Reviewer
Selektive Verfahrenselemente							
Editors' Meeting	Zeitschrift für Soziologie		**Bekannt**		Anonym	Nicht einsehbar	**Editor-Kommentare für andere Editors einsehbar**
Reviewer Cross-Commenting	EMBO Press Journals		**Bekannt**		Anonym	**Hinterher einsehbar**	**Reviewer-Kommentare für andere Reviewer einsehbar**

Entscheidung im Sinne eines Qualitätsurteils werden aufgerufen? Und wie tragen sie zur Kalibrierung von Machtverhältnissen bei?

Betrachtet man die hier genannten Verfahren im Vergleich zueinander, zeichnen sich Verfahren des Open Peer Review vor allem durch eine (häufig retrospektive) Öffnung bzw. „Transparentisierung" (Vogelmann) des Verfahrens für einen größeren Kreis von Leser*innen aus, während die Regulierung von Transparenz innerhalb des Verfahrens und zwischen den Verfahrensbeteiligten hier anders als im Blind Peer Review nicht im Vordergrund steht. Gleichzeitig zeigen beide Formate entgegengesetzte Tendenzen in Bezug auf die Herstellung von Transparenz: So setzt die Logik der Open Peer Review-Verfahren bei einem Grundzustand an, in dem keine Transparenz vorliegt, sodass diese Transparenz durch das Verfahren dann erst herzustellen ist. Blind Peer Review-Verfahren gehen hingegen von einem Grundzustand der Transparenz aus, die dann im Verfahren durch verschiedene Maßnahmen selektiv eingeschränkt werden muss. Dabei zielt das Blind Peer Review auf die Absicherung einer unbefangenen Bewertung durch Anonymisierung, die bis zur wechselseitigen Verblindung aller am Verfahren beteiligter Personen reicht, um die hervorgebrachten Selektionsentscheidungen zu rechtfertigen.

Somit rufen beide Verfahrenstypen unterschiedliche Sichtbarkeitskonstellationen auf, um ihre Entscheidungen zu legitimieren: Anonymisierung der Personen und Vertraulichkeit der Kommunikation im Blind Peer Review stehen Klarnamen und Einsehbarkeit der Kommunikation im Open Peer Review gegenüber. Indem im Transparent Peer Review die Personen von den Dokumenten und schriftlichen Kommunikationen, die sie produzieren, getrennt werden, aktivieren sie sowohl den Wert der Anonymisierung hinsichtlich der Personen als auch den der Transparenz hinsichtlich des Informationsflusses.

Diese unterschiedlichen Logiken der Peer Review-Verfahren hängen auch mit der Legitimierung der Publikationsentscheidung zusammen. Im Blind Peer Review ebenso wie im Transparent Peer Review ist die Entscheidung über die Publikation vom Ergebnis der Bewertung der Gutachtenden abhängig, dessen Zustandekommen somit zentral für die *Legitimität und Akzeptanz* der Entscheidung ist, die im Zuge des Bewertungsverfahrens gefällt wird. Im Open Peer Review sind die einzelnen Vorgänge im Bewertungsprozess soweit einsehbar, dass die Publikationsentscheidung sich lediglich als eine folgerichtige Ableitung aus der vorangegangenen Begutachtung darstellen kann. Somit bezieht die Publikationsentscheidung ihre Legitimität hier aus der hohen Verfahrenstransparenz und der wechselseitigen Sichtbarkeit der Personen, durch die alle Beteiligten auf Selbstdisziplinierung und Integrität verpflichtet sind.

Im Vergleich dazu bezieht das Transparent Peer Review seine Legitimität sowohl aus der Verblindung von Identitäten als auch aus der Transparenz von Informationsflüssen und somit aus zwei Quellen: erstens aus der Absicherung der Unbefangenheit im Verhältnis von Bewertenden und Bewerteten und zweitens aus der hohen Verfahrenstransparenz, die durch den weitgehend transparenten Informationsfluss gewährleistet wird.

Das zentrale Ziel der Kalibrierung von (In-)Transparenz im Journal Peer Review ist dementsprechend, angesichts der vielschichtigen Interessenslagen der beteiligten Akteure und der daraus hervorgehenden potenziellen Konvergenzen und Divergenzen eine möglichst unvoreingenommene und damit sachgerechte Bewertung abzusichern. Demzufolge stehen die gezielte Herstellung von Transparenz und Intransparenz im Dienst eines als adäquat, gerecht und fair empfundenen Bewertungsprozesses.

Die hohe Varianz der Sichtbarkeitskonstellationen in den verschiedenen Formaten lässt auch erkennen, dass informations- und personenbezogene Transparenz und Intransparenz polyvalent sind: Sie können unterschiedlich wirken und weisen keinesfalls per se stabile normative Bezugspunkte hinsichtlich der Legitimation von Bewertungsverfahren und ihrer Urteile auf. Die Varianz der Zwecke, in deren Dienst Transparenz und Intransparenz stehen, produziert diverse Begründungslogiken, an denen die normative Multifunktionalität der Begriffe deutlich wird. Einerseits kann Transparenz dazu dienen, um Einsehbarkeit und Nachvollziehbarkeit u. a. zur Ermöglichung eines diskursiven Austauschs zu gewährleisten; andererseits kann sie ebenso genutzt werden, um disziplinierende Kontrolle (z. B. gegenüber den Gutachtenden) geltend zu machen und auszuüben. Transparenz kann zudem dem Zweck dienen, eine symmetrische Informationslage zu schaffen und damit Machtasymmetrien entgegenzuwirken.

Gleichzeitig finden sich Situationen, in denen Intransparenz gezielt hergestellt wird, um die Legitimität des Bewertungsverfahrens zu begründen. Denn auch selektive Intransparenz kann der disziplinierenden Kontrolle dienen, wenn sie die Sachorientierung des Urteils schützt, indem potenzielle Einflussnahme auf Bewertende durch ihre Anonymisierung verhindert wird. Gleichermaßen kann die Intransparenz mit Blick auf die Identität der Autor*innen als Schutzmechanismus gerechtfertigt werden, um Befangenheit und bevorteilende oder benachteiligende Einflussnahme Dritter auf die Publikationsentscheidung zu vermeiden. In dieser Perspektive kann auch zu viel Transparenz als problematisch erscheinen. Folglich können *Transparenz und Intransparenz* trotz ihrer scheinbar antonymischen Wortbedeutung demselben Zweck der *Legitimierung von Bewertungsverfahren und ihren Urteilen* dienen.

Vor diesem Hintergrund wird ersichtlich, dass es bei Transparenzforderungen nicht nur darum geht, bestehende Prozesse einsehbar zu machen, sondern auch darum, eine „für gut befundene Praxisordnung" (August 2018, S. 134) sicherzustellen. Die Kalibrierung von (In-)Transparenz hat nicht nur Folgen für die Akzeptanz und Legitimität des Verfahrens; sie verändert auch die Beziehungen zwischen den Akteuren (Autor*innen, Gutachtende, Herausgeber*innen, Leser*innen), in denen sich die konkreten *Machtverhältnisse* ausprägen. Wenn die Sichtbarkeitskonstellationen in Folge von Transparenzforderungen verändert werden, verschieben sich bestehende Machtverhältnisse, indem sie beispielsweise neue, bisher verschlossene Möglichkeiten der Kontrolle bestimmter Handlungen (z. B. der Kritik in Gutachten aufgrund wechselseitiger Beobachtung durch andere Gutachtende) eröffnen und diese Handlungen begründungspflichtig(er) machen. Denn jede Begutachtung unterwirft die Autor*innen einer Kontrolle, deren ausführende Instanz im Zuge von Revisions oder Resubmits auch adressiert werden kann. Auch die Machtposition der Leser*in unterscheidet sich in den verschiedenen Peer Review-Verfahren: Denn die im Vergleich zum Blind Peer Review hohe Transparenz des Informationsflusses im Transparent Peer Review ermächtigt die Leser*innen dazu, sich auf Basis der einsehbaren Reviews und Kommentierungen selber ein sachbezogenes Urteil zu bilden. Im Open Peer Review können die Leser*innen dieses sachbezogene Urteil aufgrund des Verzichts auf Anonymisierung zudem zur spezifischen fachlichen Spezialisierung und/oder Positionierung (bspw. in Bezug auf divergierende Paradigmen oder Schulen) der Gutachtenden ins Verhältnis setzten. Um die Konsequenzen verschiedener (Un-)Sichtbarkeitsverhältnisse auf das Machtverhältnis zwischen Gutachtenden und Autor*innen und allgemeiner Machtverhältnisse in der umgebenden Fach-Community wirklich abschätzen zu können, bedürfte es einer breit angelegten, disziplinspezifisch feinjustierten und kontextualisierten empirischen Erhebung, die auf Basis konkreter Fallanalysen fächergruppenspezifisch adäquate und als legitim akzeptierte Formate identifiziert.

In diesem Sinne können Transparenzforderungen auch mit Blick auf das Journal Peer Review als Ausdruck von Machtkämpfen betrachtet werden, die auf das wissenschaftliche Feld, das durch diese Bewertungsprozesse strukturiert wird, zurückwirken. Ganz im Sinne von Brighentis Verständnis von Sichtbarkeit als „sozialer Kategorie" werden mit der Kalibrierung von (In-)Transparenz dementsprechend auch wechselseitige Ermächtigungen und Unterwerfungen verhandelt, die auf „recognition and control [...] as two opposing outcomes of visibility" (Brighenti 2007, S. 323) verweisen. Die konkrete Gestaltung von *Transparenz und*

Intransparenz in Journal Peer Review-Verfahren ist somit ein zentraler Ansatzpunkt, um die *Machtverhältnisse im wissenschaftlichen Feld* zu untersuchen bzw. zu gestalten.

Danksagung Wir danken den Mitgliedern des Forschungsclusters „Bewertungspraktiken in Wissenschaft und Hochschule" am Deutschen Zentrum für Hochschul- und Wissenschaftsforschung, insbesondere Judith Hartstein, Martin Reinhart, Nikita Sorgatz und Anne Wegener für anregende Diskussionen und wertvolle Hinweise.

Literatur

August, V. (2018). Theorie und Praxis der Transparenz. Eine Zwischenbilanz. *Berliner Blätter, Sonderheft 76*, 129–156.

Biagioli, M. (2002). From book censorship to academic peer review. *Emergences: Journal for the Study of Media & Composite Cultures 12*(1), 11–45.

Brighenti, A. (2007). Visibility: A category for the social sciences. *Current Sociology 55*(3), 323–342.

Dannenberg, P. A. (2017). Auf der Suche nach der verlorenen Qualität. *duz – unabhängige deutsche Universitätszeitung – Magazin für Forscher und Wissenschaftsmanager*. https://www.duz.de/duz-magazin/2017/06/auf-der-suche-nach-der-verlorenen-qualitaet/434

Flaherty, C. (2017). Maybe there isn't a peer-review „crisis," at least in terms of quantity. *Inside Higher Education*. https://www.insidehighered.com/news/2017/10/24/maybe-there-isnt-peer-review-crisis-least-terms-quantity

Groves, T., & Loder, E. (2014). Prepublication histories and open peer review at the BMJ. *BMJ 349,*. https://doi.org/10.1136/bmj.g5394.

Hirschauer, S. (2010). Editorial judgments: A praxeology of „voting" in peer review. *Social Studies of Science 40*(1), 71–103.

Hirschauer, S. (2004). Peer Review auf dem Prüfstand. Zum Soziologiedefizit der Wissenschaftsevaluation. *Zeitschrift Für Soziologie 33*, 62–83.

Hirschauer, S. (2014). How editors decide. Oral communication in journal peer review. *Human Studies 38*(1), 37–55.

Krüger, A. K., & Reinhart, M. (2017). Theories of valuation – Building blocks for conceptualizing valuation between practice and structure. *Historical Social Research 42*(1), 263–285.

Lamont, M. (2012). Toward a comparative sociology of valuation and evaluation. *Annual Review of Sociology 38*(1), 201–221.

Meier, F., Peetz, T., & Waibel, D. (2017). Bewertungskonstellationen. Theoretische Überlegungen zur Soziologie der Bewertung. *Berliner Journal Für Soziologie 26*, 1–22.

Reinhart, M. (2012). *Soziologie und Epistemologie des Peer Review*. Baden-Baden: Nomos.

Reinhart, M., & Sirtes, D. (2006). Wieviel Intransparenz ist für Entscheidungen über exzellente Wissenschaft notwendig? *IfQ Working Paper 1*, 27–36.

Tennant, J. P., Dugan, J. M., Graziotin, D., Jacques, D. C., Waldner, F., Mietchen, D., Elkhatib, Y., Collister, L. B., Pikas, C. K., Crick, T., Masuzzo, P., Caravaggi, A., Berg, D. R.,

Niemeyer, K. E., Ross-Hellauer, T., Mannheimer, S., Rigling, L., Katz, D. S., Tzovaras, B. G., Pacheco-Mendoza, J., Fatima, N., Poblet, M., Isaakidis, M., Irawan, D. E., Renaut, S., Madan, C. R., Matthias, L., Kjær, J. N., O'Donnell, D. P., Neylon, C., Kearns, S., Selvaraju, M., Colomb, J., (2017). A multi-disciplinary perspective on emergent and future innovations in peer review. *F1000Research 6*. https://doi.org/10.12688/f1000research.120 37.3.

Vogelmann, F. (2011). Die Falle der Transparenz. Zur Problematik einer fraglosen Norm. In L. Hempel, S. Krasmann, & U. Bröckling (Hrsg.), *Sichtbarkeitsregime: Überwachung, Sicherheit und Privatheit im 21. Jahrhundert* (S. 71–84). Wiesbaden: VS Verlag.

Wissenschaftsrat. (2017). *Begutachtungen im Wissenschaftssystem* [Positionspapier]. https://www.wissenschaftsrat.de/download/archiv/6680-17.pdf.

Online-Referenzen zur Empirie

https://www.brill.com/products/journal/grazer-philosophische-studien
https://pubsonline.informs.org/journal/orsc
https://mind.oxfordjournals.org/
https://www.bmj.com/about-bmj/publishing-model
https://about.scienceopen.com/what-is-post-publication-peer-review/
https://emboj.embopress.org/
https://www.embopress.org/transparent-process
https://www.embopress.org/transparent-process#Cross_peer_review
https://f1000research.com/

Zwischen Sinnlichkeit und Sinn. Kulturen der Kunstbetrachtung

Nina Tessa Zahner

Was bekommt man zu sehen, wenn sich die Soziologie als die Wissenschaft vom Sozialen mit der Kunst beschäftigt? Wie thematisiert die Soziologie Fragen des Kunstwahrnehmens? Welche Wertungen der Beobachtungswissenschaft Soziologie werden hier sichtbar? Diesen Fragestellungen widmet sich der vorliegende Beitrag. Die Konzeption des Kunstwahrnehmens der Kritischen Soziologie Pierre Bourdieus wird mit der im Umfeld der ANT angesiedelten Position Antoine Hennions konfrontiert, und aus dieser vergleichenden Betrachtung eine Methodologie für das Beforschen von Kunstausstellungsbesuchen entwickelten, die den Fallstricken beider Beiträge entkommt.

1   Einleitung – Kunstbetrachten als soziale Praxis

Das Erfahren von Kunstwerken im Ausstellungskontext ist vielfach sozial geprägt. Im Ausstellungskontext kommen sozialisatorisch gelernte Wahrnehmungsschemata und -praktiken zur Anwendung, das Kunstwahrnehmen und Kunstsehen findet in einem sozial strukturierten Raum statt und engagiert im Sehen für das Betrachten geschaffene bzw. inszenierte Objekte. Das Sich-Bewegen in Ausstellungen will mit der körperlichen Bewegung anderer sowie mit räumlich-architektonischen, vom Menschen geschaffenen Ordnungen koordiniert werden (Prinz und Göbel 2015, S. 9–49). Und auch das Sehen selbst erweist sich hier

N. T. Zahner (✉)
Kunstakademie Düsseldorf, Düsseldorf, Deutschland
E-Mail: nina.zahner@kunstakademie-duesseldorf.de

© Der/die Autor(en), exklusiv lizenziert durch Springer Fachmedien
Wiesbaden GmbH, ein Teil von Springer Nature 2021
O. Berli et al. (Hrsg.), *Bewertungskulturen*, Soziologie des Wertens und Bewertens,
https://doi.org/10.1007/978-3-658-33409-3_5

als eine höchst soziale Praxis, wird es doch mit dem Sehen anderer koordiniert oder vor anderen in einer spezifischen Art und Weise aufgeführt (vom Lehn 2004). Die Praxis des Kunstbetrachtens im Ausstellungskontext stellt sich damit als eine soziale Praxis dar, die kaum etwas mit tradierten Vorstellungen einer solipsistischen Kunstversenkung gemein hat.

Doch was bekommt man zu sehen, wenn sich die Soziologie als die Wissenschaft vom Sozialen, mit der Kunst beschäftigt? Wie werden hier Fragen des Kunstwahrnehmens thematisiert? Welche Wertungen der Beobachtungswissenschaft Soziologie werden hier sichtbar? Diesen Fragestellungen widmet sich der vorliegende Beitrag. Zugleich stellt er eine Methodologie für das Beforschen von Kunstausstellungsbesuchen vor, die den Fallstricken der diskutierten Beiträge zu entkommen sucht.

Im Folgenden werden daher einige, im Feld der Kunstsoziologie gegenwärtig prominente Ansätze, die sich explizit mit der Frage des Kunstwahrnehmens auseinandersetzen, danach befragt, wie sie das Kunstwahrnehmen sozialer Akteure konzipieren und inwieweit sie hier werten und bewerten. Sie werden so als kulturelle Phänomene, als Episteme des Sozialen, sichtbar gemacht und nach ihren impliziten Wertsetzungen befragt. Der Beitrag fragt mithin letztlich, welche Fassung von Wahrnehmen, Erfahren und Wissen die untersuchten Soziologien propagieren und welche Wertungen hier prozessiert werden. Die Untersuchung setzt zunächst bei der Konzeption Pierre Bourdieus ein, da sie die soziologische Beforschung des Ausstellungsbesuchs und des Kunstbetrachtens im Ausstellungskontext über die letzten Jahrzehnte maßgeblich geprägt hat und konfrontiert diese mit dem Ansatz Antoine Hennions, der gegenwärtig große Popularität erlangt. Abschließend stellt sie das *Go-Along,* das *methodische Mitgehe*n als Methode der Beforschung des Kunstwahrnehmens vor und zeigt auf, wie sich hier produktiv beide Ansätze verbinden lassen, und welche Ergebnisse zum Kunstsehen und Kunstbewerten mit dieser Methode sichtbar werden.

2 Das Primat des Sinnhaft-Relationalen – Pierre Bourdieu

Pierre Bourdieu benannte im Rahmen seiner langen Zeit als sein Hauptwerk angesehenen Untersuchung *Die feinen Unterschiede* (1987) Kultur als zentrales Medium der Reproduktion sozialer Ungleichheit. Er zeigte im Rahmen dieser Studie, dass und wie kollektive Wahrnehmungs-, Denk und Handlungsschemata das Alltagshandeln prägen und in der täglichen Lebensführung, im Geschmack und in den Sichtweisen auf die Welt zu sozialer Wirklichkeit werden. In den

Feinen Unterschieden und in *Die Liebe zur Kunst* (Bourdieu und Darbel 2006), einer Studie speziell zum Museumspublikum, konnte Bourdieu zudem die Praxis des Besuchs von Kunstausstellungen, die Bewertung künstlerischer Arbeiten, die Meinung zu verschiedenen Kunstrichtungen und Künstlern, aber auch die Art und Weise des Besuchs und der Wahrnehmung von Kunst spezifischen sozialen Klassenlagen zuordnen und so an der Kunst deutlich machen, wie kollektive, biographisch erlernte Denk-, Handlungs- und Wahrnehmungsschemata auch die Praxis des Ausstellungsbesuchs und des Kunstwahrnehmens prägen. Bourdieu zeigt in diesen Studien – in der Tradition des Strukturalismus von Emile Durkheim und Claude Lévi-Strauss –, wie untergründige soziale Strukturen gesellschaftliche Bedeutung zeitigen und so als Medium der Reproduktion sozialer Ungleichheit fungieren. Er votiert sehr grundlegend dafür, „das Subjekt nicht von dessen Bewusstsein und Sinnverstehen her zu denken, wie es seit Descartes in der abendländischen Philosophie üblich war" (Prinz 2013, S. 227), sondern von den sozialen Bedingungen und Strukturen, in die es geworfen wird. Bourdieu opponiert also sehr grundsätzlich gegen jedwede Vorstellung von Kunstwahrnehmung als einer auf ästhetischer Begabung, auf einem naturgegebenen verfeinerten Geschmack, fußenden Praxis. Vielmehr kann er zeigen, dass die Liebe zur Kunst das Produkt der spezifischen Sozialisation, den gehobenen sozialen Klassen ist, und Kunstwahrnehmen ein durch und durch von sozialer Ungleichheit geprägtes Phänomen darstellt. Diese soziale Strukturierung des Kunstwahrnehmens arbeitet Bourdieu dezidiert im Rahmen einer eigenen Kunstrezeptionstheorie aus.

Basierend auf teilnehmender Beobachtung und Interviews, die er mit einer Forschergruppe in den Jahren 1960 bis 1963 durchführt, gelangt er zu dem Ergebnis, dass ästhetische Präferenzen in eine sogenannte *funktionale Ästhetik* einerseits und die *reine Kunst* andererseits unterschieden werden können:

> „Die Besonderheit jeder Volkskunst besteht darin, dass sie die künstlerische Tätigkeit gesellschaftlich normierten Funktionen unterordnet, während für die Ausgestaltung reiner Formen, die allgemein als die sublimen gelten, die Abwesenheit funktionaler Merkmale und praktischer oder ethischer Zwecke vorausgesetzt ist." (Bourdieu 2006, S. 19)

Die Unterscheidung in funktionale Ästhetik und reine Kunst dient Bourdieu vor allem dazu, mit dem Mythos einer quasi transzendental gegebenen ästhetischen *Begabung* aufzuräumen: Geschmack wird nun empirisch als sozial fundiert, als sozial-relational verortet sichtbar. Bourdieu schließt in dieser Konzeption explizit an Kant an: Die *reine Ästhetik* wird nun entsprechend dem *uninteressierten Wohlgefallen* Kants konzipiert, die *funktionale Ästhetik* entspricht dem *Angenehmen*, dem *Interesse der Sinne*. Auf diesem Wege wird der präferierten Wahrnehmungspraxis der unteren Schichten, der funktionalen Ästhetik, eine „fundamentale Zustimmung zur gesellschaftlichen Sache" (Bourdieu 2006, S. 104) attestiert: Der *barbarische Geschmack* neigt demnach dazu, auf *Begriffe* zurückzugreifen, sucht fortwährend nach *Regeln* für sein Geschmacksurteil. Das Besondere wird hier fortwährend dem Allgemeinen subsumiert. Das Wahrnehmen der unteren Klassen praktiziert so nach Bourdieu ein unkritisches Einfügen in die gegebenen Herrschaftsverhältnisse und die Zugehörigkeit zu einer Gemeinschaft. Reflexion, Kritik, Ausbildung eines autonomen Individuums und Moralisierung finden hier nicht statt. Ganz anders die Praxis der „andachtsvollen Aneignung" (Bourdieu 2006, S. 104) des künstlerischen Werks durch die herrschenden Klassen: Diese Form der Rezeption fokussiert das Werk in seiner Einzigartigkeit, indem es eine „bewusste oder unbewusste Dekodierung" (Bourdieu 2006, S. 159) der künstlerischen Arbeiten praktiziert, die sich eben nicht an Gattungs- oder Genrebegriffen orientiert, sondern die Bedeutung des Werkes relational im „Universum der Darstellung" (Bourdieu 1970, S. 171) eruiert:

> „Das Kunstwerk auf spezifisch ästhetische Weise zu betrachten […] heißt also […], dessen distinktive Züge zu ermitteln, indem man es in Beziehung zu allen Werken (und nur zu diesen Werken) setzt, die insgesamt die Klasse bilden, der es angehört." (Bourdieu 2006, S. 171)

Hier wird eine streng relationale Rezeptionspraxis identifiziert, die ausschließlich andere Kunstwerke als Mittel der Deutung von Kunst heranzieht. Inwieweit dieser Praxis des *relationalen Verstehens* Reflexions- und Emanzipationspotential zukommt, wird deutlich, wenn man sich vergegenwärtigt, dass Bourdieu diese Form des Kunstwahrnehmens – ebenso wie sein Habitus-Konzept – in Anlehnung an den Kunsthistoriker Erwin Panofsky entwickelte. (Michel 2006, S. 149) Die Methode weist eine deutliche Nähe zur strukturalen Linguistik nach Saussure auf, die die Bedeutung eines Zeichens einzig aus der Differenz zu allen anderen Zeichen konstruiert. Nach Saussure *hat* ein sprachliches Zeichen demnach niemals selbst eine Bedeutung, sondern bezieht seine Bedeutung aus der Differenz zu allen anderen Zeichen. Der Inhalt eines Zeichens wird demnach „richtig bestimmt nur durch die Mitwirkung dessen, was außerhalb seiner vorhanden ist" (Saussure 2001, S. 138). Dies aber bedeutet, dass kein Zeichen jemals schon durch sich selbst bestimmt ist, sondern stattdessen nur durch den Verweis auf einen unbekannten Möglichkeitsraum. Bedeutung ergibt sich mithin nur *relational, d. h.* in den Beziehungen eines Systems. Dies wiederum bedeutet, dass symbolische Systeme ohne Rückgriff auf das *„bedeutungsverleihende (Sprach)Subjekt"* (Joas

2006, S. 485) analysiert werden können: Mit Hilfe der Saussure'schen Linguistik lassen sich die Differenzen innerhalb des geschlossenen Systems der Sprache dann nach dem Modell der Naturwissenschaften *objektiv* vermessen und analysieren. Zu einer *adäquaten Entschlüsselung* des Werkes, zu seiner Wahrnehmung *als Kunstwerk,* ist kunsthistorisches Vorwissen wesentlich:

> „Wie die innerhalb des Feldes geschaffene künstlerische Produktion, so ist auch die differentielle, relationelle, auf die den Stil ausmachenden Abstände konzentrierte ästhetische Wahrnehmung notwendig von geschichtlichem Charakter. [...] So verschließt sich dem ‚naiven'' Betrachters die genuine Wahrnehmung von Kunstwerken, deren Sinn oder besser *Wert* sich einzig im Kontext der spezifischen Geschichte einer künstlerischen Tradition erschließt." (Bourdieu 1987, S. 22)

Der Bourdieuschen Konzeption ist damit fast überdeutlich eine Abwertung des Sinnlichen, der reinen *Anschauung* eingeschrieben. Dem Sinnlichen wird, wie oben dargestellt, eine fundamentale Zustimmung zu den gegebenen sozialen Verhältnissen zugeschrieben. Nach Bourdieu gilt es aber anstatt in der nicht-reflexiven sinnlichen Betrachtung zu verharren, der *Bedeutung* der Dinge im Rahmen einer relationalen Deutungspraxis auf den Grund zu gehen. Bourdieu konzipiert Kunstrezeption entsprechend als „einen Erkenntnisakt", der „die Anwendung eines kognitiven Vermögens, eines kulturellen Codes" (Bourdieu 1987, S. 20) erfordert und steht der *Einfühlung* als Form der Welterkenntnis ablehnend gegenüber (Bourdieu 1987, S. 174). Sie erfährt bei Bourdieu gegenüber dem kognitiven Verstehen vor allem deshalb eine systematische Abwertung, weil sie nicht geeignet ist den Dingen auf den Grund zu gehen, sie relational vergleichend zu verstehen und so in ihrer Bedeutung zu erklären.

Diese Wertung ist auch Bourdieus soziologischem Programm eingeschrieben. *Die Feinen Unterschiede* und *Die Liebe zur Kunst* erklären ästhetische Präferenzen über Kapitalverteilungen und rücken die Soziologie so stark in die Nähe der Naturwissenschaften: Soziologie rekonstruiert nach diesem Verständnis die soziale Machtverteilung vom Standpunkt eines objektiven Beobachters aus unter Rückgriff auf quasi mathematische Beobachtungssprache. Dieses Selbstverständnis erinnert an die Vorstellung einer *mathesis universalis* nach Descartes, wonach die Welt erst dann ihr wahres Sein enthüllt, wenn die Dinge in mess- und quantifizierbare *einfache Naturen* zerlegt und gemäß ihrer Identität und Differenz in eine Ordnung gebracht werden. Der wissenschaftliche Erkenntnisprozess ist hier an die Konstruktion einer korrespondierenden Ordnung der Zeichen und Symbole gekoppelt, welche die analytisch durchdrungene Welt vollständig und richtig zu repräsentieren vermag. Die zentrale Darstellungstechnik ist dabei nicht der lineare Text, sondern das mit einem Blick erfassbare *Tableau,* in dem jede noch so kleine Dingrepräsentation ihren eindeutigen und unverwechselbaren Platz findet und damit im Verhältnis zu den anderen Dingrepräsentationen verortet wird (Prinz 2013, S. 64–65).

Diese wissenschaftliche Wahrnehmungsform kann sicherlich ein gewisser *Szientismus* vorgeworfen werden. Hängt sie doch einer Vorstellung an, nach der die gesellschaftlichen Verhältnisse der alltagsweltlichen Praxis entrissen werden müssen, um so die *„doppelten Naturalisierung"* (Bourdieu 2001, S. 232 f.) der Macht, wie sie sich in die Dinge und die Körper eingeschrieben hat, zu neutralisieren. Nach dieser Vorstellung kann gegenüber den Substanzbegriffen des Alltagsdenkens einzig relationales Denken mit seiner Infragestellung vorherrschender Klassifizierungs- und Teilungsprinzipien aufklärerisches Potential für sich beanspruchen. Bourdieu bleibt hier letztlich den Ideen der Aufklärung und der Kritik im Sinne Kants vollumfänglich treu und präferiert ebenso wie dieser systematisch das Sinnhafte gegenüber dem Sinnlichen (Rancière 1975, S. 29). Sinnliche Wahrnehmung und Alltagswissen wir hier als ein *Mittel der Mythologisierung* der gesellschaftlichen Verhältnisse gedacht und gegenüber der kognitiven Analyse systematisch abgewertet. Der Soziologie kommt dann die Aufgabe zu epistemologisch mit dem Alltagsdenken zu brechen und die Machtdurchwirktheit desselben offen zu legen.

Demgegenüber positionieren sich gegenwärtig zahlreiche Soziologien, die ein systematische Aufwertung des Sinnlichen und Alltagsweltlichen gegenüber dem Sinnhaft-Rationalen betreiben. Sie werden im kunstsoziologischen Diskurs gegenwärtig prominent von Antoine Hennion vertreten.

3 Das Primat des Sinnlichen – Antoine Hennion

Der im Umfeld der Akteur-Netzwerk-Theorie (ANT) angesiedelte Antoine Hennion stellt der Bourdieuschen Soziologie mit ihrer Fokussierung auf soziale Strukturen eine Analyseperspektive gegenüber, die soziale Zusammenhänge als *mikrophysikalische Assoziationen* zwischen menschlichen und nicht-menschlichen Mittlern denkt, die sich zu einem großen Netzwerk zusammensetzen. Diese Ausrichtung Hennions resultiert in einer völlig anderen Konzeption von *Geschmack* als jene Bourdieus. Geschmack stellt sich Hennion nicht als „an arbitrary election which has to be explained by hidden social causes" dar, sondern als „collective technique, whose analysis helps us to understand the ways we make ourselves sensitized, to things, to ourselves, to situations and to moments" (Hennion 2007, S. 98). Die Position zeigt eine deutliche Nähe zu John Dewey Überlegungen zu ästhetischer Erfahrung.

John Dewey – einer der wohl einflussreichsten Vertreter der Denkrichtung des philosophischen Pragmatismus neben William James und Charles Sanders Peirce – denkt *Erfahrung* als einen wechselseitigen Prozess, „bei dem die gesamte Situation, also sowohl deren Objekte, wie sie vom handelnden Subjekt als reale Bestandteile der Situation erfahren werden, als auch das Subjekt selbst transformiert werden" (Kertscher 2008, S. 83). Zentraler Unterschied zu Bourdieu ist dann vor allem die Fokussierung auf den *Vollzug* und die damit einhergehende Modifikation von Wissen in der Praxis. Denn während Bourdieu in seiner Rezeptionstheorie tendenziell eine mit dem *linguistic turn* etablierte (post)strukturalistische Version des Erfahrungsbegriffs in den Fokus seiner Betrachtungen rückt, die Sprache als festgefügtes relationales Verständigungs- und Referenzsystem profiliert und damit die Bedeutung existierender Wissensbestände hervorhebt, nimmt der Pragmatismus im Unterschied hierzu „the technical, artifactual, performative accomplishment of knowledge" (Allen 2003, S. 160) und damit die tatsächliche *Veränderung* des Wissens und seiner Bedeutung in den Blick. Damit wird ein Bild des Menschen skizziert, das diesen weniger als kulturell determiniert, sondern mehr als Handelnden, Erfahrenden, Artefakte-Herstellenden und Verwendenden denkt und so Individuum und Welt in ein produktives Wechselverhältnis bringt:

> „Die sozialen Räume werden dabei von diesem Wechselverhältnis und allen Elementen her verstanden, die konstitutiv für die entsprechenden Erfahrungsräume sind."
> (Gimmler 2008, S. 157)

In diesem Sinne behauptet der Pragmatismus einen grundsätzlichen Vorrang der Praxis gegenüber dem Statischen des Wissens bzw. des Seins:

> „*Prattein*, tun, ist vielleicht das Verb schlechthin, das Verb, an dem alle anderen Verben partizipieren, das wir voraussetzen müssen, um alle anderen Verben zu verstehen."
> (Hetzel 2008, S. 28)

Praxis übersteigt zudem die Erste-Person-Perspektive im Sinne eines nichtlokalisierten Tuns, eines *es tut sich,* in dem sich „alle Selbst- und Weltverhältnisse im Medium von Tätigkeiten Wirklichkeitsrelationen brechen" (Hetzel 2008, S. 17). Praxis ist ein umfassendes Wirksamkeits- und Veränderungsgefüge, das die Gegensätze von Wissen und Praxis, Kognitiven und Nichtkognitiven, Werten und Handeln, Subjekt und Objekt auflöst.

Zentraler Bestandteil pragmatischer Theorie ist denn auch die Kritik des traditionellen, repräsentionalistischen Verständnisses von Wissen und Erkenntnis und die Kritik an der Vorstellung einer Sondersphäre der Wissenschaft, die wahrheitsfähige Repräsentationen generiert. Wahrheitsansprüche werden vom Pragmatismus stattdessen als historisch variabel, offen für Revision und unablösbar von Wertungen und Interessen gedacht (Kertscher 2008, S. 65). Nach Dewey ist Wissenschaft keine Praxis, die auf die Aufdeckung einer grundlegenden Struktur der Wirklichkeitskonstitution ausgerichtet ist, sondern ein kollektiver Prozess, der sich im Modus des experimentierenden Handelns (Gimmler 2008, S. 148) um eine Verbesserung der Lebensbedingungen bemüht. Hierbei ist wesentlich, dass Dewey die gesellschaftliche Modernisierung (Dewey 2001, S. 112–118), in deren Verlauf die Gesellschaft in viele autonome Handlungsbereiche – Wirtschaft, Wissenschaft, Kunst, Politik etc. – zerfallen ist, als fehlgeleitet ansieht und durch eine *wechselseitige Durchdringung* der autonomen Handlungsbereiche korrigieren möchte. Zu diesem Zweck müssen Methoden entwickelt werden, durch die „eine gemeinsame ästhetische Erfahrung entsteht" (Krüger 2011, S. 153–155). Nach Dewey sind es „geglückte vollständige Kommunikationsakte" (Hecken 2007, S. 49) der mündlichen Kommunikation in der lokalen Gemeinschaft, die der vereinseitigenden Wirkung von Expertenkulturen entgegenwirken können:

„Man muss auf das Gewöhnliche oder den Alltag des Lebens zurückgehen, um die ästhetischen Eigenschaften zu entdecken, die solcher Art von Erfahrung innewohnen." (Dewey 2006, S. 18)

Dewey setzt also im Gegensatz zu Bourdieu in seinen Emanzipationsbestrebungen beim Alltag an und nicht bei der Sondersphäre der Wissenschaft.

Ästhetische Erfahrung wird bei Dewey dann auch – im deutlichen Gegensatz zu Bourdieu – als ein Prozess gedacht, der sich durch die *gleichwertige* Integration emotionaler, praktischer und intellektueller Aspekte auszeichnet. Im Falle der Erfahrung eines Kunstwerks muss demnach der Betrachter einen „Akt der Neuschöpfung" (Dewey 2006, S. 68–69) im Sinne eines komplexen Interaktionsprozesses mit dem Kunstwerk unternehmen, weswegen unterschiedliche Personen unterschiedliche Facetten des Werkes wahrnehmen. Im Rahmen dieses Prozesses werden inhaltliche und sinnliche Erfahrungsanteile als nicht voneinander zu trennen gedacht. Dewey stellt hier vor allem die Bedeutung des *Materials* für eine ästhetische Erfahrung heraus und lehnt Vorstellungen, die zu stark auf den *Sinn* einer künstlerischen Arbeit fokussieren, wie dies Bourdieu tut, ab. Zugleich erteilt er jedoch auch allzu sensualistisch-empiristische Positionen eine Absage, die allein die sinnlichen Aspekte künstlerischer Arbeiten im Fokus haben. Dewey

konzipiert ästhetische Erfahrung vielmehr als einen dynamischen Interaktions-
prozess, der gleichermaßen Subjekte, Bedeutungen und Materialitäten umfasst
(Schäfer 2017, S. 139–149). Damit begründet er eine Perspektive, die *Perfor-
manz* als sinnstiftendes Element des ästhetischen Prozesses etabliert und die
Entgrenzung von Zuschauer, Künstler und Werk im Prozessualen vorantreibt.
Hierbei kommt eine Vorstellung von Wahrnehmung zum Tragen, welche die
Eigenschaften von Objekten als vom Subjekt in spezifischen Situationen *für ihre
Wahrnehmung eingesetzt (deployed)* denkt. Sie werden als abhängig von erwor-
benen Fähigkeiten, Sensibilitäten, situationalen Bedingungen und Eigenschaften
des Objektes konzipiert. Ein Objekt wird in der Tradition dieses Denkens gedacht
als „a reservoir of differences that can be brought into being" (Hennion 2007,
S. 100–101). In diesem Sinne wird es vom Handelnden ebenso geschaffen, wie
es den Handelnden schafft. Erfahrung (und damit auch Kunsterfahrung) wird hier
als Aktivität gedacht, die darauf ausgerichtet ist, die Eigenschaften der Dinge *in
Erscheinung* treten zu lassen:

> „Through comparison, repetition and so on, things are less inert than they appear, are
> made more present. They must be made to appear in and through contact: to taste is
> *to make feel*, and *to make oneself feel*, and also, by the sensations of the body, [...], *to
> feel oneself doing*." (Hennion 2007, S. 101)

Hier scheint eine Vorstellung auf, die eine starke Stellung des Artefakts, des
Objektes, des Kunstwerks im Rahmen des Kunstwahrnehmens bzw. -erfahrens
propagiert; man überantwortet sich dem Werk, das Werk übernimmt d*ie Führung* im Erfahrungsprozess. Hennion identifiziert so im Modus der ästhetischen
Erfahrung eine besondere Ausrichtung der Aufmerksamkeit, eine Suche nach „in-
tensified contact, provoking a shift between the self towards the object and a shift
of the object towards the self" (Hennion 2007, S. 105). Er fasst Kunsterfahrung
bzw. Geschmack als reflexive Aktivität, in dem Sinne als sie auf den unbestimm-
ten Moment dessen fokussiert ist, was sich in der Auseinandersetzung von Subjekt
und Objekt in der spezifischen Situation zeigt:

> „Taste is a making, a *making aware of*, and not a simple act of sensing. It is active, but
> contrary to action, it is entirely turned toward an availability to what comes" (Hennion
> 2007, S. 109).

Kunsterfahrung wird so bei Hennion zur Blaupause für die Methodologie und
Theoriebildung der Soziologie. Soziologie ist in dieser Auffassung keine gerich-
tete Suche, keine rationale Analyse, sondern ein Geschehenlassen, ein Beobachten
des Geschehens, ein Einfühlen in das, was geschieht. Damit aber wird das Objekt

der Beobachtung Bourdieus, der rezipierende, erfahrende Akteur, selbst zum Forschersubjekt:

> „It is not possible for the exterior observer, the sociologist, to observe taste in the same way that they themselves think that the amateur looks at a work of art." (Hennion 2007, S. 108)

Es ist jedoch nicht nur die Unterscheidung von Forschersubjekt und -objekt, die im Rahmen einer derartigen Konzeption aufgehoben wird, sondern auch jeder Versuch einer analytischen Trennung zwischen Handlung, Wahrnehmung, Sprache, Körper und Gesellschaft.

> „A world of mediations and effects, in which the body that tastes and the taste of the object, the group that loves it and the range of things they love, are produced together, one by the other." (Hennion 1007, S. 111)

Die Soziologie kann dann nur noch Verkettungen, an denen unzählige Agenten beteiligt sind, in den Blick nehmen. An die Stelle soziologischer Kausalerklärungen müssen dann *Forschungsberichte* treten, die diesen dynamischen Verkettungen von Agenten „in ihrer narrativen Form Rechnung tragen und denen es gelingt, adäquate auch elegante Beschreibungen dieser multiplen Kräftekonfigurationen anzufertigen" (Müller 2015, S. 166). Damit aber wird jede Abstraktionsleistung der Soziologie aufgegeben. Dann aber löst sich nicht nur die Unterscheidung zwischen Soziologie und Alltagswelt auf, sondern auch die zwischen Soziologie und Kunst. Die Soziologie nimmt dann die Form einer „gelehrten Poesie" (Luhmann 1975, S. 176) an, die die Versammlungsfunktion des Dings und die Umstrittenheit der Zuweisung von Bedeutung zum Gegenstand ihrer Analyse macht.

Hennion geht es in seinen Studien nicht zuletzt darum, die destruktiven Effekte einer Soziologie des Geschmacks à la Bourdieu zu überwinden, die die Liebe zur Musik oder Kunst als Teil eines unbewussten sozialen Machtspiels konzipiert,: Er wendet sich explizit gegen die kritisch-szientistische Soziologie Bourdieus, die als „gelehrte Selbstdefinition [...] von der Soziologie die Entschleierung des Glaubens der Akteure [verlangt]" (Hennion 2013, S. 87) und Geschmack, Entscheidungen, Meinungen der Akteure auf soziale Ursachen zurückführt und so deren individuelle Freiheit ablehnt. Hennion sucht stattdessen eine Perspektive zu präsentieren, der es wesentlich darum geht, das Verhältnis von Akteuren zur Musik bzw. Kunst nicht a priori zu konzipieren, etwa in Bezug auf spezifische Wissensbestände, sondern vielmehr eine Sichtweise zu propagieren, die die individuelle Freiheit der Akteure grundsätzlich aufwertet:

„Dem symbolischen Interaktionismus, der Ethnomethodologie, dem Konstruktivismus gemeinsam ist das Verlangen, den *Akteuren selbst* das Prinzip ihrer Handlung zurückzugeben, eine tief greifende Tendenz der Sozialwissenschaften, die sich zugleich vom Positivismus abgewendet haben, der die Akteure auf eine externe Ursache festlegt, wie auch vom Negativismus, der die internen Ursachen kritisiert, die sich die Akteure selbst geben. Anschließend daran kann, je nach Strömung mehr oder weniger großzügig, den Objekten und den Vermittlungen eine Widerständigkeit und eine Spezifizität zurückgegeben werden." (Hennion 2013, S. 89)

Dies resultiert für Hennion darin, die Praktiken des Musikhörens in einer Weise zu fokussieren, die eben nicht auf „the skills needed to appreciate it", „the differential degree of education it requires" (Hennion 2001, S. 2 f.) abstellt, sondern auf die Praktiken der Ko-Produktion, der Ko-Formation. Hennions soziologische Untersuchung des Musikgeschmacks denkt Musikgenuss dann „as a rich and inventive practice that simultaneously recomposes music and its practioners in situ" (Hennion 2007, S. 3). Ziel einer solchen Soziologie ist es verschiedene Formen des Umgangs mit Musik zu unterscheiden und hierbei nicht auf die sozialen Determinanten dieses Umgehens mit Musik zu fokussieren.

Dieses Unterscheiden eines verschiedenartigen Umgangs mit Musik gelingt Hennion in seinen eigenen Studien jedoch nur sehr begrenzt. Er beschreibt stattdessen das Musikhören recht einheitlich als eine Praxis, die sich durch einen Akt der Hingabe, der Auslieferung („an act of surrender") gegenüber der Musik darstellt. Wenn Hennion konstatiert „beautiful things only offer themselves to those who offer themselves to beautiful things" (Hennion 2007, S. 106), so wird deutlich, dass es sich bei der hier vorgestellten Musikwahrnehmung um eine *spezifische* Form der Wahrnehmung handelt, die nicht ohne Weiteres mit dem Modus der Alltagswahrnehmung gleichzusetzen ist. Denn wenn Hennion *Sensibilität* als Kompetenz der Kunstwahrnehmung zentral setzt, so ist dies sicherlich u. a. darauf zurückzuführen, dass der Amateur, dessen Umgang mit Kunst er zum Gegenstand seiner Untersuchungen macht, „designates any lay-person engaged in a systematic activity, which makes them develop, in various degrees, their sensitivities and abilities in that domain" (Hennion 2007, S. 112). Die Untersuchung Hennions fokussiert also Laien, die systematisch ihre Sensibilität gegenüber Kunst und Musik zu entwickeln suchen, das heißt, es werden hier vor allem Kunstwahrnehmungen von Akteuren untersucht, die wohl – will man mit der Unterscheidung von Howard S. Becker arbeiten – vor allem der Gruppe der „experienced audience members" (Becker 1984, S. 48–54) entstammen. Viele der Befragten sind Amateurmusiker oder hoch engagierte Zuhörer. Eine Fokussierung auf diese Gruppen bringt aber beinahe notwendig eine Wahrnehmungspraxis der Fokussierung auf die Materialität der Arbeiten und eine erhöhte Sensibilität gegenüber den Arbeiten zum Vorschein, als dies eine verstärkte Einbindung von „well-socialized members of society" in das Forschungsdesign getan hätte. Die Studie kolportiert so letztlich eine bestimmte Form der Wahrnehmung – eine erhöhte Sensibilität gegenüber dem Objekt – als kunstadäquat, indem sie ihre Untersuchung auf eine begrenzte hochinvolvierte Gruppe von Hörern fokussiert. Die Fokussierung auf eben diese Gruppe dürfte mit Hennions eigener Biografie in Zusammenhang stehen. Hennion selbst ist der Musik eng verbunden und möchte nach eigener Aussage "eine Art Ethik des Schönen" in Anschlag bringen möchte, wie sie ihm von seiner Klavierlehrerin vermittelt wurde. Von Anfang an wollte er Musik mindestens ebenso viel verstehen, wie machen: "Ich mache sie um sie zu verstehen und umgekehrt" (zitiert nach Moeschler 2017, S. 1010). Hennion betreibt so letztlich eine Mystifizierung, indem er eine erhöhte Sensibilität gegenüber dem Kunstwerk zur Bedingung einer Rezeption als Kunst erklärt. Der Kunstliebhaber überlässt sich hier der Kunst in einem Modus, der als Gegenpol zu Rationalität des Deutens funktioniert. Die Kunsterfahrung wird dann – ganz ähnlich zu Konzeption Theodor W. Adornos – als ein durch *die Vernunft nicht Einholbares* bestimmt. Durch eine Gewichtsverlagerung in der Wechselwirkung zwischen Subjekt und Kunstwerk zugunsten des Kunstwerks wird so die Autonomie des Werkes gegenüber seinem Rezipienten aufgerufen.

Letztlich handelt es sich hierbei um eine Konzeption, die nur scheinbar von empirischen Studien gestützt ist. Denn Hennion setzt einzig die Position von Kunst*lieberhabern* in seiner Forschung relevant. Durch die konsequente Aufwertung des Objektes im Prozess des Wahrnehmens des Kunstliebhabers erfährt die sinnliche Wahrnehmung gegenüber der kognitiv strukturierten deutlich mehr Gewicht. Dies geht mit einer Wissenschaftskonzeption einher, die sich ähnlich wie diejenige Adornos gegen die Subsumtion des Singulären unter vorgefertigte Erkenntnisschemata wendet und die Gegenstände durch schwache Begriffe behutsam abzutasten sucht. Die ethnographischen Beschreibungen von Assoziations- und Erfahrungsketten (Bogusz 2010, S. 80) der ANT, die sich selbst auch kunstwissenschaftlichen Methoden nahe sehen (Heusel und Schröter 2012, S. 6), entwickeln Soziologie zur Kunstform, indem sie der Herausforderung der eleganten Beschreibung nachzukommen suchen. Die ANT nimmt dann „Methoden als Kunst" (Knoblauch 2007, S. 12) und treibt so die Entgrenzung zwischen Kunst und Wissenschaft ein Stück weit voran:

> „Eine soziologische Wissenskultur, die der Ethnographie großen Raum einräumt, ist hingegen gezwungen, die Genialität, Kompetenz und Aufrichtigkeit bis hin zur Schreibfähigkeit der Forschenden als Begründungsfigur anzunehmen." (Keller und Poferl 2016, S. 75)

Hennion untersucht so letztlich nicht die sozial kontingente Erfahrung konkreter Kunstwerke, sondern beschreibt vielmehr „Wechselwirkungen zwischen Subjekt und Kunst überhistorisch" (Knapp 2015, S. 293). Er betreibt keine empirische Soziologie, sondern ästhetische Theoriebildung.

Hier wird deutlich, dass ein Verzicht auf den Anspruch der Objektivität soziologischer Forschung und die Auflösung der Grenze zwischen Soziologie und Kunst letztlich Gefahr läuft kunstreligiösen bzw. kunstmetaphysischen Darstellung Vorschub zu leisten Es wird sichtbar, welcher Preis zu zahlen ist, wenn das errungene forschungstechnische Wissen, mit dem sich die Soziologie professionalisierte, lediglich als ein „Werkzeugkasten unter anderen mit Werkzeugen zur Manipulation der Phänomene" (Hennion 2013, S. 100) denunziert wird. Soziologie läuft dann Gefahr zu einem Werkzeug der Auratisierung, Sakralisierung und Mystifizierung des Ästhetischen und der Verschleierung gesellschaftlicher Machtverhältnisse zu werden. Dies aber ist ein Rückschritt. Ein Rückschritt hinter Pierre Bourdieu und alle Positionen, die es sich zur Aufgabe gemacht haben, gerade die Auratisierung, Sakralisierung und Mystifizierung des Ästhetischen und der gesellschaftlichen Machtverhältnisse zu demystifizieren.

Letztlich stehen sich mit dem (Post)Strukuralismus Bourdieus und der (Neo)Pragmatismus bzw. der ANT Positionen gegenüber, die sich als Wiederaufnahme des zentralen ideengeschichtlichen Konflikts der Moderne zwischen naturalistischer Aufklärung und Romantik interpretieren lassen, wobei die romantische Position eine Kritik an der Entfremdung von einer ursprünglichen Ganzheitlichen im Rahmen der gesellschaftlichen Modernisierung behauptet[1] und das *Leben* in seiner Verwirklichung im Vollzug des Lebens selbst denkt. Im Rahmen dieses Konflikts werden weitgehend gegensätzliche Positionen zur Fragen des Wissens, dem Verhältnis von Fakten und Werten, der Legitimität von Experten und Laien, der Bedeutung von Sinnhaftigkeit und Sinnlichkeit etc. aufgerufen. Zugleich werden in diesen aus gegensätzlichen Wissensordnungen resultierenden Konzeptionen von Kunst und Kunstwahrnehmung Wertungen und Bewertungen von Kunst als höchst kontingent und kontextabhängig sichtbar.

---

[1] Als Gegengewicht zur naturalistischen Aufklärung wird in der Romantik die idealisierte Konzeption Rousseaus zur Idee individueller Selbstverwirklichung fortentwickelt. Jeder einzelne wird nun zum „Dombauer an der Kathedrale seiner Persönlichkeit" (Schmitt 1998 [1919], S. 21). Das Individuum selbst schafft seine Werte und Ziele. Es gibt keine Regeln, die zu lernen sind, keine äußere Kontrolle, es gibt keine Struktur, die man verstehen muss. Vgl. Rousseau 2010 [1829], S. 191–194; Recki 2004, S. 26–28; Vogt 2002. S. 272 f.; Berlin 2013, S. 119.

4   Soziologie als sinnlich-sinnhafte Anthropologie

Die Gegensätzlichkeit der vorgestellten Positionen beginnt sich zu relativieren, wenn man die in den späteren Arbeiten Bourdieus erfolgte feldanalytische Dynamisierung des Strukturalismus in die Betrachtung miteinbezieht. Hier bemüht sich Bourdieu auch um eine Aktualisierung seiner Wahrnehmungstheorie und zielt hierbei darauf ab, die „Spuren von Intellektualismus zu tilgen, die meiner eigenen, einige Jahre zuvor veröffentlichten Darlegung der Grundprinzipien einer Wissenschaft von der künstlerischen Wahrnehmung anhaften mochten" (Bourdieu 1999, S. 490). In dieser neuen, feldanalytisch aktualisierten Variante seiner Wahrnehmungstheorie distanziert sich Bourdieu von einem Denken, das ein historisch konstituiertes Klassifizieren im Rahmen eines Systems von Differenzen als einzig adäquates Kunstwahrnehmen propagiert. Der bewussten Anwendung von Regeln des historischen Verstehens wird nun und ein „ursprüngliches Verstehen der Zeitgenossen" (Bourdieu 1999, S. 491) zur Seite gestellt, das in „sein Verstehen praktische Schemata (vergleichbar etwa grammatischen Regeln) eingehen lässt, die als solche des Bewusstsein niemals streifen" (Bourdieu 1999, S. 492): Bourdieu stellt damit in seiner aktualisierten Version seiner Wahrnehmungstheorie heraus, dass Kunstwahrnehmen im Sinne eines *ursprünglichen Verstehens der Zeitgenossen* ein ebenso adäquates, wenn nicht ein adäquateres Verstehen von Kunstwerken gestattet, wie die strukturalistische historische Analyse der Interpreten. Das ursprüngliche Verstehen ist dann grundsätzlich durch inkorporierte Wahrnehmungs- und Bewertungsschemata geprägt, die sowohl von den Werken gefordert, wie auch von den Adressaten an sie herantragen werden und liefert so einen deutlich abstrakteren, weniger normativ geprägten Begriff des ästhetischen Wahrnehmens als die erste Version der Wahrnehmungstheorie. Ästhetische Erfahrung basiert dann lediglich auf der Harmonie von Habitus und Welt. Diese kann jedoch historisch variabel auf unterschiedlichste Weise, unter Rückgriff auf unterschiedlichste Kunstbegriffe hergestellt werden. Jede Untersuchung von Kunstwahrnehmung muss daher eine „wahre Übung in historischer Ethnologie" (Bourdieu 1999, S. 494) sein, denn es gilt dann die sozialen Voraussetzungen der jeweils herrschenden *Institution des Blicks* im Rahmen rekonstruktiver feldanalytischer Studien historisch-vergleichend zu erarbeiten.

Die praxeologisch-feldanalytische Überarbeitung der Bourdieuschen Wahrnehmungstheorie stellt jedoch *nicht,* wie von einigen Interpreten immer wieder behauptet, eine grundsätzliche pragmatische Überarbeitung der Bourdieuschen Konzeption des Wahrnehmens dar, die ästhetische Erfahrungen als „essentially practical and emotive […] and not analytical or theoretical" konzipiert, wie etwa von Omar Lizardo (2011, S. 39) behauptet. Bourdieu stellt zwar wiederholt heraus, „that the perception of cultural works can best be thought of as ‚a practical execution of quasi-corporeal schemata that operate beneath the level of concept" (Bourdieu 1992, S. 60), dies bedeutet jedoch *nicht,* dass Bourdieu Kunsterfahrung nun als eine rein sinnliche Tätigkeit konzipiert und Wahrnehmen nun nicht mehr auf kognitive Schemata gestützt denkt, wie dies auch Sophia Prinz suggeriert (Prinz 2013, S. 293–313). Vielmehr geht es Bourdieu darum zu zeigen, dass diese kognitiven Schemata im Rahmen eines *Gefühls der Vertrautheit* im Umgang mit Kunstwerken und einem untrüglichen Gespür für künstlerische Qualität nur stärker inkorporiert – eben weniger explizierbar – in Erscheinung treten, als dies die erste Version seiner Rezeptionstheorie nahelegte. Bourdieu betont mit der Konzeption des *ursprünglichen Verstehens des Zeitgenossen* vielmehr, dass Kunstwahrnehmung als eine alltagsweltliche Praxis zu verstehen ist, die sehr grundlegend von Denk-, Wahrnehmungs- und Handlungsschemata geprägt ist, die körperlich verankert, unterhalb der Ebene des Konzeptionellen liegend, kaum der Moralisierung und Aufklärung des Einzelnen oder der Gesellschaft dienlich sein können:

> „Da der Habitus eine unbegrenzte Fähigkeit ist, in völliger (kontrollierter) Freiheit Hervorbringungen – Gedanken, Wahrnehmungen, Äußerungen, Handlungen – zu erzeugen, die stets in den historischen und sozialen Grenzen seiner eigenen Erzeugung liegen, steht die konditionierte und bedingte Freiheit, die er bietet, der unvorhergesehenen Neuschöpfung [...] fern." (Bourdieu 2008, S. 103)

Diese Konzeption propagiert eine rekonstruktive, feldanalytisch-ethnologische Untersuchung historisch gewachsener sozialer Institutionen. Das Wahrnehmen wird hierbei als *eine* der Institutionen benannt, die es zu demystifizieren gilt.

Methodologisch bedeutet dies, dass man, nimmt man Bourdieus Umstellung seines Forschungsinstrumentariums ernst, den allzu statischen, begriffsfokussierten methodischen Werkzeugkasten der strukturalistischen Analyse durch weniger normativ angelegte ethnologische Feldstudien zum Kunstwahrnehmen ersetzen müsste. In Analogie zum Vorgehen in *Das Elend der Welt* (1997), müssten verschiedene Formen des Kunstwahrnehmens dann in einer Weise erhoben und dargestellt werden, die dem Leser einen *verstehenden Blick* ermöglicht: Es ginge dann darum „sichtbar zu machen, [...] dass die vereinfachten, eindimensionalen" Vorstellungen, die aufgrund allzu schlichter Betrachtungen des Kunstwahrnehmens im wieder kolportiert werden, „ersetzt werden müssen durch eine komplexe, mehrdimensionale Vorstellung, die auf der Äußerung derselben Realitäten in unterschiedlichen, manchmal unvereinbaren Diskursen gründen" (Bourdieu 1997,

S. 17). Hierbei gilt es zugleich die *erklärende Ausrichtung* der kritischen Soziologie nie aufzugeben. Anderenfalls läuft man Gefahr – wie man eindrücklich an Hennion sehen kann –, eine spezifische Position – etwa die des Musikliebhabers – für eine Form des Wahrnehmens zu halten, die das Material zu einem gewissen Grad einfordert. Indem man darauf verzichtet verschiedene Standpunkte gegenüber der Musik und dem Musikkonsum miteinander zu konfrontieren, verzichtet man dann zugleich darauf die unterschiedlichen und u. U. auch gegensätzlichen Weltsichten und Musikwahrnehmungspraktiken sichtbar zu machen und setzt stattdessen eine einzelne Position absolut. Es muss es aber vielmehr darum gehen ein

> „*genetisches Verständnis* der Existenz des anderen anzustreben, das auf der praktischen und theoretischen Einsicht in die sozialen Bedingungen basiert, deren Produkt er ist. Eine Einsicht in die Existenzbedingungen und gesellschaftlichen Mechanismen, […] eine Einsicht in die untrennbar verwobenen psychischen und sozialen Prägungen, die mit der Position und dem biographischen Werdegang dieser Person im Sozialraum einhergehen." (Bourdieu 1997, S. 389)

Hierbei aber gilt es sich zugleich ganz phänomenologisch auf *die Sache selbst* einzulassen und die verschiedenen Positionen auch in ihrer *Sinnlichkeit* in Erscheinung treten zu lassen und so dem Wahrnehmen des Befragten in seiner Differenziertheit umfassende Aufmerksamkeit zu schenken. Mit einem derartigen Vorgehen, werden die von Bourdieu in seinen frühen Studien propagierte intellektualistisch orientierte Praxis des Dekodierens von Kunst ebenso wie das „make appear" Hennions als sozio-historisch kontingenten Praktiken sichtbar. Um verschiedene Praktiken des Kunstwahrnehmens in ihren Eigenlogiken erfassen zu können, muss die Soziologie zunächst zu einer sinnhaft-sinnlichen oder einer sinnlich-sinnhaften Anthropologie im Sinne Tim Ingolds werden und ihr Gegenüber, den Kunstbetrachter, wirklich ernst nehmen:

> „Anthropologists […] do their philosophizing in the world. They study – above all through a deep involvement in observation, conversation and participatory practice – with the people among whom they chose to work. The choice depends on particularities of experience and interest, but in principle, they could be any people, anywhere. Anthropology, in my definition, is *philosophy with the people in.*" (Ingold 2018, S. 4)

Überträgt man die Gedanken Ingolds auf die Beforschung von Ausstellungen, um zu verstehen, wie es dort zu spezifischen Sichtweisen auf und (Be)Wertungen von Kunst kommt, so bietet sich methodisch das Go-Along-Interview als spezifische Form der teilnehmenden Beobachtung an.

5   Das Go-Along-Interview als Methode der Beforschung des Kunstwahrnehmens

Das Go-Along Interview ergänzt die oben vorgestellten Zugänge, die auf die soziale Verortung des Interviewten (Bourdieu) und des In-Erscheinung-Tretens des Objektes in der Betrachtung (Hennion) fokussieren, um den wichtigen Faktor der sozial-materialen Situation in der das Wahrnehmen stattfindet und verbindet hierbei Interview und teilnehmende Beobachtung:

> „When conducting go-alongs, fieldworkers accompany individual informants on their *natural outings*, and – through asking questions, listening and observing – actively explore their subjects' stream of experiences and practices as they move through, and interact with, their physical and social environment." (Kusenbach 2003, S. 463)

Das *Mitgehen als Methode* stellt eine Mischung aus teilnehmender Beobachtung und Befragung dar. Die Verbindung dieser beiden Methoden erweist sich besonders für den Kunstausstellungskontext als gewinnbringend, da die reine teilnehmende Beobachtung im Ausstellungskontext kaum auf die hier gemachten Erfahrungen und Interpretationen durchgreifen kann und off-site Interviews oft der konkrete situativ-räumliche Bezug zur Ausstellungssituation oder zum ausgestellten Kunstobjekt fehlt und so im Wesentlichen unklar bleibt, worüber hier eigentlich gesprochen wird. In teilnehmender Beobachtung und off-site Interview bleiben so wichtige Aspekte der gelebten Ausstellungserfahrung entweder unsichtbar oder unverständlich. Das *Mitgehen als Methode,* das die Besucher aktivierend in eine Diskussion ihres Wahrnehmens und Interpretierend einbindet, bietet hier weitreichende Einblicke (Kusenbach 2003, S. 459–464) und erweist sich gerade für eine empirische Untersuchung des Wahrnehmens als äußerst gewinnbringend:

> „Go-Alongs unveil the complex layering and filtering of *perception* they can help ethnographers reconstruct how personal sets of relevances guide their informants' experiences of the social and physical environment in everyday life." (Kusenbach 2003, S. 466)

Im Rahmen eines Lehrforschungsprojektes wurden daher mehrere Go-Alongs in verschiedenen Ausstellung zeitgenössischer Kunst durchgeführt.[2] Es zeigte

---

[2]Im Rahmen der Studie wurden in 2019 die Ai Weiwei Retrospektive im K20 und K21 in Düsseldorf, der Ausstellung „Parallax Symmetry" zu Carsten Nicolai im K21, Cady Noland im MMK in Frankfurt/Main und der Ausstellung „Triumphant Scale" zu El Anatsui im Haus der Kunst in München von der Autorin dieses Beitrags und sechs Studierenden der Kunstakademie

sich hier, dass beim Wahrnehmen von zeitgenössischer Kunst Konzeptionen von Wissen und Wahrnehmen aufeinandertreffen, die die eben beschriebene Auseinandersetzung von Aufklärung und Romantik ein weiteres Mal aufführen. Die von Bourdieu identifizierte Machtordnung des Wahrnehmens tritt demnach heute mit umgekehrten Vorzeichen im Feld in Erscheinung. Allem Anschein nach hat seit den Studien Bourdieus in den 1960er und 1970er Jahren eine weitreichende Transformation der Machtkonstellationen im Feld der Kunst stattgefunden, die eine grundlegende Umstellung der dort dominanten Wahrnehmungspraktiken mit sich brachte.

In den Go-Alongs wurde deutlich, dass Akteure in der Gegenwart, je nach ihrem biographischen Hintergrund bzw. ihrer sozialen Lage Ausstellungen mit völlig unterschiedlichen Relevanzen besuchen und betrachten. Ausstellung zeitgenössischer Kunst werden heute von unterschiedlichen Akteuren sehr unterschiedlich wahrgenommen. Dies lässt sich darauf zurückführen, dass beim Betrachten und Wahrnehmen von Kunst kaum mehr auf einen einheitlichen bspw. kunsthistorischen Wissenskanon Bezug genommen wird. Ausstellung und künstlerische Arbeiten werden statt dessen hinsichtlich des in ihnen verwirklichten Politikbegriffs (Konzeptkünstler), künstlerisch-handwerklicher Fragestellungen (Maler), gesellschaftspolitischer Aktualität (Dichterin), handwerklicher Meisterschaft (Managerin), Poetik (Werbegestalterin), kunsthistorischer Bezüge (pensionierter Deutschlehrer), kontemplativer Momente (Pfarrerin) und der Qualität der präsentierten Ideen (Abiturientin, Kuratorin) untersucht, wahrgenommen und besucht. Die Bezugnahme auf kunsthistorische Wissensbestände, wie von einem pensionierten Lehrer und einer Physiotherapeutin praktiziert, wird dann lediglich als *eine* Wahrnehmungsausrichtung unter vielen sichtbar, und damit als *eine* kulturhistorisch bzw. sozialstrukturell spezifische Praxis erkennbar, die zu einem bestimmten historischen Zeitpunkt von spezifischen sozialen Gruppen als *die* legitime Praxis im Feld etabliert war.

Im künstlerischen Feld der Gegenwart dominiert im Angesicht zeitgenössischer Kunst die Aufführung eines eher fluiden, an Kontingenz orientierten höchst selbstbewussten, individualisierten Umgehens mit Kunst, das individuelle alltagweltliche Wissensbestände und Relevanzen für die Kunstbetrachtung legitim setzt.

„ja, also ich find's halt, ne so Getriebe, Autos und so, ich glaube das ist halt total was Subjektives und was man selber so für Vorlieben hat oder nicht, aber.. ähm diese… Ja

---

Düsseldorf und der Universität Bielefeld (Freie Kunst und Soziologie) mit jeweils einer Person aus dem erweiterten Bekanntenkreis der Forschenden begangen. Hierbei wurden insgesamt 14 Begehungen durchgeführt.

irgendwie ist es wie so eine Getriebeschaltung, so die einzelnen Zahnräder, so ganz viele. Oder es könnten jetzt auch ganz viele kleine schmale.. ähm, wie so Keilriemen oder so was da sein, die wieder irgendetwas anderes antreiben wenn sich das Ding drehen würde ne, also irgendwie.. Und es hat halt auch so' n.. ahm. Wie nennt man das nochmal wenn man hier so ein EKG, wo die Herzströme so gemessen werden? Also wenn du das auf dem Papier siehst diese Zacken? und wenn du das jetzt quasi in 3-D umsetzt, dann könnte das so was sein, ne?"

Für diese Wahrnehmungskonzeption scheint eine Bezugnahme auf kunsthistorische Wissensbestände, also auf einen konkreten, statischen Wissenskanon überholt. Denn diese Praxis neigt dazu, auf etablierte, *geschlossene Begriffe* zurückzugreifen und fortwährend nach *Regeln* für ihr Geschmacksurteil zu suchen. Die Interviewten nehmen diese Wahrnehmungspraxis als ein unkritisches Einfügen in bestehende Lesarten, Relevanzsysteme, Deutungsmuster und Wissenskonzeptionen wahr, die ihrem Selbstverständnis als selbstständig sehende und deutende Individuen zuwiderläuft.

„Aber ich find's immer spannender wenn man sich die Dinge erstmal erschließt ohne, dass man Irgendwas gelesen hat. Und dann hinterher ist es so'n ‚o.k. du warst auf dem richtigen Dampfer oder du hast es völlig anders interpretiert. Ich würde noch nicht mal sagen ‚falsch', weil es macht ja eh jeder so wie er es denkt, aber anders halt."

Im Unterschied hierzu rückt die gegenwärtig im Feld der zeitgenössischen Kunst vorherrschende Rezeptionspraxis *Performanz* und die Entgrenzung von Zuschauer, Künstler und Werk im Prozessualen ins Zentrum der Wahrnehmungspraxis Hierbei kommt eine an den Pragmatismus angelehnte Vorstellung von Wahrnehmung zum Tragen, welche die Eigenschaften von Objekten als vom Subjekt in spezifischen Situationen *für ihre Wahrnehmung eingesetzt (deployed)* denkt. Die Eigenschaften des Objektes werden dann als abhängig von erworbenen Fähigkeiten, Sensibilitäten, situationalen Bedingungen und Beschaffenheiten des Objektes konzipiert. Kunsterfahrung wird als eine reflexive Aktivität gedacht, als Prozess in dessen Rahmen etwas unbestimmt in Erscheinung tritt. Diese Konzeption ist denkbar weit von der Vorstellung eines „Dekodierens" künstlerischer Arbeiten entfernt, eines Einordnens in einen festen Kontext und sei dies auch ein spezifisch künstlerischer bzw. kunsthistorischer. Die Bedeutung der künstlerischen Arbeit entsteht dann nicht im Rahmen eines *relationalen Verstehens,* einer In-Distanz-Setzung zu anderen künstlerischen Arbeiten, einer Differenzbestimmung zu diesen. Bedeutung ergibt sich vielmehr in der Interaktion zwischen bedeutungsverleihendem Subjekt, sozio-materiellem Ausstellungskontext und künstlerischer Arbeit: Teil dieser Interaktion ist das Aufrufen unterschiedlichster, kontingenter Kontexte und die Aufwertung reiner *Anschauung* gegenüber einer Fixierung auf Fragen der *Bedeutung*.

> „ah, da is er. Das is der Raum, den ich Dir zeigen wollte. Is der nich angenehm? Nur so drei Elemente. Irgendwie so heiter. Findest Du nich? Und das trotz dieser beiden eher gewalttätigen Elemente. Den braucht man, weil die Ausstellung sonst so gewalttätig ist, findest Du nich? Also der Raum, der gefällt mir am besten."

Dieser an alltagsweltlichen und situationalen Relevanzen orientierten Wahrnehmungspraxis mangelnde Fähigkeit zur Kritik des Bestehenden zu unterstellen, wie dies Bourdieu unternimmt,[3] überzeugt nicht. Wenn Bourdieu kulturelle Felder (Kunst, Wissenschaft, Religion etc.) als im Rahmen der gesellschaftlichen Modernisierung ausdifferenzierte Produktionsfelder denkt, die ihre je eigene Wirklichkeitswahrnehmung produzieren und durch ihre relative Autonomie einen Schutzriegel gegen jegliche Tendenzen der machttheoretischen Homogenisierung bzw. Monopolisierung (wie etwa Tendenzen der gesellschaftlichen Ökonomisierung) darstellen,[4] so profiliert er systematisch Expertenwissen und damit spezifische Formen der Expertenwahrnehmung gegenüber der alltagsweltlichen Weltwahrnehmung, die er als durchformt von Machtungleichheiten wahrnimmt. Was ihm hierbei aus dem Blick gerät ist, dass das Kunstwahrnehmen der Gegenwart eine alternative Form der Emanzipation gegenüber dem Gegebenen, dem Naturalismus des Bestehenden prozessiert. In diesem Wahrnehmen wir fortwährend das Wahrnehmen selbst thematisiert und als wirklichkeitssetzende Kraft sichtbar gemacht: Die Kontingenz der Wirklichkeit wird hier zum Gegenstand. Es handelt sich um ein Wahrnehmen von Kunst, das bereits Niklas Luhmann in seinen Arbeiten zu beobachten meinte:

---

[3]Denn in die Dinge und die Körper ist nach Bourdieu die existierende Machtungleichheit im Rahmen einer „doppelten Naturalisierung" (Bourdieu 2001, S. 232 f.) eingeschrieben. Sie wird im Rahmen der alltagsweltlichen Praxis fortwährend reproduziert und übt so symbolische Gewalt aus. Zum Zwecke der Emanzipation müssen die gesellschaftlichen Verhältnisse daher der alltagsweltlichen Praxis entrissen werden und differenziert in autonomen Feldern rationalisiert werden.

[4]Die Felder halten ihre relative Autonomie dadurch aufrecht, dass sie an ihrem autonomen Pol eine eigenständige Sichtweise auf die Welt herstellen und hierbei auf kulturelles Expertenwissen zurückgreifen. Die Praxis der autonomen Wirklichkeitssetzung eines Feldes, basiert so auf einem eigenen, ausdifferenzierten Wissenskanon und eigenen Praktiken des Wahrnehmens. Verlieren dieser Wissenskanon und die Praktiken des Wahrnehmens ihre Autonomie, so läuft das Feld Gefahr Tendenzen der Monopolisierung, wie etwa der Ökonomisierung hilflos zum Opfer zu fallen, da es der ökonomischen Weltsicht keine andere, ähnlich weit entwickelte Weltsicht entgegensetzen kann.

Im Kunstsystem findet sich „das Individuum [...] auserwählt als Paradigma der Selbst-beobachtung [...]. Man verlangt ihm ab, sich selbst als Beobachter zu beobachten, also gleichsam als Durchgangsstation seines Selbst." (Luhmann 1997, S. 91)

Das Kunstsystem der Gegenwart macht nach Luhmann individuelle Wahrneh-mung für die Erzeugung individueller Erlebnisse verfügbar. Kunst hat bei Luhmann die grundsätzliche Aufgabe, „die Welt des auch Möglichen in der Welt erscheinen zu lassen und das durch die herrschenden Formen Benachtei-ligte zur Geltung zu bringen" (Luhmann 1997, S. 93). Die Kunst der modernen Gesellschaft ist dann der Inbegriff der Liberalisierung von Wahrnehmung. Diese Umstellung bedeutet eine unerhörte Aufwertung des Sinnlichen gegenüber dem Sinnhaften und damit eine grundsätzliche Kritik an der Höherstellung der „re-flektierenden Funktion des Verstandes und der Vernunft" (Luhmann 2007, S. 13). Spätestens seit der Postmoderne muss nun jeder für sich selbst entscheiden, was er wie sehen will, wo er seine Relevanzen setzt. Das Subjekt wird radikal auf sich selbst zurückgeworfen. Es gibt keine Entlastung von der Eigenverantwor-tung mehr (Luhmann 2009, S. 93; Bolz 2012, S. 100–123), kein Delegieren der Verantwortung dafür, wie man die Welt wahrnehmen will, an Experten.

Doch auch diese Diagnose der Liberalisierung der Wahrnehmung muss sich die Frage gefallen lassen, welche Wertungen sie produziert. Denn die methodolo-gische Entscheidung, in einem ersten Schritt nur Ausstellungen zeitgenössischer Kunst zu besuchen und Studierende als Begleiter und Initiatoren der Go-Alongs heranzuziehen, resultiert sicherlich in einer Übergewichtung dieser Form der libe-ralisierten Wahrnehmung. Für weitergehende Analysen gilt es daher, die Besuche von Ausstellungen auszuweiten.

Literatur

Allen, B. (2003). *Knowledge and civilization*. Boulder: Taylor and Francis.

Becker, H. S. (1984). *Art worlds*. Berkeley: University of California Press.

Berlin, I. (2013). *The roots of romanticism*. Oxford: Princeton University Press.

Bogusz, T. (2010). *Zur Aktualität von Luc Boltanski. Einleitung in sein Werk*. Wiesbaden: VS.

Bolz, N. (2012). *Ratten im Labyrinth. Niklas Luhmann und die Grenzen der Aufklärung*. München: Wilhelm Fink.

Bourdieu, P. (1970). Elemente zu einer soziologischen Theorie der Kunstwahrnehmung. In P. Bourdieu, *Zur Soziologie der symbolischen Formen* (S. 159–201). Frankfurt a. M.: Suhrkamp.

Bourdieu, P. (1987). *Die feinen Unterschiede. Kritik der gesellschaftlichen Urteilskraft*. Frankfurt a. M.: Suhrkamp.

Bourdieu, P. (1992). *Rede und Antwort.* Frankfurt a. M.: Suhrkamp.

Bourdieu, P. (1997). *Das Elend der Welt. Zeugnisse und Diagnosen alltäglichen Leidens an der Gesellschaft.* Konstanz: UVK.

Bourdieu, P. (1999). *Die Regeln der Kunst. Genese und Struktur des literarischen Feldes.* Frankfurt a. M.: Suhrkamp.

Bourdieu, P. (2001). *Meditationen. Zur Kritik der scholastischen Vernunft.* Frankfurt a. M.: Suhrkamp.

Bourdieu, P. (2006). Einleitung. In P. Bourdieu et al. (Hrsg.), *Eine illegitime Kunst. Die sozialen Gebrauchsweisen der Photographie* (S. 11–21). Hamburg: Europäische Verlagsanstalt.

Bourdieu, P. (2008). *Sozialer Sinn. Kritik der theoretischen Vernunft.* Frankfurt a. M.: Suhrkamp.

Bourdieu, P., & Darbel, A. (2006). *Die Liebe zur Kunst. Europäische Kunstmuseen und ihre Besucher.* Konstanz: UVK.

Dewey, J. (2001): *Die Suche nach Gewißheit. Eine Untersuchung des Verhältnisses von Erkenntnis und Handeln.* Frankfurt a. M.: Suhrkamp.

Dewey, J. (2006). *Kunst als Erfahrung.* Frankfurt a. M.: Suhrkamp.

Gimmler, A. (2008). Nicht-epistemologische Erfahrung, Artefakte und Praktiken. Vorüberlegungen zu einer pragmatischen Sozialtheorie. In A. Hetzel, J. Kertscher, & M. Rölli (Hrsg.), *Pragmatismus – Philosophie der Zukunft?* (S. 141–157). Weilerswist: Velbrück.

Hecken, T. (2007). *Theorien der Populärkultur. Dreißig Positionen von Schiller bis zu den Cultural Studies.* Bielefeld: transcript.

Heath, C., & vom Lehn, D. (2004). Configuring reception. (Dis-)regarding the „spectator" in museums and galleries. *Theory, Culture & Society 21* (6), 43–65.

Hennion, A. (2007). Those things that hold us together: Taste and sociology. *Cultural Sociology 1,* 97–114.

Hennion, A. (2013). ‚Dinge, die dauern …'. Objekte, Vermittlung, Soziologie. In T. Thielmann, E. Schüttpelz, & P. Gendolla (Hrsg.), *Akteur-Medien-Theorie* (S. 81–105). Bielefeld: Transcript.

Hennion, A. (2018). A Plea for responsible art: Politics, the market, creation. In V. D. Alexander, S. Hägg, S. Häyrynen, & E. Sevänen (Hrsg.), *Art and the challenge of markets. National cultural politics and the challenges of marketization and globalization, (1).* (S. 145–169). Cham: Springer.

Heusel, T., & Schröter, J. (2012). Die Akteur-Netzwerk-Theorie als Herausforderung der Kunstwissenschaft. Eine Einleitung. *Zeitschrift Für Ästhetik Und Allgemeine Kunstwissenschaft 57* (1), 5–18.

Hetzel, A. (2008). Zum Vorrang der Praxis. Berührungspunkte zwischen Pragmatismus und kritischer Theorie. In A. Hetzel, J. Kertscher, & M. Rölli (Hrsg.), *Pragmatismus – Philosophie der Zukunft?* (S. 17–57). Weilerswist: Velbrück

Ingold, T. (2018). *Anthropology. Why it matters.* Cambridge, MA: Polity.

Joas, H., & Knöbl, W. (2006). *Sozialtheorie. Zwanzig einführende Vorlesungen.* Frankfurt a. M.: Suhrkamp.

Karstein, U. (2013). *Konflikt um die symbolische Ordnung. Genese, Struktur und Eigensinn des religiös-weltanschaulichen Feldes in der DDR.* Würzburg: Ergon.

Keller, R., & Poferl, A. (2016). Soziologische Wissenskulturen zwischen individualisierter Inspiration und prozeduraler Legitimation. Zur Entwicklung qualitativer und interpretativer Sozialforschung in der deutschen und französischen Soziologie seit den 1960er Jahren. *Forum Qualitative Sozialforschung 17* (1), Art. 14.

Der Neopragmatismus als Erbe des klassischen Pragmatismus? In A. Hetzel, J. Kertscher, & M. Rölli (Hrsg.), *Pragmatismus – Philosophie der Zukunft?* (S. 58–85). Weilerswist: Velbrück.

Knapp, L. (2015). *Formen des Kunstreligiösen. Peter Handke – Christoph Schlingensief.* Paderborn: Fink.

Krüger, H.-P. (2011). Das Öffentliche: John Dewey im Vergleich mit Helmut Plessner. In B. Hollstein, M. Jung, & W. Knöbl (Hrsg.), *Handlung und Erfahrung. Das Erbe von Historismus und Pragmatismus und die Zukunft der Sozialtheorie* (S. 151–166). Frankfurt a. M.: Campus.

Kusenbach, M. (2003). Street phenomenology. The go-along as ethnographic research tool. *Ethnography 4* (3), 455–485.

Lizardo, O. (2011). Pierre Bourdieu as a Post-cultural Theorist. *Cultural Sociology 5* (1), 25–44.

Luhmann, N. (1975). *Soziologische Aufklärung. Band 2. Aufsätze zur Theorie der Gesellschaft.* Opladen: Westdeutscher Verlag.

Luhmann, N. (1997). Weltkunst. In J. Gerhards (Hrsg.), *Soziologie der Kunst: Produzenten, Vermittler und Rezipienten* (S. 55–102). Westdeutscher Verlag.

Luhmann, N. (2007). *Die Kunst der Gesellschaft.* Frankfurt a. M.: Suhrkamp.

Luhmann, N. (2009). *Soziologische Aufklärung 5. Konstruktivistische Perspektiven.* Wiesbaden: VS.

Michel, B. (2006). *Bild und Habitus. Sinnbildungsprozesse bei der Rezeption von Fotografien.* Univ., Diss. Magdeburg, 2003. Wiesbaden: VS.

Moeschler, O. (2017). Antoine Hennion (*1952). In C. Steuerwald (Hrsg.), *Klassiker der Soziologie der Künste. Prominente und bedeutende Ansätze* (S. 1007–1040). Wiesbaden: Springer VS.

Müller, J. (2015). *Bestimmbare Unbestimmtheiten. Skizze einer indeterministischen Soziologie.* Paderborn: Wilhelm Fink.

Prinz, S. (2013). *Die Praxis des Sehens. Über das Zusammenspiel von Körpern, Artefakten und visueller Ordnung.* Bielefeld: transcript.

Prinz, S., & Göbel, H. K. (2015). Die Sinnlichkeit des Sozialen. In H. K. Göbel, & S. Prinz (Hrsg.), *Die Sinnlichkeit des Sozialen. Wahrnehmung und materielle Kultur* (S. 9–49). Bielefeld: transcript.

Prinz, S., & Wuggenig, U. (2012). Charisamtische Disposition und Intellektualisierung. In U. Wuggenig, & H. Munder (Hrsg.), *Das Kunstfeld. Eine Studie über die Akteure der zeitgenössischen Kunst* (S. 205–228). Ennetbaden: Lars Müller Verlag.

Rancière, J. (1975). Zur Theorie der Ideologie In J. Rancière (Hrsg.), *Wider den akademischen Marxismus* (S. 5–50). Berlin: Merve.

Recki, B. (2004). Kultur als Praxis. Eine Einführung in Ernst Cassirers Philosophie der symbolischen Formen. *Deutsche Zeitschrift Für Philosophie, Sonderband 6,* 26–28.

Rousseau, J.-J. (2010 [1829]). *Abhandlung über den Ursprung und die Grundlagen der Ungleichheit unter den Menschen.* Stuttgart: Reclam.

Saussure, F. de (2001[1916]). *Grundfragen der allgemeinen Sprachwissenschaft*. Berlin: de Gruyter.

Schäfer, H. (2017). John Dewey. In C. Steuerwald (Hrsg.), *Klassiker der Soziologie der Künste. Prominente und bedeutende Ansätze* (S. 131–152). Wiesbaden: Springer VS.

Schmitt, C. (1998 [1919]). *Politische Romantik*. Berlin: Duncker und Humblot.

Vogt, P. (2002). *Pragmatismus und Faschismus. Kreativität und Kontingenz in der Moderne*. Zugl.: Berlin, Humboldt-Univ., Diss., 2001. Weilerswist: Velbrück.

Zahner, N. T. (2012). Zur Soziologie des Ausstellungsbesuchs. Positionen der Soziologischen Forschung zur Inklusion und Exklusion von Publika im Kunstfeld. *Sociologica Internationalis 50* (1–2), 209–32.

Wertungskompetenz in Szenen. Dimensionen und Paradoxien der Wertung im Sportklettern

Babette Kirchner

Achter, Felsrouten, Sloper oder Technik – das Vokabular der Sportkletterszene ist reichhaltig, die damit verbundene Wertung nicht immer offensichtlich. Die hier vorgestellte Szene[1] ist ein spannendes Phänomen, da Menschen freiwillig und aus hedonistischen Gründen partizipieren, obwohl (oder weil) sie einem Wertungsregime unterliegen. In der Sportkletterszene geht es vorrangig um das sogenannte Begehen von Routen bis zu einem festgelegten Ziel. Dem Bewegen wird dabei besondere Aufmerksamkeit gewidmet. Es wird beobachtet, gefachsimpelt, gemeinsam besprochen. Denn Routen (und die damit verbundenen sozialen Erwartungen) sind in ihren jeweiligen Anforderungen äußerst komplex. Um Herausforderungen vergleichbar zu machen, wird jede Route mit einem Schwierigkeitsgrad, also einer Ziffer, versehen. Spannenderweise wird die ordinale Skalierung der Routen auch auf kletternde Individuen übertragen und in mehr oder minder offizielle Ranglisten überführt. Die Bezifferung von materialen Schwierigkeiten wird so auch zu einer Bezifferung von korporalen Fähigkeiten. In der Steigerungs- und Verbesserungslogik wird jedoch nicht ausschließlich Wert auf das Klettern in möglichst hohen Schwierigkeitsgraden gelegt, sondern auch Bewegungsmuster, Materialität und Geschlecht werden relevant gemacht. Anhand einer

---

[1]Unter „Szene" verstehe ich modernisierungstheoretisch und in Anlehnung an Hitzler/Niederbacher (2010) posttraditionale Gesellungsgebilde, denen Menschen weniger aufgrund von traditionalen Verpflichtungen, sondern vielmehr aufgrund von posttraditionalen ‚Verführungen' angehören.

B. Kirchner (✉)
Technische Universität Dortmund, Dortmund, Deutschland
E-Mail: babette.kirchner@tu-dortmund.de

O. Berli et al. (Hrsg.), *Bewertungskulturen,* Soziologie des Wertens und Bewertens, https://doi.org/10.1007/978-3-658-33409-3_6

Trias von Können, Wollen und Dürfen werden Menschen bezüglich ihrer Bewegungskompetenz in drei Niveaus verortet. Das permanente Beobachten, Werten und Vergleichen von Bewegungsmustern offenbart, dass Bewegungskompetenz nicht auf Dauer gestellt ist, sondern immer wieder vorgeführt und bewiesen werden muss. Bewegungskompetenz wird zudem mit Wertungskompetenz gleichgesetzt. Wer mehr kann, ist zum expliziten Werten anderer Bewegungsmuster legitimiert. Darüber hinaus gelten im Sportklettern Frauen und Männer keineswegs als unvergleichbar.

1   Sportklettern – eine besondere Disziplin im Kletter- und Bergsport

Wird in der wissenschaftlichen oder populärwissenschaftlichen Literatur das Klettern oder der Bergsport besprochen, dann werden diese selten voneinander differenziert (vgl. hierzu exemplarisch: Kiewa 2001; Robinson 2008). Wenngleich diverse Analogien zwischen den sportlichen Disziplinen existieren, so verfolgen Menschen mit ihnen dennoch unterschiedliche Ziele und beurteilen das Handeln nach unterschiedlichen Kriterien. Ein wichtiges Kriterium zur Differenzierung von Kletterdisziplinen ist die Absicherung, da diese einen spezifischen Modus der Bewegung ermöglicht und/oder erfordert (vgl. Bogardus 2012). Symptomatisch für das Sportklettern[2] ist die Absicherung durch fest in der Wand verankerte „Bohrhaken"[3] und die sich daraus ergebende Möglichkeit, mit dem „sicheren" Fallen zu kalkulieren. Das Sportklettern möchte ich als eine Szene fassen, d. h. als eine Form von posttraditionalen Gesellungsgebilden, bei der sich Menschen über eine ‚Wahlverwandtschaft' zusammenfinden und einander zugehörig fühlen. Dieses Gesellungsgebilde weist einen geringen Verbindlichkeitsgrad und Verpflichtungscharakter auf, sodass Menschen hieran freiwillig und aus hedonistischen Gründen partizipieren. Eben weil hier ein sehr niedriger Formalisierungsgrad vorliegt und die Teilhabe*option* grundsätzlich allen Interessierten gewährt wird, ist es spannend, inwiefern und worüber Teilhabe*positionen* innerhalb der Szene verhandelt werden (vgl. ausführlicher zum Szenekonzept:

---

[2]Zur historischen Entwicklung des Sportkletterns exemplarisch: Mellor 2001; Achey et al. 2002; Fuller 2003.

[3]Während Bohrhaken verlässlich, fest und dauerhaft in einer Felswand fixiert werden, können sogenannte „mobile" Sicherungsgeräte, die symptomatisch beim „traditionellen" Klettern verwendet werden, unter Belastung verrutschen oder herausbrechen. Da „traditionell" Kletternde mit ebendieser Herausforderung agieren wollen, werfen sie Sportkletternden mitunter fragwürdige Werte und eine mangelhafte Moral vor. Hierzu ausführlich: Bogardus 2012.

Hitzler und Niederbacher 2010, S. 11–31, allgemein zur Sportkletterszene: Hitzler und Niederbacher 2010, S. 146–152).

Infolge der sportklettertypischen Absicherung ist ein akrobatischer Stil der (Fort-)Bewegung zur sozialen Norm geworden. Demnach gilt es, stets die Verbesserung hinsichtlich des Schwierigkeitsgrades der „begangenen" Routen (Typus Leistungsorientierte) und/oder hinsichtlich der ‚Ästhetik' des Begehungsstils (Typus Plaisirkletternde) anzustreben. Am je individuellen körperlichen Limit zu agieren, ist beim Sportklettern technisch möglich und wird sozial erwartet (vgl. Donnelly 2003, S. 297; Rickly-Boyd 2012). Bei der „Begehung" einer Sportkletterroute (mit ca. 15 bis 40 m Länge) geht es nicht um Geschwindigkeitsrekorde, sondern darum, jede Route möglichst „schön" zu klettern. Was „schön" im szeneninternen Verständnis bedeutet und wie es umgesetzt wird, das müssen Neulinge meist über Monate bis Jahre des regelmäßigen Einübens erkunden, erproben und routinisieren.[4]

2 Methodologische und methodische Herangehensweise

Bereits bei ersten Erkundungen des Sportkletterns wird deutlich, dass Individuen ‚irgendwie' differenziert werden. Als soziologisch interessant erachte ich hierbei, wann, wie und mit welchen Motiven soziale Differenzierungen vorgenommen werden und wann diese einen wertenden Effekt haben. Die lebensweltanalytische Ethnographie habe ich gewählt, nicht nur um über verschiedene Datensorten die Relevanzen der Szene zu rekonstruieren. Vielmehr noch kann mit diesem Forschungsprogramm das ‚Dilemma' der Unüberschreitbarkeit der „mittleren Transzendenzen" weitgehend kompensiert werden (Schütz und Luckmann 2003, S. 602 ff.): Da ein Mensch nicht exakt die gleiche Erfahrung wie ein anderer machen kann, mache ich mich als Forscherin mit der zu erforschenden kleinen sozialen Lebenswelt hochgradig vertraut, nehme praktisch teil und erwerbe eine längerfristige Mitgliedschaft. Ausschlaggebend für die Erkundung des Eigen-Sinns von (kleinen sozialen) Lebenswelten – also für die lebensweltanalytische Ethnographie – ist vor allem die Teilhabe (vgl. Honer 1989; Hitzler und Eisewicht

---

[4]Der vorliegende Aufsatz weist einige Parallelen zu anderen von mir verfassten Publikationen auf. Bereits thematisiert habe ich den Umgang mit materialen Artefakten und Bilddaten (Kirchner 2019a), die Differenzierung nach Akteurstypen und Geschlechterkategorien (Kirchner 2019b) sowie das szenespezifische Körperhaben und Leibsein (Kirchner 2018a). Die umfangreichste Darlegung meiner Forschungsarbeit findet sich in Kirchner 2018b.

2016). In den von mir erhobenen vielfältigen Datensorten[5] wird immer wieder deutlich, dass es im Feld[6] des Sportkletterns vorrangig um das Bewegen geht, und zwar stets unter Berücksichtigung, wie „gut" Individuen die materialen Vorgaben nutzen. Interessanterweise wird dabei ausgeblendet, dass technologisch mehr Bewegungsvariationen möglich wären, als sozial erlaubt, geduldet oder anerkannt sind.

2.1 Kompetenz – Ausdruck der sozialen Wertung von Wissensbeständen

Menschen erwerben in Szenen vielfältige und umfangreiche (Sonder-)Wissensbestände. Als spannend erachte ich, welche Wissensbestände für Teilhabeoptionen und -positionen relevant gemacht werden und wie dies konkret vollzogen wird. Im Gegensatz zum Wissen schwingt beim Begriff der Handlungskompetenz immer auch eine Wertung mit, zumal hierbei der Selbstwirksamkeit des Individuums wie auch der sozialen Anerkennung Rechnung getragen werden (vgl. Knoblauch 2010; Eisewicht 2015).

Da in der Sportkletterszene der Wertungsmaßstab an das Bewegen (nicht aber an das Sichern) angelegt wird, möchte ich mich speziell auf die *Bewegungs*kompetenz konzentrieren. Mit dem Konzept der Kompetenz lässt sich das Können, Wollen und Dürfen analysieren: Welche Kletternden verfügen über welche Fähigkeiten und Wissensbestände (also Können), wie werden deren Ambition, Engagement und Motivation eingeschätzt und wie stellen sie dies selbst dar

---

[5]Mein Datenkorpus umfasst leitfadengestützte Interviews, quasinatürliche Text- und Bilddaten, Beobachtungsdaten und Erlebensdaten. Laut eigener Angaben klettern die drei von mir befragten Frauen und die drei befragten Männer bereits seit mehreren Jahren und verorten sich selbst – mehr oder minder explizit – *über* dem Anfängerniveau. Die Zusammensetzung meines Samples hat sich zum einen über das ‚Schneeballprinzip', d. h. über Empfehlungen von Feldkontakten, ergeben. Zum anderen habe ich absichtlich keine ‚Neulinge' befragt, weil bereits in ersten Gesprächen auffiel, dass sie nicht über diejenigen Wissensbestände verfügen, um das feldrelevante Können zu reflektieren und zu verbalisieren.

[6]Als Feld verstehe ich (im ethnographischen Sinne) einen sozialen – für die beforschten Menschen „natürlichen" – Kontext, in dem Menschen spezifische Handlungs- und Deutungsmuster als relevant setzen und/oder diese als selbstverständlich erachten. Menschen eines Feldes teilen außerdem spezifische Werte und Normen. Das hier thematisierte exemplarische Feld ist – in Anbetracht der wenig regulierten und formalisierten Zugehörigkeitskriterien – als ‚Szene' zu bezeichnen. Während ich also den Feldbegriff nutze, um mein Untersuchungsphänomen für methodische und methodologische Überlegungen abzustecken, beinhaltet der Szenebegriff bereits eine von mir vorgenommene soziologische Theoriegenese.

(Wollen), wer ist zu welchen Interaktionen berechtigt, wem wird wie Anerkennung entgegen gebracht oder wem werden warum und wie Berechtigungen entsagt (Dürfen) (vgl. allgemein zum soziologischen Konzept der Handlungskompetenz: Pfadenhauer und Eisewicht 2015). Wichtig ist dabei auch die Frage, wer überhaupt zur Wertung, also zur Zuschreibung von Kompetenz, legitimiert ist.

Symptomatisch für Szenen sind geringe Formalisierungsgrade, geringer Verpflichtungscharakter und wenige bis keine Zugangsbeschränkungen. Wer sich für das Sportklettern interessiert und kletternd engagiert, der gehört bereits zur Szene. Obwohl Neulinge anfangs für das ‚bloße' Überwinden von (meist ungewohnten) Höhen wohlwollend kommentiert werden, wird rasch das anschließende Lob mit „Tipps" zum Bewegungsmuster verknüpft. Abgesehen von eher gelegentlichen Handlungsanweisungen gibt es im Sportklettern keine formalisierte Ausbildung. Stattdessen wird vom Individuum erwartet sich kletterrelevante Fähigkeiten und Wissensbestände autodidaktisch anzueignen. Der Erwerb von Bewegungskompetenz erfordert jedoch den zusätzlichen Erwerb von Beobachtungs- und Wertungskompetenz, die beide ebenso wenig angeleitet werden. Die auf den nächsten Seiten folgende Typologie ist eine heuristische Annäherung daran, wie Menschen bezüglich des Umgangs mit materialen Artefakten und ihres Körpereinsatzes differenziert werden.

2.2 Geschlechterdifferenz – eine soziale Konstruktion

Auffällig und durchaus überraschend sind sportklettersymptomatische Redensarten wie „Climbing like a Girl" (Klettern wie ein Mädchen), die hier anerkennend gemeint sind und im absoluten Gegensatz zu Degradierungen wie „Throwing like a Girl" (Werfen wie ein Mädchen) stehen (vgl. Young 1980; Chisholm 2008; Dilley und Scraton 2010). Sportwissenschaftliche und medizinische Forschungsarbeiten haben bereits versucht die proklamierten geschlechtlichen Unterschiede zu begründen, konnten jedoch weder welche beim Klettern messen (vgl. Bähr 2003), noch bei Verletzungsmustern diagnostizieren (vgl. Drastig und Küpper 2014). Im Folgenden geht es mir nicht um eine Begründung der genannten Alltagstheorien, sondern um eine systematische Analyse, inwiefern beim Sportklettern teilnehmenden Frauen oder Männern mehr Anerkennung entgegen gebracht wird und wann etwaige Paradoxien in der Wertung oder in der Geschlechterdifferenzierung auftreten. Um zu rekonstruieren, wann und wie Geschlecht in der Sportkletterszene relevant gemacht wird, verstehe ich Ersteres als soziale Konstruktion und schließe damit an einschlägige Ergebnisse aus der Geschlechterforschung an (vgl.

West und Zimmerman 1987; Lorber und Farell 1991; Gildemeister und Wetterer 1992; Maihofer 2004; Connell 2009; Meuser 2010). Aus dieser Perspektive kann der ‚Common Sense der Zweigeschlechtlichkeit' als hegemoniale Konstruktion moderner Gegenwartsgesellschaften gelesen werden, der zwar auch in der Sportkletterszene gilt, aber – wie ich im Folgenden zeigen werde – andersartige Relevanzsetzungen erfährt. Indem ich von „Kletterinnen und Kletterern" schreibe, folge ich der feldsymptomatischen binären Geschlechterlogik. Mir geht es nicht darum, die Kletterinnen und Kletterer zu ‚ertappen' oder gar zu belehren. Stattdessen möchte ich die Deutungsweisen und Handlungsmuster erklären, anhand derer Szenegängerinnen und Szenegänger in verschiedene soziale (mitunter geschlechtlich konnotierte) Positionen differenziert werden und mit denen wiederum unterschiedliche Interaktionsoptionen und -positionen verbunden sind.

Zu Geschlechterverhältnissen in anderen Kletter- und Bergsportdisziplinen ist bereits bekannt, dass in Feldern, in denen das Risiko die Unversehrtheit des Körpers zu verlieren als tendenziell hoch eingeschätzt wird, Männer nicht nur quantitativ stärker vertreten sind, sondern sie auch in der Interaktion dominieren. Hierzu werden vor allem das Bergsteigen und das traditionelle Klettern (mit „mobilen" Sicherungsgeräten) gezählt. Frauen müssen oder wollen sich hier den dominierenden Männern unterordnen, wodurch eher traditionelle Geschlechtermuster (re)produziert werden. So gelten diese Disziplinen als geeignet für Männer, ihre männlich konnotierte Dominanz mittels Stärke, Mut und Waghalsigkeit unter Beweis zu stellen, was wiederum von Kletternden wie Nichtkletternden mit großer Anerkennung honoriert wird (vgl. zum Bergsteigen: Hungerbühler 2013; Erickson 2003; zum traditionellen Klettern: Bogardus 2012). Da jedoch beim Sportklettern potentielle Gefahren genuin reduziert sind (vgl. Robinson 2008; Ewald 2013), müssten hier – in logischer Konsequenz – Weiblichkeit und Männlichkeit auf einer anderen Basis und mit anderem Resultat sozial konstruiert werden. Deswegen lege ich meinen Fokus darauf, inwiefern nach *Bewegungen* typisiert wird, ob Geschlechtszugehörigkeit überhaupt eine relevante Kategorie für die Interaktionsordnung ist und falls ja, wie Geschlechtermuster sozial konstruiert werden (vgl. allgemein zur prominenten Nullhypothese: Hagemann-White 1993; zum (Un-)Doing Gender: Hirschauer 2001; Kotthoff 2002).

3   Dimensionen der Wertung

Während in zahlreichen gesellschaftlichen Teilbereichen Wertungen auf das Resultat des Handelns fokussiert sind (wie bei Produkten, Prüfungsleistungen oder wissenschaftlichem Output), wird beim Sportklettern das Handeln in actu gewertet. Zudem finden Leistungswertungen weder in einem zeitlich noch in einem örtlich begrenzten Rahmen statt. Strenggenommen existieren nicht einmal wertungsfreie Momente der Aneignung. Während alle Szenegängerinnen und Szenegänger die Wertungsdimensionen kennen müssen, sind zur Wertschätzung (oder Degradierung) nicht alle legitimiert.

3.1　Klettern – eine Form des sozialen Handelns

In Anlehnung an Thomas Luckmann (1992) lässt sich die Sportkletterszene als ein Handlungszusammenhang verstehen und das Bewegen in der Route als dessen Produkt. So schafft der soziale Kontext die Voraussetzungen, *dass* Menschen klettern, und die Bedingungen, *wie* Menschen klettern. Das als korrekt verstandene Klettern ist demnach weder ein zufälliges Agieren noch ein reaktives Nachahmen, sondern ein sozial reglementiertes, sinnhaftes Tun. Menschen wollen und können nicht sozial isoliert klettern, da sie nach Anerkennung *für* ihr Tun und Zugehörigkeit *durch* ihr Tun streben. Bewegungskompetenz ist dabei nie auf Dauer gestellt, sondern muss stets bewiesen werden. Wenn Menschen (immer) dazu gehören und von anderen anerkannt werden wollen, müssen sie (immer wieder) klettern und sich (immer wieder) mit anderen vergleichen. Da nicht davon ausgegangen wird, dass das Können am Körper ‚abgelesen‘ werden kann, sind Menschen gewissermaßen dazu gezwungen, ihre Kompetenz kletternd vorzuführen. Durch das Klettern setzen sie sich nicht nur in Beziehung zu anderen Sportkletterinnen und -kletterern, sondern auch zu materialen Artefakten. Einerseits bringt das sich bewegende Individuum auf diese Weise soziale Ordnung mit hervor, andererseits ordnet es sich sozial ein und zu und passt sich sozialen Gebrauchsweisen an (vgl. hierzu allgemein: Lindemann 2005; Alkemeyer et al. 2009; Böhle und Weihrich 2010). Mit Blick auf die (Be)Wertungsforschung ist hier spannend, dass die Kletterbewegung nicht als hochgradig individuell gedeutet wird, sondern als vergleichbar. Damit wird per se allen kletternden Individuen zumindest eine gewisse Ähnlichkeit unterstellt. Über den Vergleich soll also festgestellt werden, inwiefern Differenz besteht bzw. welche Differenzen relevant gemacht und welche ‚ausgeblendet‘ werden (vgl. allgemein zum Phänomen des Vergleichs: Heintz 2010; 2016).

Materiale Artefakte verstehe ich in Anschluss an die hermeneutische Wissenssoziologie als kulturelle Gegenstände, denen Menschen – durch Produktion, Gebrauch oder Verweis – Sinn zuschreiben und die ihnen als institutionalisierte Objektivationen im Sinne eines Faktums gegenüberstehen (vgl. zur hermeneutischen Wissenssoziologie: Soeffner 2004; Hitzler 2015a; zur Phänomenologie:

Schütz und Luckmann 2003; zur Wissenssoziologie: Berger und Luckmann 2012).
So ist Materialität ein Sediment des Handelns, das stets kontextgebunden ist
und seinen Sinn erst durch symbolische Zuschreibung erhält. Nach dieser Logik
haben Objekte zwar physikalische Eigenschaften, sind jedoch keine selbstständi-
gen Aktanten, weil sie weder soziale Regeln aufstellen, noch aufrechterhalten
oder anpassen können (vgl. exemplarisch zu dieser Diskussion: Preda 2000;
ausführlich zu verschiedenen theoretischen Positionen: Kalthoff et al. 2016).
Bezogen auf meinen Untersuchungsgegenstand sind beispielsweise Form, Größe
und materiale Beschaffenheit von Kletterwänden ontologisch gegeben. Teil der
symptomatischen Sinnzuschreibung ist es, manche Objekte als Klettergriffe zu
nutzen, während andere als Wand deutend und handelnd ausgeblendet werden.
Auch phänomenologische Qualitäten der Objekte sind in diesem Zusammenhang
interessant. So wird erstens die ‚Widerspenstigkeit‘ des Materials thematisiert,
indem Kletterinnen und Kletterer besprechen, welche Griffe sich einfacher oder
schwieriger halten lassen. Zweitens ist die Umnutzung des Materials per se
möglich, sie wird aber selten anerkannt. Und drittens ist die Umformung zwar
technisch machbar, nach sozialen Regeln jedoch streng untersagt. Weder dürfen
Griffe an Hallenwänden „umgeschraubt", noch Strukturen in Felswände gemeißelt
werden.

Damit im Sportklettern die „Begehung" einer Route überhaupt als „Durchstieg"[7] gewertet wird, muss das kletternde Individuum diverse Gebote und
Verbote beachten. So gewährleisten technologische Hilfsmittel zwar die Sicherheit, jedoch dürfen diese nicht zur Fortbewegung genutzt werden. Insbesondere
in ‚künstlichen‘ Kletteranlagen an sogenannten „Plastikwänden" wird zusätzlich
darauf geachtet, dass ausschließlich die Tritte und Griffe *einer* Route genutzt
werden und nicht auf andere ausgewichen wird. Meist werden jedoch Verstöße
nicht mutwillig, sondern wegen muskulärer Ermüdung begangen und deswegen
nicht sanktioniert. So wird das Nutzen von Griffen aus anderen Routen, das
Festhalten am Seil und das Bewegen in einer anderen Route als Abbruch der
Wertung stillschweigend hingenommen. Eine absichtsvolle Täuschung von einer
unbeabsichtigten Ermüdung zu unterscheiden, gehört zur grundlegenden Beob-
achtungskompetenz, über die alle Szenegängerinnen und Szenegänger verfügen
müssen und dann auch intervenieren dürfen. Denn im permanenten Wettbewerb
gilt es ‚unlautere‘ Strategien der Vorteilsnahme auszuschalten.

---

[7]Als erfolgreicher „Durchstieg" wird die Begehung einer Route bezeichnet, die weder durch
Fallen noch durch unerlaubte Pausen unterbrochen wurde.

3.2 Bewegungsmuster – korporale und materiale Wertungsdimension

Menschen werden danach beurteilt, wie „gut" sie mit materialen Artefakten in der Kletterwand umgehen können. Abgeprüft wird hierbei, inwiefern sie die Griffe und Tritte als Vorgaben erkennen, „lesen" und das jeweilige Bewegungsproblem „lösen" können. Die von mir Befragten geben in Fremddarstellungen an, dass sie sogenannte „Anfängerinnen" und „Anfänger" rasch visuell und akustisch erkennen, da Letztere unbeholfen, ungeschickt, „verkrampft" und „grobmotorisch" klettern würden. Charakteristisch seien außerdem zu häufige Hand- und Fußwechsel an einem Griff oder Tritt, lautes an die Wand „Rumsen", Stöhnen, Ächzen oder Schreien. Interessanterweise sind in der Face-to-Face-Interaktion weniger kritisierende, sondern häufiger lobende Kommentare zu vernehmen. Anfängerinnen und Anfänger berichten häufig von Spaß an der Bewegung und der Herausforderung sowie von freundlichen, motivierenden Kommentaren anderer anwesender Menschen. Bei genauerer Betrachtung werden bereits Neulinge nach dem Leistungsprinzip sozialisiert, indem sie immer dann gelobt werden, wenn sie – je nach individueller Leistungsgrenze – eine schwierige Route durchstiegen sind oder zumindest den beschwerlichen Durchstieg versucht haben. Die hier dargelegte symptomatische Differenzierung nach Fehlern soll Kompetenzniedrigere ebenfalls dazu motivieren, ihr Können an sozial gesetzte Bewegungsnormen anzupassen. So werden Letztere vor allem danach beurteilt, inwiefern sie motiviert, engagiert und ambitioniert sind, um die als korrekt etikettierten Bewegungsmuster zu routinisieren, „Tipps" nicht als Option, sondern als Handlungsanweisung zu verstehen und sich neben der Bewegungskompetenz auch *Beobachtungs-* und *Wertungs*kompetenz anzueignen, um so letztendlich erfolgreiche (also anerkannte) Choreographien zu erkennen und diese autodidaktisch zu adaptieren.

In Fremd- und Selbstdarstellungen beschreiben die von mir Interviewten sogenannte „Fortgeschrittene" als versiert und feinfühlig, da diese „feinmotorisch", „leise" und am „langen Arm"[8] klettern würden, sich fließend bewegen und nicht verkrampfen, sondern „weich" greifen. Das Können wird meist anhand der Nutzung von Griffen gewertet. Manchen Griffen – wie sogenannten „Slopern" oder „Leisten" – wird besonders hohe Bedeutung beigemessen. Als „Sloper" (engl. Aufleger) werden „Plastikgriffe" oder Felsformationen bezeichnet, die eine große,

---

[8] Das Klettern am „langen" Arm wird oft mit dem kraftsparenden Tragen von Einkaufstaschen verglichen. Da die Muskulatur beim Klettern wie auch beim Tragen mit angewinkelten Armen rasch ermüdet, ist der „lange" Arm die effizientere und auch angesehenere Haltung.

mehr oder minder stark gewölbte Fläche aufweisen. Da ein Greifen hier unmöglich ist, muss die Kletternde über eine Körperschwerpunktverlagerung möglichst hohen Anpressdruck auf den „Sloper" ausüben und mit hohem Reibungswiderstand die Hand „auflegen". Als „Leiste" wird ein sehr schmaler Griff bezeichnet, der zwar eine Kante aufweist, auf dem jedoch nur die ersten Glieder, und zwar meist nur der drei längsten Finger, positioniert werden können. Da das Halten von „Slopern" wie auch das Greifen von „Leisten" die Fingergelenke, -bänder und -sehnen stark beansprucht, können Individuen diese meist erst nach mehreren Jahren des regelmäßigen Trainings versiert und verletzungsfrei nutzen. So korrespondiert die große Bedeutung der Griffe mit der Schwierigkeit, diese zu halten und den Körper daran zu positionieren. Aufgrund dessen dienen sie als *Marker* des mittleren bis hohen Könnens. Im Umkehrschluss können Individuen ihre Bewegungskompetenz kaum vorführen, wenn keine schwierig zu haltenden Griffe vorhanden sind. Diese Wertungslogik nach Kompetenzmarkern geht soweit, dass mitunter Narrationen über das Klettern in Routen mit „Slopern" oder „Leisten" genügen, um Bewegungskompetenz zu proklamieren.

Die Verortung von anderen im hohen Kompetenzniveau vollziehen die meisten meiner Befragten mit Verweis auf mediale Darstellungen von (inter)nationalen Wettbewerben an „Plastikwänden" (in Form von Livestreams und Zusammenfassungen der Wettkampfhighlights) oder von „Erstbegehungen" der weltweit schwierigsten Routen an Felswänden (in Form von textlichen und bildhaften Darstellungen in einschlägigen Klettermagazinen). Hierbei fällt auf, dass nur die Interviewees, die selbst in vergleichsweise hohen Schwierigkeitsgraden klettern können, die komplexen Bewegungsmuster der „Profis" ausführlicher beschreiben, z. B. bezüglich der eingesetzten Techniken und der verwendeten Griffe. Alle anderen Befragten betonen – sichtlich beeindruckt – stärker deren muskuläre Erscheinung und körperliche Belastbarkeit (vgl. hierzu ausführlich: Kirchner 2018b, S. 243–276). So zeigt sich spätestens in der Beschreibung anderer, dass offenbar mit steigender Bewegungskompetenz auch die Wertungskompetenz steigt.

3.3   Schwierigkeitsgrade – bezifferte Wertungsdimension

Die symptomatische Einteilung von Kletterrouten in den 1. bis in den 12. Schwierigkeitsgrad (aufsteigend) kann als wichtigste Objektivation des Feldes verstanden werden, über die Anforderungen vergleichbar werden (vgl. bereits Bucher 2000). Die scheinbar objektive Bewertung von Routen wird jedoch permanent diskutiert, und Routen werden mitunter in der Schwierigkeit herab- oder heraufgestuft.

Zu beachten ist außerdem, dass Schwierigkeitsgrade keine Zahlen im Sinne von quantitativen Werten sind, die sich zählen oder messen lassen, sondern Ziffern (vgl. zum Unterschied zwischen Zahlen und Ziffern: Heintz 2019, S. 64). Es sind Rangnummern, mit denen eine qualitative Wertung ausgedrückt wird: bezüglich Wandneigung, zu haltender Griffformen, zu überwindender Distanzen und des Routenverlaufes. Mit der Wertungsdimension ,Schwierigkeitsgrad' wird nicht nur eine übersichtliche – weil komprimierende, stark vereinfachende – Rangfolge der Routenanforderungen geschaffen. Darüber hinaus wird das kletternde Individuum mit dem jeweils erforderlichen Kenntnis- und Trainingsstand dazu in Beziehung gesetzt. Indem von einer Analogie zwischen der Routenanforderung und der Kletterbewegung ausgegangen wird, werden auch Individuen in ein Ordnungsformat überführt. Bei diesem Rating erfolgt zuerst eine Einzelbeurteilung der Bewegung bzw. der Lösung des Handlungsproblems und anschließend eine Relationierung über den Vergleich mit anderen (vgl. allgemein zu verschiedenen Ranglisten: Heintz 2019). Je höher der Schwierigkeitsgrad ist, den ein Individuum beherrscht, desto umfassender muss dessen Können und Wollen sein – so die Szenelogik.

Die Leistungsspanne für das niedrige Kompetenzniveau liegt zwischen dem 1. und dem 7. Schwierigkeitsgrad und ist damit sehr weit gefasst. Dabei hat die Dauer der Szenezugehörigkeit keinerlei Einfluss auf die soziale Position, sondern ausschließlich die Leistung wird gewertet. Da die meisten Hobbykletternden aufgrund von Zeit- und Trainingsmangel keine Routen über dem 7. Schwierigkeitsgrad klettern können, werden sie – anhand dieser Wertungsdimension – voraussichtlich immer dem niedrigen Kompetenzniveau zugewiesen.

Wenn Individuen Routen zwischen dem 8. und dem 10. Schwierigkeitsgrad klettern können, gelten sie als „Fortgeschrittene". Die alleinige Information, dass ein Individuum in diesen Graden klettern kann, genügt Anderen oftmals, um zu wissen (bzw. davon auszugehen), dass mehrere Jahre Szenezugehörigkeit dem aktuellen Können zugrunde liegen und sich das Individuum in dieser Zeit technisches Können, körperliche Fähigkeiten (wie diverse Kraftarten, Dehnbarkeit, Belastbarkeit) und einen umfangreichen Wissensbestand angeeignet hat, sodass es komplexe Bewegungsprobleme erkennen, adäquate Lösungsstrategien entwerfen und umsetzen kann. Dabei erhalten die körperlichen Fähigkeiten (im Sinne von Körperwissen[9]) mehr Anerkennung als ausschließlich theoretisch verfügbare

---

[9]Reiner Keller und Michael Meuser (2011) verstehen unter „Körperwissen" das Wissen *vom* Körper und das Wissen *des* Körpers. Unter Letzterem werden reflexartige Körperreaktionen gefasst wie das Verengen der Pupillen bei Lichteinfall oder das Abstützen der Hände beim Fallen. Auch das reflexartige Greifen, das beim Klettern genutzt wird, zählt zum Wissen *des* Körpers.

Wissensbestände. Die Wissensordnung ist damit klar auf den Körper ausgerichtet. Mit der Aussage „Jemand klettert im achten Grad" wird nicht nur darauf verwiesen, dass das Individuum bereits mindestens *eine* Route im erwähnten Grad geklettert ist und diese „Begehung" auch wiederholen kann, um Zufall oder Glück auszuschließen. Vielmehr noch werden damit dessen körperliche Fähigkeiten zunehmend dekontextualisiert und weitgehend mit denen anderer Individuen vergleichbar gemacht.

Individuen, die Routen zwischen dem 11. und 12. Schwierigkeitsgrad klettern können, gelten als „Profis" oder „Elite" und werden im hohen Kompetenzniveau verortet. Deren Fähigkeiten und Wissensbestände werden als ebenso selbstverständlich angesehen wie deren enormes Maß an Ambition, Motivation und Engagement. Aufgrund dessen wird Profikletterinnen und -kletterern ein hohes Maß an Anerkennung entgegengebracht. Außerdem werden ihnen umfangreiche Berechtigungen eingeräumt. Interessanterweise erfolgt die Statuspositionierung hierbei selten aufgrund von Beobachtungserfahrungen (also empirischen Gewissheiten), sondern infolge medialer Darstellungen. Der Glaube an die ‚Wahrheit' von Bildern und die vermeintliche Objektivität von Ziffern ist hier besonders groß.

3.4   Kongruenzen und Paradoxien der Wertung

Der Wissensbestand von Kletterinnen und Kletterern umfasst nicht nur die Kenntnis über persönliche Fähigkeiten, sondern auch über die von zahlreichen anderen Individuen. Dieses Wissen um die Leistung der Anderen kann als ein Indiz für das permanente Beobachten, Werten und Vergleichen gedeutet werden. Der Vergleich dient eigentlich dem autodidaktischen Lernen. Zuweilen gehen damit aber auch Wettbewerb und Selbstregulierung einher.

Routen werden mit einem Schwierigkeitsgrad versehen, um die komplexen Anforderungen mit einer einzigen Ziffer überschaubar und vergleichbar zu machen. Gleichzeitig werden Leistungsfortschritte, -stagnationen oder auch -rückschritte des kletternden Individuums bezifferbar gemacht. Der soziale Vergleich ist eigentlich nicht notwendig, geht aber mit der Ordinalskalierung der Materialität einher. Das kletternde Individuum – nach Zugehörigkeit strebend – übernimmt nicht nur soziale Gebrauchsweisen und anerkannte Bewegungsmuster, sondern auch die ‚Soziologik' der Wertung. So entsteht eine Rangfolge, die sozial auferlegt und *zugleich* selbst gewählt ist. Aus ‚qualitativen' Unterschieden im Bewegen werden letztendlich Ungleichheiten gemacht und mit der Position im sozialen Gefüge diverse Vor- oder Nachteile verknüpft. So wird die aufsteigende Schwierigkeitsskala zu einem sozialen Rating (vgl. allgemein zur sozialen Ordnung infolge von (Be)Wertungen: Helgesson und Muniesa 2013). Je schwieriger Individuen klettern können, desto mehr dürfen sie auch bei Bewegungsvollzügen Anderer kommentieren, motivieren oder gar intervenieren. Diese inoffiziellen Ranglisten verweisen auf das Handlungsproblem, das mit ihnen gelöst werden soll: die Komplexität von Materialität und Korporalität reduzieren und vergleichbar machen. Ranglisten dienen der Vergleichbarkeit bzw. der ‚Vergleichbarmachung'. Sie können Konkurrenz erzeugen, müssen sie aber nicht. Während zwar regelmäßig Vergleiche vorgenommen werden, verstehen nicht alle zu jeder Zeit die anderen als Konkurrentinnen und Konkurrenten.[10]

3.4.1 Sprachliche Feinjustierungen

Neben der Skalierung lassen sich insbesondere bei der Beurteilung des Kletterns im mittleren Kompetenzniveau außerdem sprachliche ‚Feinjustierungen' finden. Hat eine Kletternde beispielsweise den Durchstieg einer Route besonders schnell und scheinbar mühelos geschafft, dann ist der häufig zu vernehmende Kommentar „Die Route ist zu leicht für dich" weniger als Lob, sondern vielmehr als Aufforderung zu verstehen, demnächst schwierigere Routen (versuchen) zu klettern. Dezidiert degradierende Kommentare werden hingegen meist in Abwesenheit des betreffenden Individuums geäußert: „Der klettert Achter über Kraft" oder „Der klettert Achter armlastig" sind Beispiele hierfür. Derartige Sprüche implizieren, dass Derjenige zwar Routen im mittleren Schwierigkeitsbereich klettern kann, jedoch dabei zu viel Kraft (und damit zu wenig Technik) einsetzt. Laut zugespitzter Fremddarstellungen ziehen sich „armlastig" oder „kraftlastig" Kletternde die Routen hinauf und setzen dabei kaum die Beine ein. So wird deutlich, dass keine Gleichwertigkeit zwischen „kraftlastigem" und „technischem" Bewegungsmuster besteht, sondern eine klare Hierarchisierung zugunsten des Letzteren stattfindet. Obwohl kletterrelevante Muskelkraft langwierig aufgebaut werden muss, gilt diese kaum als lobenswert. Ein technisches Verständnis von Körperschwerpunktverlagerungen, Reibungswiderständen und Hebelgesetzen wird hingegen besonders wertgeschätzt. Denn ebenjenes Wissen gilt als komplexer in der Aneignung wie auch im Einsatz. Wertungsparadoxien liegen ebenfalls vor, wenn ein Individuum – anhand der Schwierigkeitsskala – zwar ‚lediglich' im 7. Grad klettert, aber ein technisch versiertes Bewegungsmuster aufweist, das als typisch für das mittlere Kompetenzniveau gilt. Diese Paradoxien können auch als

---

[10]Offizielle Ranglisten existieren im Feld des Kletterns ausschließlich in den höchsten Schwierigkeitsgraden. Da ich in den nunmehr zehn Jahren meiner Feldteilhabe keine grundsätzliche Relevanz der Weltbesten für das je individuelle Tun feststellen konnte, verzichte ich auf eine Betrachtung dieser gesonderten Form der Wertung.

Versuche gelesen werden, trotz komplexitätsreduzierender, vermeintlich objektivierender Bezifferung von Schwierigkeits- und Leistungsniveaus Feinjustierungen vorzunehmen. Trotz der nachweisbaren Widersprüchlichkeiten werden die Wertungsdimensionen ‚Schwierigkeitsgrad' und ‚Bewegungsmuster' als weitgehend zueinander kongruent verstanden. So wird das Klettern in niedrigen Graden als logische Konsequenz eines ‚fehlerhaften' Bewegungsmusters verstanden und das Klettern in höheren Graden wiederum als Beweis für umfangreiches Können (und die Absenz von Anfängerfehlern).

3.4.2 Materiale Feinjustierungen

Die Schwierigkeitsgrade gelten für Routen an „Plastikwänden" wie auch an Felswänden. Dennoch wird das Felsklettern im Allgemeinen mehr wertgeschätzt. Für die szeneinterne Anerkennung genügt es dann oftmals, wenn Menschen davon berichten an Felswänden geklettert zu sein. Dabei werden weder detailgetreue Bewegungsbeschreibungen noch Angaben zu den „begangenen" Schwierigkeitsgraden eingefordert. Während in Gesprächen der Kompetenzmarker ‚Felsroute' bereits ausreicht, um Anerkennung zu proklamieren, wird beim Marker ‚Plastikroute' der Verweis auf einen möglichst hohen Schwierigkeitsgrad zusätzlich erwartet. Bei Narrationen zum Felsklettern wird nicht abgefragt, wie viele Routen geklettert worden sind und wie versiert der Durchstieg wirkte. Ebenso wenig relevant ist, dass Individuen, die sich selbst als „Felskletternde" bezeichnen, auch regelmäßig „Plastikrouten" klettern *müssen,* um Bewegungs- und Sicherungsabläufe zu routinisieren. So können mit dem Verweis auf das Felsklettern die Wertungsdimensionen Schwierigkeitsgrad und Bewegungsmuster gewissermaßen ‚übertrumpft' werden.

3.4.3 Geschlechtlich konnotierte Feinjustierungen

Insbesondere auf dem niedrigen Kompetenzniveau werden Menschen oftmals auch nach Geschlechtlichkeit differenziert. Ob intendiert oder nicht, geschlechtliche Differenzierungen werden niemals neutral vollzogen, sondern haben stets einen abwertenden oder anerkennenden Effekt auf das zugeschriebene Können und Wollen. Da von binären Geschlechterkategorien ausgegangen wird, werden Kletterer und Kletterinnen zunächst als je exklusive Akteurstypen verstanden. Bezüglich des Könnens werden sie in jeweils homogene vergeschlechtlichende Bewegungsmuster differenziert (a). Spannenderweise wird das maskulin konnotierte Bewegungsmuster eher abgewertet, indem es als wenig ästhetisch, handwerklich pragmatisch und für andere Anwesende mitunter akustisch störend charakterisiert wird. Hingegen das feminin konnotierte Bewegungsmuster erfährt über die Charakterisierung als virtuos, filigran und „technisch" eine deutliche Aufwertung. Geschlechtszugehörigkeit wird hierbei als Weil-Motiv verstanden und damit das Handeln biologistisch begründet: z. B. *weil* das Individuum ein Mann ist, führt es ein maskulines Bewegungsmuster vor.

Wird das Handeln von Menschen als ein sozusagen vehementes Gender Display gedeutet, dann wird der Fokus vordergründig auf deren Wollen gelegt, und zwar mit degradierendem Effekt (b). Zwar kann der Vorwurf des unangemessenen Gender Displays grundsätzlich Frauen wie Männern ausgesprochen werden, allerdings müssen Erstere weitaus häufiger Doppelstandards gerecht werden. Wenn Kletterinnen z. B. ‚zu' muskulös sind, gelten sie als unweiblich oder gar unmenschlich. Bei genauerer Betrachtung gerät in ebenjenen Zuschreibungen die Wertung des Bewegens in den Hintergrund, zuweilen gänzlich außer Acht. Bei einer derart vordergründigen Geschlechterattribuierung durch Andere ist es irrelevant, ob Kletternde selbst überhaupt solch eine vehemente Geschlechterdarstellung intendieren. Denn hier werden Männlichkeit und Weiblichkeit als Um-zu-Motive verstanden: z. B. *um* als (potentielle) Beziehungspartnerin gedeutet zu werden, stellt sich ein Individuum als attraktiv weiblich dar, so die Unterstellung. Paradoxerweise erhalten Frauen, die aus dem ‚Attraktivitätsraster' der heteronormativen Logik herausfallen, ebenso wenig Anerkennung und Berechtigung wie diejenigen, die diesem in besonderem Maße entsprechen.

Trotz einiger Analogien zur Konstruktion von Geschlechterverhältnissen in anderen gesellschaftlichen Teilbereichen fällt in der Sportkletterszene auf, dass die vergeschlechtlichende Differenzierung und Degradierung nur dann *vordergründig* werden, wenn Handlungsweisen als Paarfindungsprozesse gedeutet werden und damit die Kletterambition infrage gestellt ist. Diese Rahmung ist jedoch vergleichsweise selten, da sich Kletterinnen wie Kletterer weitaus häufiger auf ihre Bewegungskompetenz konzentrieren. Bezüglich des Könnens stellen sie mit steigender Bewegungskompetenz eher die Kooperationsnotwendigkeit in den Vordergrund und sind davon überzeugt, dass Geschlechterdifferenzierungen im Sportklettern *eigentlich* unnötig und unangebracht seien. Diese Erkenntnis jedoch in der sozialen Interaktion – d. h. unter Handlungsdruck – zu berücksichtigen, ist scheinbar schwieriger umzusetzen als narrativ zu proklamieren. So thematisiert z. B. ein von mir interviewter Kletterer, dass er mitunter verkrampft und verzweifelt eine Leistungssteigerung nur deswegen angestrebt hatte, um besser als seine Partnerin zu werden. Hier deutet sich also ein Abweichen vom gesellschaftlichen Modell der Geschlechterbinarität mindestens insofern an, dass beim Sportklettern Männer und Frauen eben nicht als unvergleichbar gelten.

4   Wertende, Wertungsstrategien und Effekte der Wertung

Um die Komplexität der sozialen Wirklichkeit zu reduzieren, scheint es unerlässlich, die Vielzahl von Individuen in eine soziale Ordnung zu bringen. In diesem Zusammenhang sind grundsätzlich alle Individuen dazu legitimiert, die Bewegungen von Anderen zu beobachten und zu werten. Strenggenommen *muss* jedes Individuum dies tun, da es erst nach einer Wertung und anschließenden Differenzierung nach Akteurstypen handlungsfähig wird. Andernfalls weiß es nicht, mit wem es zu tun hat und was wem gegenüber getan werden darf oder muss (vgl. zur Rahmung von sozialen Situationen: Goffman 1980; zur soziologischen Weiterentwicklung: Hitzler 2015b). Allerdings darf nicht jedes Individuum das Bewegen der Anderen *offenkundig* bewerten. In Abhängigkeit vom individuellen Kompetenzniveau sind die anderen in Abgleich dazu besser, schlechter oder gleich. Vor allem die Besseren und Schlechteren werden in der Interaktion relevant gemacht. Von den Besseren kann das Individuum Bewegungsmuster adaptieren, darf jedoch keine „Tipps" geben und kaum Lob äußern. Von den Schlechteren kann das Individuum zwar kaum etwas lernen, darf hier jedoch „Tipps" anbringen und damit auf die Statusdifferenz aufmerksam machen. Während also grundsätzlich alle Kletterinnen und Kletterer das eigene wie auch das ‚fremde' Bewegen[11] dem Vergleich unterziehen dürfen, sind jedoch nicht alle gleichermaßen zur *Wertschätzung*, d. h. zum Lob oder zur Degradierung, legitimiert. Wie bereits dargelegt, wird die symptomatische Differenzierung eben nicht über quantitative Werte und Messungen vorgenommen, sondern über qualitative Meinungen (vgl. allgemein: Heintz 2019, S. 65 f.; auch Lamont 2012; Vatin 2013). Diese „connoisseurial reviews" sind hinsichtlich mehrerer Aspekte spannend: Erstens wird mit connoisseurial reviews die soziale Norm der Effektivität, Effizienz und Ästhetik reproduziert, indem das kletternde Individuum zur Einhaltung der Norm bzw. zur Verbesserung entlang der Norm ermahnt wird. Zweitens können Menschen mit dem Äußern von connoisseurial reviews eine gewisse Kennerschaft – also eine Beurteilungskompetenz – proklamieren. Sie müssen dafür über Wissen bezüglich des Beobachtens, Wertens und Vergleichens verfügen wie auch über semantische Feinheiten. Drittens ist zur Wertung nur Jemand legitimiert,

---

[11] Das ‚fremde' Bewegen ist nicht zwingend fremdartig. Hiermit möchte ich lediglich auf die Differenz zwischen je eigenem Tun und dem Tun von anderen Menschen hinweisen. Während das Individuum das eigene Tun auch erleben kann, kann es das ‚fremde' Tun lediglich (mittels visueller und akustischer Wahrnehmung und in Gesprächen) erfahren, nicht aber leiblich spüren.

der selbst die geforderten Bewegungsmuster vorführen kann. Wertungskompetenz korreliert demnach mit Bewegungskompetenz. Nichtlegitimierte Wertende ‚enttarnen‘ sich spätestens beim Vorführen von Bewegungsfehlern. Die darauffolgenden Interaktionsformen hängen vom Ausmaß der Statusdifferenz und von der Vehemenz der Statusbehauptung ab. Lob und Begeisterung von Kompetenzniedrigeren werden freundlich toleriert, deren „Tipps" werden großzügig ignoriert, aber zuweilen auch mit Amüsement sanktioniert (vgl. allgemein zur Interaktion bei Rahmungsirrtümern: Goffman 1980, S. 338–351, 481–496).

5   Fazit

Menschen finden sich in der Sportkletterszene zusammen, um zu klettern und darüber mit ‚Gleichgesinnten‘ zu sprechen. Infolge des geringen Formalisierungsgrades sind Menschen gewissermaßen gezwungen, sich Fähigkeiten und Wissensbestände autodidaktisch anzueignen. Dieser fortwährende Aneignungsprozess fußt auf dem steten Beobachten, Werten und Vergleichen der anderen. Um die Komplexität der Anforderungen zu reduzieren, werden Routen mittels ordinaler Schwierigkeitsskala in eine Rangordnung überführt. Der Glaube an die vermeintlich objektive Zahlenförmigkeit wird mitunter auch auf das kletternde Individuum übertragen. Denn – so die Logik – wer schwierigere Routen klettern kann, verfügt offenbar über mehr Fähigkeiten und macht weniger Fehler.

Die Wertung der Fähigkeiten geht jedoch über das meritokratische Prinzip hinaus. So wird deutlich, dass nicht immer der höhere Schwierigkeitsgrad besser ist, Männer nicht mehr als Frauen können und das vergleichsweise seltene Klettern am Fels mehr Anerkennung erfährt als das regelmäßige in der Halle. Im Rahmen der geschlechtlich konnotierten Wertungen wird die gesellschaftliche Idee der vermeintlichen Unvergleichbarkeit von Frauen- und Männerkörpern bzw. -leistungen insofern suspendiert, als die feminisierende Konnotation des Könnens eine besondere Anerkennung ist. Allerdings werden – zumindest rhetorisch – Geschlechterdifferenzen mit steigenden Kompetenzniveaus zunehmend nivelliert.

Resümierend betrachtet, zielt die Differenzierungslogik in der Sportkletterszene eigentlich darauf ab, verschiedene Anforderungen und Problemlösungsstrategien miteinander zu vergleichen. Auf vielfältige Weise werden zudem Feinheiten, Paradoxien und Ausnahmen in der Wertung deutlich gemacht. Dennoch schafft die von anderen auferlegte und – wegen des Strebens nach Zugehörigkeit – auch selbst gewählte Differenzierung nicht nur soziale sondern auch hierarchische Ordnung, in der Menschen nicht (mehr) gleichwertig sind. Kompetenzhöheren werden umfangreiche Interaktionsoptionen gewährt, während sie Kompetenzniedrigeren weitgehend verwehrt bleiben. Erstere gelten zudem als Vergleichsfolie und Ansporn für das je individuelle Bewegen, woraus auch individuelle Selbstregulierungen resultieren. Die Kompetenzordnung geht soweit, dass Menschen mit mehr Bewegungskompetenz auch mehr Beobachtungs- und Wertungskompetenz zugeschrieben wird. Pointiert formuliert: Wer sich kompetenter bewegen kann, der kann, will und darf auch das Bewegen der anderen beurteilen.

Mit dem vorliegenden Beitrag habe ich exemplarisch am Sportklettern zu zeigen versucht, dass Statusarbeit in Szenen nicht die bloße Teilhabeoption, sondern auch die Teilhabeposition umfasst. Bewegungskompetenz muss anderen Szenegängerinnen und Szenegängern glaubhaft mittels effektiver, effizienter und ästhetischer Bewegungsmuster in möglichst schwierigen Routen vorgeführt werden, kann aber auch rhetorisch – mit Verweis auf Kompetenzmarker oder über das Werten der Anderen – proklamiert werden. Dabei wird deutlich, dass sowohl die Bewegungs- als auch die Wertungskompetenz individuelle Selbstwirksamkeit *und* soziale Zuschreibungen beinhalten. So geht nicht nur dem Erwerben, sondern auch dem Erkennen von Bewegungskompetenz ein langwieriger Sozialisationsprozess voraus.

Literatur

Achey, J., Chelton, D., & Godfrey, B. (2002). *Climb! The history of rock climbing in Colorado.* Seattle, WA: The Mountaineers Book.

Alkemeyer, T., Brümmer, K., Kodalle, R., & Pille, T. (2009). Einleitung: Zur Emergenz von Ordnungen in sozialen Praktiken. In T. Alkemeyer, K. Brümmer, K. Kodalle, & T. Pille (Hrsg.), *Ordnung in Bewegung. Choreographien des Sozialen. Körper in Sport, Tanz, Arbeit und Bildung* (S. 7–19). Bielefeld: transcript.

Bähr, I. (2003). Klettern „Frauen" anders als „Männer"? Eine empirische Studie zur Geschlechtstypik des Bewegungshandelns. *Deutsche Vereinigung Für Sportwissenschaft DVS-Informationen 18*(4), 18.

Berger, P. L., & Luckmann, T. (2012). *Die gesellschaftliche Konstruktion der Wirklichkeit. Eine Theorie der Wissenssoziologie.* 24. Aufl., Frankfurt a. M.: Fischer.

Böhle, F., & Weihrich, M. (Hrsg.) (2010). *Die Körperlichkeit sozialen Handelns.* Bielefeld: transcript.

Bogardus, L. (2012). The Bolt wars: A social worlds perspective on rock climbing and intragroup conflict. *Journal of Contemporary Ethnography 41*(3), 283–308.

Bucher, T. (2000). *Die Härte. Sportkletterer und die Schwierigkeitsskala.* Neuried: ars una.

Chisholm, D. (2008). Climbing like a girl: An exemplary adventure in feminist phenomenology. *Hypatia 23*(1), 9–40.

Connell, R. (2009). *Gender in World Perspective.* (2. Aufl.). Cambridge & Malden: Polity Press.

Dilley, R. E., & Scraton, S. J. (2010). Women, climbing and serious leisure. *Leisure Studies* *29*(2), 125–141.

Donnelly, P. (2003). The great divide: Sport climbing vs. adventure climbing. In R. E. Rinehart, & S. Sydnor (Hrsg.), *To the extreme. Alternative sports, inside and out* (S. 291–304). Albany: State University of New York Press.

Drastig, J., & Küpper, T. (2014). Gibt es geschlechtsspezifische Verletzungsmuster beim Sportklettern? *Deutsche Zeitschrift für Sportmedizin 65*(3), 66–71.

Eisewicht, P. (2015). *Die Kunst des Reklamierens. Beitrag zum Verständnis von Konsum als Handlungsproblem.* Wiesbaden: Springer VS.

Erickson, B. (2003). The colonial climbs of Mount Trudeau: Thinking masculinity through the homosocial. *Topia - Canadian Journal of Cultural Studies 9*, 67–82.

Ewald, U. (2013). *Gefährdungen beim Hallenklettern – soziologisch betrachtet.* Berlin: wvb.

Fuller, S. (2003). Creating and contesting boundaries: Exploring the dynamics of conflict and classification. *Sociological Forum 18*(1), 3–30.

Gildemeister, R., & Wetterer, A. (1992). Wie Geschlechter gemacht werden. Die soziale Konstruktion der Zweigeschlechtlichkeit und ihre Reifizierung in der Frauenforschung. In G. A. Knapp & A. Wetterer (Hrsg.), *Traditionen Brüche. Entwicklungen feministischer Theorie* (S. 201–254). Freiburg i. Br.: Kore.

Goffman, E. (1980). *Rahmenanalyse. Ein Versuch über die Organisation von Alltagserfahrungen.* Frankfurt a. M.: Suhrkamp.

Hagemann-White, C. (1993). Die Konstrukteure des Geschlechts auf frischer Tat ertappen? Methodische Konsequenzen einer theoretischen Einsicht. *Feministische Studien 2*(11), 68–78.

Heintz, B. (2019). Vom Komparativ zum Superlativ. Eine kleine Soziologie der Rangliste. In S. Nicolae, M. Endreß, O. Berli, & D. Bischur (Hrsg.), *(Be)Werten. Beiträge zur sozialen Konstruktion von Wertigkeit* (S. 45–79). Wiesbaden: Springer VS.

Heintz, B. (2016). Wir leben im Zeitalter der Vergleichung. Perspektiven einer Soziologie des Vergleichs. *Zeitschrift für Soziologie 45*(5), 305–323.

Heintz, B. (2010). Numerische Differenz. Überlegungen zu einer Soziologie des (quantitativen) Vergleichs. *Zeitschrift für Soziologie 39*(3), 162–181.

Helgesson, C. F., & Muniesa, F. (2013). For what it's worth: an introduction to valuation studies. *Valuation Studies 1*(1), 1–10.

Hirschauer, S. (2001). Das Vergessen des Geschlechts. Zur Praxeologie einer Kategorie sozialer Ordnung. In B. Heintz (Hrsg.), Geschlechtersoziologie. *Kölner Zeitschrift für Soziologie und Sozialpsychologie, Sonderheft 41,* 208–235.

Hitzler, R. (Hrsg.). (2015a). *Hermeneutik als Lebenspraxis. Ein Vorschlag von Hans-Georg Soeffner.* Weinheim & Basel: Beltz Juventa.

Hitzler, R. (2015b). Auf den Spuren des Goffmenschen. Zur Interpretation interaktiver Strategien. In R. Hitzler (Hrsg.), *Hermeneutik als Lebenspraxis. Ein Vorschlag von Hans-Georg Soeffner* (S. 51–66). Weinheim & Basel: Beltz Juventa.

Hitzler, R., & Eisewicht, P. (2016). *Lebensweltanalytische Ethnographie – im Anschluss an Anne Honer.* Weinheim & Basel: Beltz Juventa.

Hitzler, R., & Niederbacher, A. (2010). *Leben in Szenen. Formen juveniler Vergemeinschaftung heute.* 3., vollständig überarbeitete Aufl. Wiesbaden: VS.

Honer, A. (1989). Einige Probleme lebensweltlicher Ethnographie. Zur Methodologie und Methodik einer interpretativen Sozialforschung. *Zeitschrift für Soziologie 18*(4), 297–312.

Hungerbühler, A. (2013). *Könige der Alpen. Zur Kultur des Bergführerberufs.* Bielefeld: transcript.

Iteanu, A. (2013). Two conceptions of value. *HAU: Journal of Ethnographic Theory 3*(1), 155–171.

Kalthoff, H., Cress, T., & Röhl, T. (2016). Einleitung: Materialität in Kultur und Gesellschaft. In H. Kalthoff, T. Cress, & T.Röhl (Hrsg.), *Materialität – Herausforderungen für die Sozial- und Kulturwissenschaften* (S. 11–41). Paderborn: Fink.

Keller, R., & Meuser, M. (2011). Wissen des Körpers – Wissen vom Körper. Körper- und wissenssoziologische Erkundungen. In R. Keller, & M. Meuser (Hrsg.), *Körperwissen* (S. 9–27). Wiesbaden: VS.

Kiewa, J. (2001). Stepping around things: Gender relationships in climbing. *Australian Journal of Outdoor Education 5*(2), 4–12.

Kirchner, B. (2018a). Kompetentes Leibsein und Körperhaben im Sportklettern. In A. Poferl & M. Pfadenhauer (Hrsg.), *Wissensrelationen: Beiträge und Debatten zum 2. Sektionskongress der Wissenssoziologie* (S. 785–795). Weinheim: Beltz Juventa.

Kirchner, B. (2018b). *Bewegungskompetenz. Sportklettern zwischen (geschlechtlichem) Können, Wollen und Dürfen.* Wiesbaden: Springer VS.

Kirchner, B. (2019a). Materiale Artefakte als Kompetenzmarker. Zur Bedeutung des Felsens, des Schwierigkeitsgrades und der Route im Sportklettern. In T. Böder, P. Eisewicht, G. Mey, & N. Pfaff (Hrsg.), *Stilbildungen und Zugehörigkeit. Medialität und Materialität in Jugendszenen* (S. 165–181). Wiesbaden: Springer VS.

Kirchner, B. (2019b). Geschlechtliche und geschlechtslose Bewegungskompetenz im Sportklettern – eine Akteurstypologie. In N. Burzan & R. Hitzler (Hrsg.), *Typologische Konstruktionen und kategoriale Klassifikationen* (S. 113–127). Wiesbaden: Springer VS.

Knoblauch, H. (2010). Von der Kompetenz zur Performanz. In T. Kurtz & M. Pfadenhauer (Hrsg.), *Soziologie der Kompetenz* (S. 237–257). Wiesbaden: Springer VS.

Kotthoff, H. (2002). Was heißt eigentlich „doing gender"? Zu Interaktion und Geschlecht. In J. Van Leeuwen-Turnovcov, U. Doleschal, & F. Schindler (Hrsg.), *Wiener Slawistischer Almanach, Sonderband 55: Gender-Forschung in der Slawistik,* 1–27.

Lamont, M. (2012). Toward a comparative sociology of valuation and evaluation. *Annual Review of Sociology 38*(1), 201–221.

Lindemann, G. (2005). Die Verkörperung des Sozialen. Theoriekonstruktionen und empirische Forschungsperspektiven. In M. Schroer (Hrsg.), *Soziologie des Körpers* (S. 114–138). Frankfurt a. M.: Suhrkamp.

Lorber, J., & Farell, S.A. (Hrsg.). (1991). *The social construction of gender.* Newbury Park, London & New Delhi: Sage.

Luckmann, T. (1992). *Theorie des sozialen Handelns.* Berlin & New York: de Gruyter.

Maihofer, A. (2004). Geschlecht als soziale Konstruktion – eine Zwischenbetrachtung. In U. Helduser, D. Marx, T. Paulitz, & K. Pühl (Hrsg.), *under construction? Konstruktivistische Perspektiven in feministischer Theorie und Forschungspraxis* (S. 33–43). Frankfurt a. M. & New York: Campus.

Mellor, D. (2001). *American rock: Region, rock and culture in American climbing.* Woodstock: Countryman Press.

Meuser, M. (2010). *Geschlecht und Männlichkeit. Soziologische Theorie und kulturelle Deutungsmuster.* 3. Aufl., Wiesbaden: VS.

Pfadenhauer, M., & Eisewicht, P. (2015). Kompetenzerwerb in Jugendszenen. Überlegungen zum Aufschwung eines Themas und seiner Konzeptualisierung. In S. Sandring, W. Helsper, & H. H. Krüger (Hrsg.), *Jugend. Theoriediskurse und Forschungsfelder* (S. 289–310). Wiesbaden: Springer VS.

Preda, A. (2000). Order with things? Humans, artifacts, and the sociological problem of rule-following. *Journal for the Theory of Social Behaviour 30*(3), 269–298.

Rickly-Boyd, J. M. (2012). Lifestyle climbing: Toward existential authenticity. *Journal of Sport & Tourism 17*(2), 85–104.

Robinson, V. (2008). *Everyday masculinities and extreme sport. Male identity and rock climbing.* Oxford & New York: Berg.

Schütz, A., & Luckmann, T. (2003). *Strukturen der Lebenswelt.* Konstanz: UVK.

Soeffner, H. G. (2004). *Auslegung des Alltags – Der Alltag der Auslegung. Zur wissenssoziologischen Konzeption einer sozialwissenschaftlichen Hermeneutik. 2, durchgesehene undergänzte Auflage.* Konstanz: UVK.

Vatin, F. (2013). Valuation as evaluating and valorizing. *Valuation Studies 1*(1), 31–50.

West, C., & Zimmerman, D. H. (1987). Doing gender. *Gender & Society 1*(2), 125–151.

Young, I., (1980). Throwing like a girl. A phenomenology of feminine body comportment motility and spatiality. *Human Studies 3*(2), 137–156.

(Be)Wertungen sportlichen Talents – Praktiken und ihre Zusammenhänge

Alexandra Janetzko

1   Einleitung

Der Leistungssport stellt bis heute eines der gesellschaftlichen Felder dar, in dem Bewertungen wenig hinterfragt werden, da einer geläufigen Meinung zufolge basierend auf dem Prinzip formaler Chancengleichheit Leistungsunterschiede körperlich sichtbar und für jeden nachvollziehbar gemacht würden (vgl. bspw. Körner 2012, S. 80). Weil allein Leistung im Wettkampf über Sieg und Niederlage entscheide, scheint der Spitzensport ein Bereich mit einer „sonst nirgends auch nur annähernd erreichte[n] Objektivität" (Krockow 1974, S. 95) zu sein. Die Fokussierung auf Leistungsunterschiede im öffentlichen Wettkampf blendet jedoch die im Vorfeld stattfindenden Bewertungspraktiken wie Talentsichtungen aus, die oftmals allererst über die Möglichkeit einer Teilnahme an Wettkämpfen entscheiden.

In Talentsichtungen versuchen Bundestrainer*innen anhand ihrer eigenen Eindrücke und mit Hilfe verschiedener – teils aus der Sportwissenschaft stammender – Diagnoseinstrumente Prognosen über potenzielle Leistungen zu erstellen. Wie der Sportphilosoph Gebauer bereits 1972 (S. 186) herausgearbeitet hat, beziehen sich Aussagen über Leistungen dabei immer auf soziale Standards, also gesellschaftlich festgelegte Normen, und „gemessen wird nicht die ‚Leistung' selbst, sondern die Kriterien für ‚Leistung'", die letztendlich nicht objektiv, sondern objektiviert sind und ein System von sozialen Bewertungsstandards bilden (Gebauer 1972, S. 186). Im Talentkontext leiten sich die Bewertungsstandards zumeist von dem jeweiligen Talentverständnis ab, welches jedoch innerhalb

A. Janetzko (✉)
Carl von Ossietzky Universität, Oldenburg, Deutschland
E-Mail: alexandra.janetzko@uol.de

O. Berli et al. (Hrsg.), *Bewertungskulturen*, Soziologie des Wertens und Bewertens,
https://doi.org/10.1007/978-3-658-33409-3_7

der Sportwissenschaft zahlreiche Unterschiede aufweist. Diese beziehen sich unter anderem auf die vermeintlichen Talentmerkmale wie auch ihr Vorliegen qua Geburt oder Training, so dass Talent in der Sportwissenschaft sehr unterschiedlich konstruiert wird (Janetzko 2018).[1] Hingegen scheint der Begriff in der Sportpraxis wenig (er-)klärungsbedürftig, weswegen (sport-)wissenschaftliche Bemühungen Talent zu definieren aus der Praxis kritisiert werden. So kommentiert ein kanadischer Profitrainer einen wissenschaftlichen Beitrag zum Thema Talent folgendermaßen: „My first reaction reading this chapter was one of frustration: another academic piece that spends numerous pages discussing the definition of talent" (Keogh 2013, S. 41). Die Wichtigkeit der Begriffsklärung ergibt sich für Wissenschaftler*innen aus der engen Verzahnung von *Forschung* zu vermeintlichen Talentmerkmalen, daraus resultierenden *Bewertungsverfahren* und der Frage nach der Ausrichtung der *Förderung* (Böker und Kenneth 2018; Janetzko 2021). Je nach Talentkonstrukt werden unterschiedliche Prüfungen und Testinstrumente zur Bewertung der vermeintlichen Talentmerkmale eingesetzt und basierend auf den Ergebnissen Selektionen für Förderprogramme wie beispielsweise Bundeskader vorgenommen. In den verschiedenen Disziplinen innerhalb der Sportwissenschaft lassen sich unterschiedliche Schwerpunkte finden – sowohl im Hinblick auf die Talentmerkmale wie auch die Bewertungsverfahren: So kommen in den Bewegungswissenschaften zumeist Messungen und standardisierte Verfahren zum Einsatz, um beispielsweise anatomische Gegebenheiten zu erfassen; sportmedizinische Untersuchungen konzentrieren sich auf medizinische Tests, etwa zur Überprüfung von vermeintlichen Talentgenen; und in sportpsychologischen Verfahren wird versucht, mit Hilfe von standardisierten Fragebögen oder unter Laborbedingungen zum Beispiel die taktische Kompetenz zu bewerten. (vgl. bspw. Breitbach 2011; Güllich 2013) Diese unterschiedlichen Verfahren vereint die implizite Annahme, dass Talent oder einzelne Talentmerkmale sich unabhängig von der konkreten Sportpraxis in isolierten Bewertungssituation – in Laboren und/oder unter Zuhilfenahme von standardisierten Tests und Befragungen – zeigen und objektiv bewerten ließe(n).

Sportpraktiker*innen stehen solchen standardisierten Bewertungsverfahren oftmals kritisch gegenüber, da sie an der Sportpraxis vorbei ‚designet' wären:

> „Das Dilemma der bundesdeutschen Talentforschung besteht nicht in einem Mangel an Analysen und theoriegeleiteten Berechnungsaufwänden, sondern darin, dass die

---

[1]Gleiches lässt sich für den erziehungswissenschaftlichen Talentdiskurs feststellen (Hoyer et al. 2013, S. 7).

behaupteten Fakten mit der sportbezogenen Realität – da nämlich, wo der Sport statt-findet und bezogen auf die Menschen, die ihn betreiben – nicht konfrontiert und an ihr evaluiert werden." (Joch 2011, S. 18)

Die „sportbezogene Realität" und die sich darin vollziehenden Bewertungen stellen bisher ein Forschungsdesiderat dar, an dem ich im Folgenden aus einer praxistheoretischen Perspektive ansetze. Ich beziehe mich auf Bundeskadersich-tungen in den Sportarten Langsprint und lateinamerikanische Tänze. Die Auswahl der Sportarten erfolgte zum einen nach dem Prinzip der größtmöglichen Kon-trastierung.[2] Zum anderen galt es, Bundestrainer*innen zu finden, die mir über mehrere Jahre Zugang zu den Sichtungspraktiken gewährten.[3] Zielsetzung ist es, mit Hilfe eines praxeografischen[4] Ansatzes die konkreten Sichtungsprakti-ken und die sich darin entfaltenden (Be)Wertungen zu untersuchen. Hierbei geht es mir ausdrücklich nicht um die Frage, ob die Trainer*innen mit ihrem Vor-gehen in der Lage sind, Talent zu erfassen. Vielmehr interessiere ich mich für die impliziten (Be)Wertungslogiken, nach denen sie sichten. In Anlehnung an Krüger und Reinhart (2016) unterscheide ich bei (Be)Wertungen zwischen dem Prozess des *Wertens* – einer Inwertsetzung von beispielsweise Objekten, Perso-nen, Merkmalen oder Eigenschaften – und einem darauf aufbauenden *Bewerten* – einer Wertabwägung im unmittelbaren Vergleich: „Durch das Werten nämlich werden zunächst Kategorien etabliert, mithilfe derer dann die Güte von Objek-ten, Praktiken und Personen abgewogen und mittels unterschiedlichster Skalen als im weitesten Sinne gut oder schlecht bzw. besser oder schlechter bewertet, klassifiziert und beurteilt werden können" (Krüger und Reinhart 2016, S. 493). Dementsprechend ist die Wertzuschreibung Voraussetzung für die Bewertung, so dass Werten und Bewerten prozessual ineinander verschränkt sind (Krüger und Reinhart 2016, S. 494).

---

[2]Diese ergibt sich zunächst aus der Verortung der Sportarten: Während der Langsprint den Individualsportarten zugeteilt wird, gehört der Paartanz zu den ästhetischen Sportarten, so dass nicht das Ergebnis, also die erlaufene Zeit, sondern die Performance im Vordergrund steht. Zudem zählt im Langsprint die Leistung des*der einzelnen Läufers*in, während in den lateinamerikanischen Tänzen das Paar gemeinsam bewertet wird.

[3]An dieser Stelle möchte ich mich bei den Teilnehmenden der Sichtungspraktiken für den Zugang zum Feld und die mir gewährten Einblicke bedanken.

[4]In Anlehnung an die Methode der Ethnografie schlägt Schmidt (2012, S. 49) den Begriff der Praxeografie vor. Damit soll verdeutlicht werden, dass die unterschiedlichen Teilnehmenden der Praktiken im Vordergrund stehen und Gruppierungen nicht mehr basierend auf kulturellen und ethnischen Unterschieden gefasst werden.

Basierend auf der Annahme, dass jede Empirie ausschließlich mittels eines theoretisch fundierten und justierten Blicks erkenntnisreich ist, habe ich die Sichtungspraktiken mit einer praxistheoretischen Analyseoptik untersucht, auf die ich im zweiten Abschnitt näher eingehe. Im Anschluss skizziere ich kurz mein methodisches Vorgehen (3), welches sich aus den Theoriebausteinen ableitet, bevor ich meine empirischen Beispiele (4 & 5) darstelle. In diesen konzentriere ich mich auf die Zusammenhänge von Sichtungs-, Trainings- und Wettkampfpraktiken, welche sich in den (Be)Wertungen von Talent zeigen. Von den Bewertungen im Sportkontext abstrahierend, fasse ich im abschließenden Fazit (6) den Mehrwert von praxeografischen Analysen für eine Soziologie des Bewertens zusammen.

2   Praxistheoretische Analyseoptik

Die Grundlage meiner Analyseoptik bilden praxistheoretische Annahmen, die das Soziale weder von übergeordneten Strukturen oder Systemen aus denken, noch auf individuelle Handlungen zurückführen. Stattdessen lässt sich die soziale Welt als bestehend aus „sehr konkret benennbaren, einzelnen, dabei miteinander verflochtenen Praktiken" (Reckwitz 2003, S. 289 Herv. getilgt; vgl. auch Schatzki 1996) begreifen. Je nach ‚Verflechtungsgrad' von Praktiken können diese zu sogenannten „nexus of practices" (Schatzki 2002, S. XVI) bzw. ‚Praktikenbündeln' zusammengefasst werden:

> „Bundles [...] connect through links between their practices, connections between their arrangements, and relations of the sort that join practices and arrangements into bundles." (Schatzki 2012, S. 8)

An Praktiken sind nicht nur Menschen, sondern auch nicht-menschliche Entitäten wie Dinge und Artefakte beteiligt. In Anlehnung an Schatzki (2002, S. 38 ff.) vollziehen sich Praktiken damit in sogenannten sozio-materiellen Arrangements, die einerseits die Praxis präfigurieren und zugleich erst in ihr hervorgebracht werden:

> „To say that practices and arrangements bundle is to say (1) that practices effect, use, give meaning to, and are inseparable from arrangements while (2) arrangements channel, prefigure, facilitate, and are essential to practices."

Somit hängen Praktiken und sozio-materielle Arrangements untrennbar miteinander zusammen, da beispielsweise die räumliche Anordnung[5] der (nicht-)menschlichen Teilnehmenden Aktivitäten ermöglicht, begünstigt oder auch verhindert. Wie genau verschiedene Praktiken und/oder Arrangements zusammenhängen und inwiefern sie sich durch diese Verbindungen beeinflussen, bleibt jedoch offen.

Laut Schatzki (2012, S. 3) zeichnen sich Praktiken zudem durch eine „teleoaffektive Struktur" aus, durch die die Ziele jeder Praxis definiert und damit auch die Aktivitäten der an der Praxis Beteiligten koordiniert werden:

> „By a ‚teleoaffective structure', moreover, I primarily mean a set of teleological hierarchies (end-project-activity combinations) that are enjoined or acceptable in a given practice. To say that a hierarchy is enjoined is to say that, when carrying on a practice, participants […] should realize them, i.e. perform particular actions and projects for the sake of particular ends."

Die teleoaffektive Struktur wird dabei als Eigenschaft der Praktiken und nicht der Teilnehmenden verstanden (Schatzki 2002, S. 80).

Die menschlichen Teilnehmenden von Praktiken müssen sich in deren Vollzug als „mitspielfähig" (Brümmer 2015) erweisen.[6] In Anlehnung an Alkemeyer, Brümmer und Pille (2010) lassen sich bei der Ausformung von Mitspielfähigkeit zwei analytische Dimensionen unterscheiden, die in der Praxis zusammenfallen: Die Teilnehmenden müssen zum einen ihre jeweilige Position innerhalb von Praktiken auf praktikenspezifische Weise ausfüllen und sich damit füreinander intelligibel, d. h. verstehbar machen. Neben dieser *funktionalen Dimension* von Mitspielfähigkeit „in einer zweckbezogenen Bedeutung" (Brümmer und Pille 2010, S. 236), weist Mitspielfähigkeit eine *politische Dimension* auf, die sich in einem „Sinn für soziale Abstände und Unterschiede" (Brümmer und Pille 2010, S. 236) zeigt. So müssen die Bundeskaderanwärter*innen beispielsweise ein Gespür für soziale Abstände und Grenzen in dem jeweiligen Gefüge relationaler Positionen zeigen, um von den anderen Teilnehmenden als mitspielfähig anerkannt zu werden. Mit Blick auf beide Dimensionen von Mitspielfähigkeit

---

[5]Die Begriffe Arrangement und Anordnung werden im Folgenden synonym verwendet.

[6]In Anlehnung an Brümmer (2015 Fn. 5) ziehe ich den Begriff der Mitspielfähigkeit dem Wissensbegriff vor, da neben einem praktischen, inkorporierten Wissen auch Aspekte wie beispielsweise Engagement, Disziplin etc. als wichtige Ressourcen angesehen werden, um an einer Praktik teilnehmen zu können.

interessiere ich mich für die (unterschiedlich machtvollen) Positionen der Teilnehmenden und die damit verbundenen Anforderungen in den verschiedenen Anordnungen.

Zusammenfassend untersuche ich aus einer praxistheoretischen Perspektive die (Be)Wertungslogiken in Sichtungspraktiken, in denen sich die menschlichen Teilnehmenden als kompetente und unterschiedlich machtvolle Mitspieler*innen in verschiedenen sozio-materiellen Arrangements positionieren bzw. in denen sie positioniert werden. Mit Verweis auf potenzielle Zusammenhänge von unterschiedlichen Arrangements, Praktiken und ihren teleoaffektiven Strukturen gehe ich der Frage nach, wie verschiedene Praktiken und Arrangements miteinander verbunden sind, so dass ‚trans-praktische' Zusammenhänge in Bezug auf die jeweiligen (Be)Wertungen von Talent in Erscheinung treten.

3 Methodisches Vorgehen

Für die Analyse der Sichtungspraktiken wurden in beiden Sportarten die dreitägigen Bundeskadersichtungen mehrere Jahre in Folge Jahren praxeografisch begleitet. Da die Sichtungspraktiken nur einmal im Jahr stattfinden, versuchte ich diese durch Videokameras aus verschiedenen Perspektiven ‚einzufangen'. Dabei verstehe ich meine Aufnahmen nicht als authentische Aufzeichnungen der Sichtungen, sondern als interpretierende Artefakte, die ohne die Analyseoptik nicht entstanden wären und erst bestimmte Dinge sichtbar machten: Mit einer Kamera wählte ich den Blick von oben aus der Totalen, um die sozio-materiellen Anordnungen auch bei 50 Teilnehmenden wie beim Tanzen nachzuvollziehen. Mit einer zweiten Kamera folgte ich einzelnen Teilnehmenden und versuchte mit diesen ‚Point of View Shots' die (Re-)Adressierungen in Form von Kommentaren, Blicken oder Gesten aus nächster Nähe einzufangen und ein Gespür für die verschiedenen Perspektiven und Positionen auszubilden.

Für die Auswertung analysierte ich die insgesamt 160 h Videomaterial nicht strikt in ihrer chronologischen Abfolge, sondern sortierte die Aufnahmen in beiden Sportarten nach wiederkehrenden sozio-materiellen Anordnungen (z. B. ‚Aufwärmen'; ‚Feedback'; ‚disziplinspezifische Einheiten'; ‚Bewertungen im direkten Vergleich' etc.). Einem Vorschlag von Nicolini (2012, S. 219 ff.) folgend, untersuchte ich die Sichtungspraktiken aus verschiedenen ‚Zoomstufen' nach Auffälligkeiten, wiederkehrenden Themen und Mustern. So wurde zunächst in jede Anordnung ‚hineingezoomt', um die Mikrologiken jedes Arrangements aufzuzeigen und die (Be)Wertungspraktiken dicht zu beschreiben. Im nächsten Schritt wurde aus den Arrangements ‚herausgezoomt', um die Prozessualität der

(Be)Wertungen in den Blick zu nehmen. Hierdurch wurden ‚trans-praktische' Zusammenhänge sichtbar, bei denen an Vorangehendes angeschlossen wird, ohne dies zwingend zu explizieren. Dieses Vorgehen verdeutliche ich in den folgenden Abschnitten an ausgewählten Beispielen aus beiden Sichtungen, in denen sich der Zusammenhang zwischen Sichtungs-, Wettkampf- und Trainingspraktiken zeigt. Wie Scheffer (2002, S. 363) hervorhebt, zeigt sich in Beobachtungen jedoch nicht zwingend alles, was vor sich geht. Gerade der Nachvollzug der teils stummen Bewertungen war mir nicht immer möglich. Aus diesem Grunde ergänzte ich die Beobachtungen um videogestützte Interviews,[7] in denen ich mit den Trainer*innen einzelne Sequenzen aus den verschiedenen Arrangements betrachtete und sie bat, diese offen zu kommentieren, so dass sie zu Beobachter*innen ihrer selbst wurden und es mir gleichzeitig ermöglichten, ihre (Be)Wertungslogik sukzessive nachzuvollziehen. Die Wichtigkeit der videogestützten Interviews für das Verstehen der (Be)Wertungslogik spiegelt sich in ihrer Dominanz in den empirischen Beispielen wider.

4   Talent(be)wertungen im Langsprint

In der Leichtathletik ist es üblich, dass Bundestrainer*innen bei überregionalen Wettkämpfen sichten, um potenzielle Talente in Aktion zu sehen. Den Athlet*innen ist in der Regel bekannt, dass bei Wettkämpfen gesichtet werden kann, jedoch wissen sie weder welche Wettkämpfe von Trainer*innen aufgesucht werden, noch welche sozio-materiellen Arrangements hierbei von Bedeutung sind. Basierend auf den Wettkampfergebnissen und den subjektiven Eindrücken der sichtenden Trainer*innen werden in einzelnen Disziplinen – wie beispielsweise dem Langsprint – einzelne Athlet*innen zu speziellen Sichtungsterminen eingeladen, bei denen über die Aufnahme in den Bundeskader entschieden wird. Die von mir begleiteten Trainer betonen, dass die Laufzeiten als Information nicht ausreichen, um Talent zu bewerten. Man müsse die Athlet*innen beim Wettkampf beobachten und im Idealfall darüber hinaus kennen. Damit stellt die Performance[8]

---

[7]Trotz einer gewissen Skepsis einiger praxistheoretischer Zugänge gegenüber der sprachlichen Beschreibung praktischer Vollzüge (Schmidt 2012, S. 48 f.), werden Interviews als Ergänzung zu teilnehmenden Beobachtungen in verschiedenen praxistheoretischen Zugängen empfohlen, um die impliziten „Wissensschemata zu erschließen, welche Praktiken konstituieren" (Reckwitz 2008, S. 197; vgl. auch Hirschauer 2002; Schatzki 2012; Scheffer 2002).

[8]Der Begriff „Performance" wurde aus den untersuchten Feldern übernommen. Damit handelt es sich nicht um einen theoretisch hergeleiteten (vgl. beispielsweise Hempfer 2011; Klein

beim Wettkampf, auf die ich mich im Folgenden beziehe, die erste Hürde für die Aufnahme in den Kader dar. Sowohl die Sichtungen beim Wettkampf wie auch an den speziellen Sichtungswochenenden sind auf die Selektion von Talenten ausgerichtet. Beim Wettkampf unterscheide ich drei sozio-materielle Arrangements: neben dem Lauf selbst (1) gehe ich auf die Anordnungen auf dem ‚Einlaufplatz' (2) und dem ‚Callroom' (3) ein und zeige im Folgenden ihre trans-praktischen Zusammenhänge auf, die in der (Be)Wertung von Talent relevant werden. Meine Ausführungen beziehen sich auf die Analysen von Sichtungspraktiken für die männliche U16 im Langsprint.

(1) Die Wettkampfläufe finden in Leichtathletikstadien statt, bei denen die Langsprinter aufgrund der unterschiedlichen Länge der Kurven räumlich versetzt auf acht Bahnen starten. Die Zuteilung der Bahnen erfolgt per Losverfahren. Die Athleten werden kurz vor dem Start aus dem Callroom (siehe dazu unten ausführlich) zu ihren Startblöcken geführt, die sie sich noch individuell einstellen können, bevor das Startsignal erfolgt. Auf der Laufbahn sind vor und während des Rennens nur die Läufer zugelassen, so dass sowohl die sichtenden Trainer wie auch die Heimtrainer*innen auf den Tribünen Platz nehmen. Die Tribünen sind um die insgesamt 400 m lange Laufbahn angeordnet, auf denen sich die sichtenden Trainer auf Höhe der Ziellinie positionieren (s. Abb. 1).

In der Anordnung sind für die Trainer die Athleten und die Abstände zwischen ihnen während des Rennens gut sichtbar, während die Trainer für die Athleten in der Masse an Zuschauenden verschwinden. In dieser Asymmetrie der Sichtbarkeit (Brighenti 2007, S. 326 ff.) werten die sichtenden Trainer vor allem die Performance der Athleten auf den letzten 100 m als relevant, weswegen sie sich auf Höhe der Ziellinie positionieren:

„Also da seh' ich eher so ein bisschen übertrieben die Charaktereigenschaften von 'nem Läufer. […] Also derjenige, der am Anfang zu schnell angelaufen ist, weil er sehr motiviert ist, der wird bei den letzten 100m nicht mehr wissen, wie soll ich ins Ziel kommen. Wird aber vielleicht trotz dieser Problematik, die er körperlich dann hat, kämpfen. Das kann man dann auch sehen. Wobei mir derjenige […] auch recht ist, weil der ist ja erstmal in der Regel motiviert und will das gut machen. Wenn das natürlich jemand ist, der jetzt schon 20, 21 Jahre ist und der macht das seit fünf Jahren so, dann ist der auch nicht mehr interessant." (Interviewauszug Trainer 1)

---

und Göbel 2017), sondern in erster Linie um einen feldimmanenten Begriff, bei dem die darstellerische Komponente von Leistung betont wird. Zudem spiegelt er gesamtgesellschaftliche Entwicklungen wider, da in Anlehnung an Legnaro (2004, S. 207) Leistung ‚an sich' nicht mehr genügt, sondern diese „auch darstellbar gemacht und dargestellt werden" müsse. Dies wird gerade im Kontext von Bewertungen postuliert, bei denen inzwischen weniger das Ergebnis als bereits die Performance während der Prüfung relevant wird.

Abb. 1 Anordnung Wettkampf. (© Autorin)

Für die Bewertung von Talent ist für die sichtenden Trainer somit nicht allein das Ergebnis des Laufs bedeutsam, sondern auch die Art und Weise, *wie* die Athleten den Lauf absolvieren. Hierbei lassen sich zwei Kriterien unterscheiden, nach denen die Trainer bewerten: zum einen die Fähigkeit, sich die Kräfte gut einzuteilen, um den Lauf bis zum Ende durchzustehen, und zum anderen die Motivation, (auch bei missglückter Kräfteeinteilung) bis zum Schluss zu „kämpfen". Dies sei gerade beim Langsprint bedeutsam, da bei diesem die Belastungen im anaeroben Bereich liegen.[9] Beide vermeintlichen Talentmerkmale versuchen die Trainer beim Lauf zu beobachten. Die Aussage macht zudem darauf aufmerksam, dass die Trainer bei der Bewertung die Erfahrung der Athleten mitberücksichtigen. Während sie ein schnelles Anlaufen (aufgrund von Übermotivation) in jungen Jahren und mit wenig Erfahrung tolerieren, führt die gleiche Performance bei erfahrenen und älteren Läufern zu einer negativen Bewertung. Dies verweist auf die Berücksichtigung von Zeitlichkeit bei der Bewertung von Merkmalsausprägungen, auf die ich im Folgenden noch näher eingehen werde.

---

[9]Im Gegensatz zu aeroben Stoffwechselvorgängen läuft die anaerobe Energiebereitstellung ohne die Beteiligung von Sauerstoff in den Zellen ab. Bei diesem Prozess entsteht Laktat, durch welches die Muskeln ‚übersäuern' (Markworth 2004, S. 236 ff.). 400 m als längste Sprintdistanz bringt die höchste Übersäuerung der Muskulatur mit sich, weswegen sie als physisch und psychisch belastende Disziplin angesehen wird.

Um den subjektiven Eindruck des zu schnellen Anlaufens mit objektiven Werten zu überprüfen, zerlegen die sichtenden Trainer die erlaufene Zeit – das in der Wettkampfpraxis einzig relevante Kriterium – in Zwischenzeiten, um so die Performance der Läufer differenzierter bewerten zu können. Somit werden bei der Sichtung im Vergleich zur Wettkampfpraxis weitere Kategorien als bedeutsam erachtet. Für die Bewertung der erlaufenen Zeit wird zudem die zugeteilte Laufbahn als relevant angesehen. Hier differenzieren die sichtenden Trainer zwischen den Lagen der Laufbahnen: innen, mittig oder außen. Je nach Position relativiere sich die Bewertung der erlaufenen Zeit: Vor allem die Bahn ganz innen sei zum Laufen schwierig, da man auf dieser aufgrund der inneren Kante nicht so weit innen laufen könnte wie auf den anderen Bahnen. Außen hingegen hätte man die Gegner zu Beginn ,im Rücken' und würde diese aufgrund der versetzten Startpositionen nicht sehen. Die mittleren Bahnen seien am besten zum Laufen, da man dort die Gegner zu beiden Seiten sehe und von diesen beim Lauf ,gezogen' würde. Die Bewertungen der Trainer bestätigen Müllers (2014, S. 198) These, dass „die gleichzeitige Anwesenheit der konkurrierenden Athleten […] die soziale Situation und damit auch den Ausgang des Leistungsvergleichs nicht unerheblich" beeinflusse. Hier lässt sich spezifizieren, dass nicht allein die Kopräsenz, sondern die genaue Positionierung der Athleten auf den Laufbahnen von den Trainern als bedeutsam behandelt wird und sich auf die Bewertung der Laufleistung auswirkt. Die objektiv erlaufene Zeit wird somit erst durch die Kontextualisierung mit Informationen zur sozio-materiellen Anordnung für die Trainer*innen im Hinblick auf die Bewertung von Talent hinreichend bewertbar.

(2) Bei Wettkämpfen bewerten die sichtenden Trainer jedoch nicht nur den Lauf an sich, sondern auch die Interaktionen der Athlet*innen auf dem sogenannten Einlaufplatz[10] (s. Abb. 2), der sich etwas abseits des Stadions befindet. Auf dem Einlaufplatz haben alle für den Wettkampf gemeldeten Athlet*innen die Möglichkeit, sich aufzuwärmen, bevor sie sich alleine in den Callroom begeben.

Die Anordnung auf dem Einlaufplatz ergibt ähnlich wie der Wettkampf selbst eine Asymmetrie der Sichtbarkeit: während die Athleten untereinander als Konkurrenz in Erscheinung treten und von den sichtenden Trainern beobachtet werden, sehen die Athleten die sichtenden Trainer nicht bzw. nehmen sie in dieser Funktion nicht wahr, da auf dem Einlaufplatz ebenfalls zahlreiche Zuschauer*innen anwesend sind. Im Vergleich zur Anordnung der Teilnehmenden im Stadion verändert sich die Position der Heimtrainer*innen, die auf dem

---

[10]Der Einlaufplatz stellt eine der wenigen Anordnungen dar, bei dem es mir aufgrund der verdeckten Sichtung nicht möglich war zu filmen, so dass hier vor allem Gedächtnis- und Beobachtungsprotokolle wie auch Interviewauszüge für die Analyse genutzt wurden.

Abb. 2 Anordnung Einlaufplatz. (© Autorin)

Einlaufplatz in Interaktion mit ihren Athleten treten und ihnen letzte Anweisungen geben. Zudem erzwingt die Praxis des Einlaufens eine Interaktion der Athleten untereinander, da diese selbstorganisiert bestimmen, wer wann läuft und sie sich so auch bereits beim Aufwärmen gegenseitig beobachten.

Die sichtenden Trainer bleiben in ihrer stillen Beobachterposition und legen den Fokus auf die Bewertungen der verschiedenen Interaktionen. Bei der *Interaktion der Athleten untereinander* versuchen die sichtenden Trainer auf die Fokussierung der Athleten auf den Wettkampf zu schließen:

> „Also wenn einer die ganze Zeit nur quatscht mit anderen, dann fokussiert er sich nicht. Dann ist er nicht konzentriert auf den Lauf. […] Irgendwann ist die Phase, wo jeder Athlet auch sagen muss, jetzt muss ich in meinen Tunnel. Weil ansonsten kann ich mich nicht wirklich – da bin ich zu abgelenkt." (Interviewauszug Trainer 2)

(Durchgehende) Interaktion mit anderen Athleten und Fokussierung auf den Wettkampf schließen sich für die Trainer gegenseitig aus. Dementsprechend bewerten die Trainer diejenigen Athleten als fokussiert, die sich von den anderen distanzieren und sich alleine aufwärmen. Hinzu kommt, dass in der Anordnung die Konkurrenten durchgehend füreinander sichtbar sind, wodurch ein Leistungsvergleich bereits im unmittelbaren Vorfeld des Wettkampfs erfolgt und seinen Ausgang teilweise bereits mitbestimmt:

„Der Athlet hat sofort gesehen, sein Konkurrent ist mental und in der Ausführung einfach stärker. Da war das Rennen bereits auf dem Einlaufplatz gelaufen." (Auszug Trainer 1 Beobachtungsprotokoll)

Die Anordnung auf dem Einlaufplatz bedingt die Anforderung an die Läufer, sich trotz der Kopräsenz ihrer Konkurrenten auf sich und den anstehenden Wettkampf zu fokussieren.

(3) Die Bedeutsamkeit von Fokussierung wird nochmals durch die Anordnung im Callroom unterstrichen. Zu diesem sind nur die Athleten und Wettkampfrichter*innen zugelassen. Die Wettkampfrichter*innen überprüfen u. a. die Wettkampfkleidung der Athleten, die im Anschluss bis zu 20 min allein mit ihrer Konkurrenz im Callroom verweilen. Im Callroom gibt es keine Möglichkeit einander auszuweichen, so dass die sozio-materielle Anordnung u. a. eine gegenseitige Beeinflussung ermöglicht:

„Einer meiner Lieblingsathleten, der sehr gesetzt war für die [Olympischen] Spiele. Und dann – man geht ja immer vor dem Wettkampf in den Callroom, und dann war das Rennen und dann wurde er statt Erster oder Zweiter wurde er Achter. Kam raus und [...] sagte zu mir: Ich muss noch so viel lernen. Die haben mich da drin so fertig gemacht mit Sprüchen, die haben mich so hochgenommen, da bin ich nicht mit klargekommen." (Interviewauszug Trainer 3)

Die Wichtigkeit der Fokussierung ergibt sich somit nicht zwingend aus der eigentlichen Wettkampfpraxis, sondern aus den sozio-materiellen Anordnungen im unmittelbaren Vorfeld des Wettkampfs. Aufgrund dieser potenziellen Beeinflussung durch die Konkurrenz auf dem Einlaufplatz und dem Callroom entstehen trans-praktische Zusammenhänge im Hinblick auf die Bewertung von Talent. Da die sichtenden Trainer im Callroom nicht zugelassen und die Athleten damit für sie nicht sichtbar sind, versuchen sie anhand der Fokussierung auf dem Einlaufplatz auf ihre Fokussierung im Callroom zu schließen und diese zu bewerten.

Neben der Interaktion unter den Läufern beobachten die sichtenden Trainer auf dem Einlaufplatz die *Interaktion der Athleten mit ihren Heimtrainer*innen*. Heimtrainer*in und Athlet seien als „Team" anzusehen, da der*die Heimtrainer*in die „absolut wichtigste Bezugsperson für den Athleten" sei und damit auch einflussreicher als der*die Bundestrainer*in selbst:

„Hat die [Heimtrainerin] den nötigen Weitblick, um das Talent eben nicht nur für's nächste Jahr vorzubereiten, sondern für die Aufgaben darüber hinaus? Was ist das für ein Partner auf der anderen Seite, der eben maßgeblich die Leistung entwickelt?

Der Bundestrainer entwickelt die ja nur begleitend. Maßgebend ist ja derjenige, der tagtäglich vor Ort am Training steht." (Interviewauszug Trainer 1)

Aufgrund der machtvollen Position der Heimtrainer*innen in der Trainingspraxis, die auf die Entwicklung der Leistung ausgerichtet ist, die in zukünftigen Wettkämpfen erbracht werden soll, sind die Heimtrainer*innen auch in der Sichtungspraxis als bedeutsame Mitspieler*innen positioniert. Die sichtenden Trainer versuchen anhand der Interaktion auf dem Einlaufplatz erste Eindrücke zur Beziehung zwischen Athlet und Heimtrainer*in zu gewinnen, da bei der Selektion für den Bundeskader auch diese und nicht nur das Talent der Athleten bewertet wird, denn „wenn die [Heimtrainer*innen] nicht mitmachen wollen, [...] dann wird's auch nicht funktionieren" (Interviewauszug Trainer 1).

Während in der Trainingspraxis der*die Heimtrainer*in für den Athleten bestimmt, ergibt sich aus der sozio-materiellen Anordnung im Wettkampf, bei der die Heimtrainer*innen nicht auf der Laufbahn zugelassen sind, die Anforderung an die Athleten, selbstständig zu agieren:

„Also wenn er irgendwann mal bei Olympia oder so vor 70.000 Zuschauern eine Entscheidung treffen muss, dann muss er die selbstständig treffen, ohne dass er jetzt unbedingt mit dem Trainer vorher Rücksprache hält." (Interviewauszug Trainer 1)

Trotz der Verbindung zwischen Trainings- und Wettkampfpraxis und der Überschneidung der Teilnehmendenkonstellation impliziert Mitspielfähigkeit in beiden Fällen unterschiedliche Kompetenzen: So sieht die Trainingspraxis für die Athleten vor, nicht selbstbestimmt zu agieren, sondern den Anweisungen der Trainer*innen zu folgen, an die wiederum die Anforderung gestellt wird, das Training zu bestimmen. In der Wettkampfpraxis und speziell dem Aufwärmen auf dem Einlaufplatz hingegen werten die sichtenden Trainer die gleichen Handlungsmuster negativ:

„muss er ständig zum Trainer rennen, muss fragen, was soll ich jetzt machen, was in 'nem jungen Alter erstmal NOCH kein Problem ist,– aber [...] wie abhängig ist jemand vom Trainer oder wie selbstständig" (Interviewauszug Trainer 1).

Für die Bewertung von Talent betrachten die sichtenden Trainer somit die Wettkampfpraxis und die darin gezeigte Laufleistung nicht isoliert. In Ergänzung werden Bewertungskriterien aus Praktiken abgeleitet, die Überschneidungen in der teleoaffektiven Struktur aufweisen, da sie sich auf die Wettkampfleistung beziehen und auch auf diese auswirken (können), wobei die (Be)Wertung der

Kategorien eine praktikengebundene Logik aufweist. So wird die Selbstständigkeit der Athleten nur im Kontext der Wettkampfpraxis als Talentmerkmal gewertet, während sie die Normativität[11] der Trainingspraxis unterlaufen würde, so dass gleiche Handlungsmuster in zusammenhängenden Praktiken also zu unterschiedlichen Bewertungen führen. Damit werden diejenigen Athleten im Langsprint als talentiert bewertet, die ein Gespür für die praktiken- und arrangementspezifischen Anforderungen an ihre jeweilige Position im funktionalen wie auch im politischen Sinne (zur Differenzierung s. o.) aufweisen.

Bei den Bewertungen zeichnet sich des Weiteren eine zeitliche Komponente ab, die sich als Potenzialorientierung deuten lässt. Wie bereits beim Beispiel des übermotivierten zu schnellen Anlaufens verweisen die Trainer auch beim Kriterium Selbstständigkeit darauf, dass die Merkmalsausprägung nicht zwingend bereits jetzt vorliegen müsse ("was in'nem jungen Alter erstmal NOCH kein Problem ist"). Dies impliziert, dass die sichtenden Trainer von einer potenziellen Formbarkeit der Merkmale ausgehen. Diese Potenzialorientierung hängt auch mit den Erfahrungen der Athleten in der Disziplin und mit der großen Zeitspanne bis zur anvisierten Zielpraxis, den Olympischen Spielen, zusammen. Die Athleten werden bereits mit 15 Jahren gesichtet und sind teilweise erst seit ein oder zwei Jahren in der Leichtathletik aktiv. In der Altersklasse sind auch noch keine 400 m, sondern aufgrund der hohen körperlichen Belastungen nur 300 m vorgesehen, so dass die Athleten keine (Wettkampf-)Erfahrung mit der Disziplin haben. Die Höchstleistungen bei den 400 m werden zumeist erst mit Mitte bis Ende 20 erreicht, so dass zeitlich großer Spielraum für die Ausformung der vermuteten Talentmerkmale gegeben ist. Somit berücksichtigen die sichtenden Trainer bei ihren Bewertungen auch die zeitliche Komponente und stellen eine Verbindung zwischen der bisherigen Erfahrung der Athleten, ihrer aktuellen Leistung in den als relevant erachteten Praktiken und Arrangements und der anvisierten Zielpraxis her. Für die Selektion werden jedoch nicht nur die Leistungen der Athleten und ihr Entwicklungspotenzial berücksichtigt, sondern auch die Konstellation von Athleten und Heimtrainer*innen. Dies ergibt sich aus der Normativität der Trainingspraxis, die den Heimtrainer*innen eine machtvolle Position zuweist, so dass sie auch in den Sichtungspraktiken zu bedeutsamen Mitspieler*innen werden.

---

[11]In Anlehnung an den Philosophen Rouse (2007, S. 7) ist die Normativität von Praktiken „expressed not by a determinate norm to which they are accountable but instead in the mutual accountability of their constitutive performances." Damit kann die Normativität einer Praxis herausgearbeitet werden, indem untersucht wird, welche (Anschluss-)Handlungen als angemessen angesehen bzw. welche korrigiert und damit als unpassend bewertet werden.

5 Talent(be)wertungen bei lateinamerikanischen Tänzen

Bei den lateinamerikanischen Tänzen wird nicht auf Turnieren gesichtet, sondern es finden einmal im Jahr spezielle Sichtungstermine statt, zu denen ca. 25 Paare im Alter von 14 bis 21 Jahren eingeladen werden. Gemeinsam mit drei Kolleg*innen bewertet der Bundestrainer die Paare über drei Tage. Abschließend werden ca. fünf Paare für den Kader ausgewählt, so dass auch die Sichtungspraktiken im Tanzen auf die Selektion von Talenten ausgerichtet sind. Hinsichtlich der Bedeutsamkeit von Teilnehmendenkonstellationen ergibt sich bei der Sportart die Besonderheit, dass die Tänzer*innen nicht einzeln, sondern paarweise in den Kader berufen werden. Zudem ist anzumerken, dass – anders als beim Langsprint – die Heimtrainer*innen nicht zur Sichtung eingeladen sind, sondern die Paare alleine anreisen. Bei der Sichtung werden u. a. Turniere imitiert, Tanzschritte gemeinsam mit dem Bundestrainer einstudiert, Choreografien paarweise erstellt und Interviews geführt. Insgesamt lassen sich acht – teils wiederkehrende – sozio-materielle Arrangements unterscheiden,[12] wobei ich im Folgenden auf die Anordnungen bei den ‚offiziellen Bewertungsrunden' und den ‚Trainingseinheiten mit dem Bundestrainer' näher eingehe.

(1) Nach einer Aufwärmeinheit starten die ersten *offiziellen Bewertungsrunden*, die im Hinblick auf die sozio-materielle Anordnung und die Anforderungen an die Paare Turniercharakter aufweisen.

Maximal fünf Paare positionieren sich auf der Tanzfläche und führen zu Musik einstudierte Choreografien vor (s. Abb. 3), während die restlichen Paare sich als Zuschauende an einer Seite positionieren. Die sichtenden Trainer*innen verteilen sich um die Tanzfläche und tragen für jedes Paar Punkte in einen Bewertungsbogen ein. In diesem ist jedes Paar mit einer Startnummer repräsentiert, die auch am Rücken der ‚Herren' befestigt ist. Diese Anordnung weist große Überschneidungen zu Turnierpraktiken auf, so dass sie es den Trainer*innen ermöglicht, die Leistung der Paare unter turnierähnlichen Bedingungen zu bewerten:

> „Die Paare müssen die Aufgabe immer vor der ganzen Gruppe auch präsentieren und da sieht man natürlich auch, wer hat dann auch das Nervenkostüm so etwas vor der Konkurrenz zu präsentieren. Denn das ist dann auch das, was man nachher beim Tanzsport braucht. […] Wenn ein DRUCK entsteht, dann äußert sich das sofort auch in der Leistung auf Turnieren." (Interviewauszug Trainer 1)

---

[12]Neben den beiden im Beitrag thematisierten Anordnungen finden sich folgende Arrangements bei der Sichtung: ‚Aufwärmen', ‚Paarvorstellung', ‚Feedback', ‚Kreativaufgaben', ‚Soloperformance' und ‚Arrangements außerhalb des Tanzsaals'.

Abb. 3 Anordnung bei Bewertungen. (© Autorin)

Von den Anforderungen der Zielpraxis ausgehend, werden in der Sichtung ähnliche Anordnungen gesucht, die es den Trainer*innen ermöglichen, die Leistung der Paare „unter Druck" zu bewerten. Darin äußert sich die implizite Annahme, dass die zu bewertenden Merkmale nicht isoliert von der Turnierpraxis in Erscheinung treten.

In diesen turnierähnlichen Bewertungsrunden verändern die sichtenden Trainer*innen immer wieder ihre Position, was sie damit begründen, dass je nach Abstand verschiedene Differenzkategorien beobachtbar werden:

> „Also ich sag immer so 4 bis 5 Meter, weil man ein Paar dann besser sieht. Das ist eigentlich so der ideale Abstand, ansonsten wird es manchmal zu weit weg sein. Wobei dann sieht man natürlich schön die Silhouette, wenn ich jetzt ein Paar von weiter weg sehe, kann ich sehr schön sehen, wie die Beinlinien sind, wie auch das Partnering läuft, also wie die Verbindungen im Paar laufen. Ist ein Paar näher, kann man natürlich besser die Bewegungsabläufe kontrollieren. Nur wenn ein Paar zu eng ist, dann krieg ich im Prinzip nur einen Körper. Wenn ich jetzt aber ein Paar auch bewerten möchte, brauche ich eine gewisse Distanz und die liegt so bei 4, 5 Meter. So alles, was näher ist, muss ich mich schon entscheiden, zu wem ich gucke." (Interviewauszug Trainer 1)

Den Trainer*innen ist es nicht möglich, die Tänzer*innen hinsichtlich aller Kriterien gleichzeitig zu bewerten. Je nach Abstand werden unterschiedliche Aspekte scharf gestellt und andere rücken in den Hintergrund.[13] Die Aussage verdeutlicht hierbei eine Hierarchisierung der Bewertungskategorien. So steht der Paarkörper für die Trainer*innen im Vordergrund, den sie mit variierendem Abstand unter verschiedenen Kategorien wie dem Partnering oder den Bewegungsabläufen bewerten. Hierbei fokussieren die Trainer*innen nicht nur auf die Gesamterscheinung, sondern beobachten einzelne Körperteile beider Tänzer*innen im Zusammenspiel miteinander:

„Also die Lockerheit der Hand. Hier siehst Du *(zeigt auf ein Paar im Video)*, es ist nicht ein Arm der lebt, der fließend ist in der Bewegung. Dass Du merkst, die Balancelinien arbeiten zueinander und voneinander weg. Aber jeder balanciert sich selber und die Verbindung ist über die Hände." (Interviewauszug Trainer 2)

„Die sind unterschiedlich in den Fußtimings. Das ist dann nichts. […] Ohne Füße krieg ich auch keine Verbindung im Körper." (Interviewauszug Trainerin 4)

Die Aussagen verdeutlichen, dass eine positive Bewertung die Abstimmung beider Tänzer*innen aufeinander voraussetzt, so dass sie sowohl als Silhouette aus der Ferne betrachtet wie auch aus der Nähe bis in die einzelnen Körperdetails als Paarkörper in Erscheinung treten und sich damit als Talent für die Trainer*innen „accountable" (Garfinkel 1967, S. 1) machen.

Diese komplexen Bewertungen zu jedem Paar werden in einem Bewertungsbogen auf einen Zahlenwert zwischen 0 bis 5 Punkten reduziert, so dass nach jeder Bewertungsrunde ein Ranking für die 25 Paare erstellt werden kann. Weder die Punktwerte noch das Ranking werden den Paaren gegenüber transparent gemacht.

(2.) Dennoch erlangen die Tänzer*innen in der Sichtung Einblicke in die (Be)Wertungslogik der Trainer*innen in den an die Bewertungsrunden anschließenden *Trainingseinheiten mit dem Bundestrainer*. Basierend auf den Eindrücken der Trainer*innen von den Bewertungsrunden legen sie Schwerpunkte für die Trainingseinheiten fest, in denen die größten Defizite bearbeitet werden sollen. Im Folgenden beziehe ich mich auf eine Trainingseinheit, in der das Partnering optimiert werden soll, da in vorherigen Bewertungen die mangelnde Interaktion im Paar und die Dominanz der ‚Herren' gegenüber den ‚Damen' beobachtet wurde: „weil die Männer, das ist auch so brutal, wie die führen, sie reißen die Mädchen sie reißen die von den Füßen runter" (Interviewauszug Trainer 2). Die Wertung hinsichtlich der Paarkörper wird im Training spezifiziert, und es wird deutlich, dass die beiden Positionen im Paarkörper Unterschiede im funktionalen und politischen Sinne aufweisen: Bei einer kurzen Schrittfolge versucht der Bundestrainer

---

[13] Auf die „Vis-ability" (Schindler 2009) der Trainer*innen im Tanzen gehe ich ausführlich in Janetzko (2016) ein.

die Herren für unterschiedliche Positionen der Damen zu sensibilisieren, die sie über die verbindenden Hände erspüren sollen:

> „Okay und da möchte ich sehen, dass sich der Abstand im Paar verändert. Das ist ein wichtiges Zeichen für Partnering. […] Fühlt mal eben, ob Eure Partnerin in Balance auf ihrem Fuß steht. So wenn Ihr jetzt wollt, dürft Ihr sie auch gerne mal ein bisschen dichter ran holen. Holt sie mal ein bisschen dichter ran in Out-of-Balance-Position *(die Herren ziehen ihre Partnerinnen dichter zu sich, vgl. Abb. 4)*. Holt sie wieder zurück, stellt sie in Balance *(Herren führen Damen zurück in die Ausgangsposition, vgl. Abb. 5)*." (Trainer 1 Auszug Beobachtungsprotokoll)

In seiner Aussage adressiert der Bundestrainer die Herren als Subjekte, während die Damen zunächst den Status von Objekten erhalten, mit denen die Tanzpartner agieren. Damit ruft der Bundestrainer eine Hierarchie im Paar auf, in dem der Herr über zumindest einige der Bewegungen der Dame bestimmen kann. Diese Hierarchie ergibt sich auch aus der Praxis des lateinamerikanischen Tanzes,

Abb. 4 Out-of-Balance Position. (© Autorin)

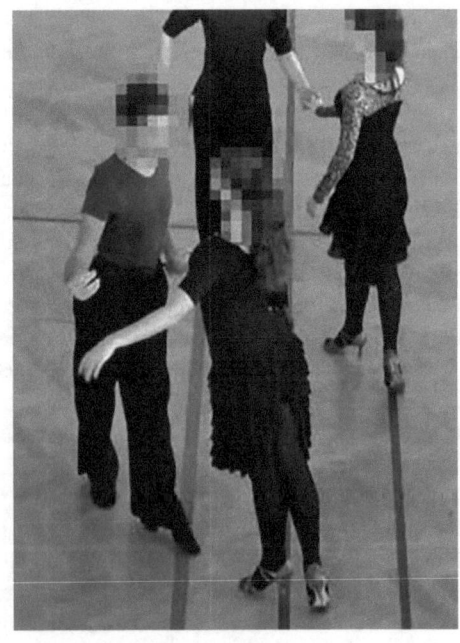

Abb. 5 In-Balance
Position. (© Autorin)

die für ihre Teilnehmer*innen zwei unterschiedliche Positionen vorsieht: „Führende" und „Folgende" (Villa 2009, S. 117).[14] Für die Herren ist die Position des Führenden vorgesehen, während die Damen folgen (Haller 2014, S. 93 ff.). Diese geschlechtsspezifische Zuordnung der Positionen wird zusätzlich durch die Schuhe befördert: Die Damen müssen hohe Absätze tragen, die ihren körperlichen Schwerpunkt verschieben und „nicht gerade zu einer bewegungsdynamischen Autonomie – im Sinne eines Führens der Bewegungen – beitragen" (Haller 2014, S. 137 f.).

Im nächsten Schritt thematisiert der Bundestrainer die Aufgabe der Dame und hebt ihren Objektstatus auf:

> „Das ist auch ganz wichtig, dass die Mädchen den Männern auch sagen, wo sie sind. […] Die Dame muss erstmal fertig werden. Ich muss als Dame das Signal geben *(verweist auf die verbindenden Hände im Paar)*. Und wenn ich eine gute Dame bin, dann mache ich das."

---

[14]Dass die Figuren des „Führens" und „Folgens" sich nicht nur in Tanzpraktiken finden lassen, verdeutlichen beispielsweise Pille und Alkemeyer (2016) anhand einer praxeologischen Analyse von Schulunterricht.

Eine Tänzerin zeige sich damit als mitspielfähig, indem sie sich von ihrem Partner führen lässt und ihm dabei über die verbindenden Hände Signale gibt, wann sie ihre Tanzschritte beendet hat, so dass der nächste Impuls vom Partner ausgehen kann. Die Position des Tänzers hingegen fordere ein aktives Führen der Dame wie auch eine Sensibilität für die Signale der Partnerin um sie im richtigen Moment in den nächsten Tanzschritt zu lenken. Damit resultieren aus den hierarchisch unterschiedlichen Positionen auch unterschiedliche Anforderungen an die Tanzpartner*innen, die auch zu unterschiedlichen Verantwortlichkeiten für die ‚Produktion' des Tanzes führen (vgl. Alkemeyer und Buschmann 2017, S. 12). Bei beiden Positionen sei jedoch ein Gespür für den jeweils anderen Voraussetzung für die Ausbildung von Mitspielfähigkeit, da sich nur so der von den sichtenden Trainer*innen als ideal erachtete Paarkörper formiere. Die Tanzpartner*innen stehen damit in einem großen Abhängigkeitsverhältnis zueinander, da individuelles tänzerisches Können und Reflektieren notwendige, jedoch keine hinreichenden Bedingungen sind. Vielmehr muss zwischen beiden eine „spürende Verständigung" (Gugutzer 2010, S. 172) für die Trainer*innen sichtbar werden, um sie als Paarkörper positiv zu bewerten.[15]

Der Bundestrainer fordert die Paare auf, die Schrittfolge mehrfach durchzuführen und auf die Kommunikation über die verbindenden Hände zu reflektieren. Als dies nur den wenigsten Paaren gelingt, verändert er alle Paarkonstellationen und lässt die Übung in den neu zusammengestellten Paaren durchführen. Es lässt sich beobachten, wie zwar das Tanzen der Schrittfolge ‚misslingt', jedoch nun mehr Paare sich mündlich austauschen. Der Trainer veranlasst weitere Partner*innenwechsel bis bei den meisten Paaren ein Austausch über die verbindenden Hände für die Trainer*innen sichtbar wird. Im Anschluss sollen die Paare sich wieder in ihren ursprünglichen Konstellationen formieren und auf die verbindenden Hände reflektieren, was bei den meisten nun gelingt. Die „De- und Rekomposition" (Brümmer 2015, S. 208) der Paarkörper scheint die Paare füreinander sensibilisiert und zu einer gemeinsamen Reflexion befähigt zu haben, die die Trainer*innen in einer anschließenden ‚Turnier'-Runde bewerten.

Die Bedeutsamkeit der Befähigung zur Reflexion ergibt sich aus der Logik der Trainingspraxis, auf die der Bundestrainer verweist. In dieser tanzen die Paare zum Großteil alleine und können sich somit nur gegenseitig Rückmeldungen

---

[15] Diese Annahme setzt sich von bewegungswissenschaftlichen Theorien wie beispielsweise dem Konzept der generalisierten motorischen Programme ab (vgl. z. B. Schmidt und Lee 2011), demzufolge Bewegungsmuster gespeichert und abgerufen werden. Bewegungen seien demnach zentral vorprogrammiert und könnten größtenteils ohne Feedback bzw. basierend auf einem individuellen Soll-Ist-Abgleich ausgeführt und ggf. korrigiert werden.

geben bzw. den Spiegel als Feedbackmöglichkeit nutzen. Daher sprechen die sichtenden Trainer*innen den Heimtrainer*innen, die nur ein paar Trainingsstunden in der Woche anleiten,[16] eine weniger bedeutsame Position zu, weswegen sie auch nicht zur Sichtung eingeladen werden. Aufgrund der Logik der Trainingspraxis werten die sichtenden Trainer*innen die paarbezogene Reflexion als wichtiges Talentmerkmal und legen die Bewertungskriterien den Paaren gegenüber offen, um wiederum zu bewerten, welche Paare in der Lage sind, sich selbst in den Bewegungsabläufen zu reflektieren.

Somit lassen sich auch im Tanzen trans-praktische Zusammenhänge zwischen Training, Turnier und Sichtung aufzeigen, die unterschiedliche Anforderungen an die Teilnehmendenpositionen hervorbringen und sich auf die (Be)Wertung von Talent auswirken. Anders als im Langsprint zeichnet sich im Tanzen eine kurze Entwicklungsdauer ab, da die Paare bereits in der Sichtung sichtbare Fortschritte hinsichtlich der Merkmalsausprägungen zeigen müssen, um positiv bewertet zu werden. Dies lässt sich erneut mit der bereits vorliegenden Erfahrung in der Sportart und der Zeitspanne bis zur anvisierten Zielpraxis erklären. Höchstleistungen werden in dem Alter zwischen 19 und 28 Jahren erwartet, in denen Paare zur sogenannten Hauptgruppe bei Turnieren zugelassen sind. Die meisten der Paare tanzen bereits seit vielen Jahren und sind zwischen 17 und 20 Jahre, so dass sie teilweise bereits in der Hauptgruppe antreten (können). Damit berücksichtigen die sichtenden Trainer*innen auch bei der Bewertung von Talent im Tanzen die Erfahrungsdauer in der Sportart und die potenzielle Entwicklungsdauer bis zum Höchstleistungsalter.

6   Fazit

Ausgehend von der Beobachtung, dass sportliche Leistungen sowohl im Wettkampf als auch in zahlreichen sportwissenschaftlichen Ansätzen zu Talentsichtungen oftmals isoliert betrachtet und bewertet werden, galt mein Interesse den (Be)Wertungslogiken in den konkreten Sichtungspraktiken, die auf transpraktische Zusammenhänge zwischen Sichtung, Training und Wettkampf hindeuten. Zunächst weisen Sichtungs-, Trainings- und Wettkampfpraktiken Überschneidungen bei den *teleoaffektiven Strukturen* auf: Im Training soll eine zukünftige Leistung entwickelt werden, die in der Sichtung bereits erkennbar sein und im Wettkampf schließlich erbracht werden soll. Diese Überschneidung führt jedoch

---

[16]Je nach Förderung und finanzieller Lage können sich die Paare unterschiedlich viele Trainer*innenstunden leisten.

erst durch die implizite Annahme der Formbarkeit von Talent und Leistung zu einer Verbindung der Praktiken im (Be)Wertungskontext. Hierbei wird zudem eine zeitliche Komponente in den (Be)Wertungslogiken erkennbar. So fließen in beiden Sportarten die bisherige Erfahrung wie auch die potenzielle Entwicklungsdauer bis zum Höchstleistungsalter in die (Be)Wertung von Talent ein. Hierdurch wird bei den Sichtungen nicht nur eine Verbindung zu aktuellen Wettkampfpraktiken, sondern auch zu in der Zukunft liegenden anvisierten Zielpraktiken wie beispielsweise einer Teilnahme an den Olympischen Spielen hergestellt.

Trans-praktische Zusammenhänge können auch bei Überschneidungen der *sozio-materiellen Arrangements* vorliegen. So weisen beide Sportarten Überschneidungen der Anordnungen bei Sichtung- und Turnier- bzw. Wettkampfpraktiken auf. Diese Überschneidungen spiegeln die implizite Annahme der sichtenden Trainer*innen wider, dass die zu bewertenden Merkmale nicht unabhängig von den Arrangements in Erscheinung treten. Jedoch können auch alleinige Überschneidungen der *Teilnehmendenkonstellationen* zu trans-praktischen Zusammenhängen führen. Am Langsprint wurde deutlich, dass die durchgehende Kopräsenz der Konkurrenten in den verschiedenen Anordnungen auf dem Einlaufplatz, im Callroom und im Wettkampf die Wertung von Differenzkategorien als Talentmerkmale bedingt.

Durch den Einbezug der zusammenhängenden Praktiken lässt sich auch das Positionsgefüge in Bewertungspraktiken erklären. So haben die Analysen ergeben, dass sich die funktionale und politische Position der Heimtrainer*innen in den Trainingspraktiken auf ihre Anwesenheit bzw. Abwesenheit in den Sichtungspraktiken auswirkt.

Basierend auf den vorgestellten Ergebnissen kann die eingangs formulierte Beobachtung, dass sich Bewertungskategorien aus dem jeweiligen Talentverständnis ableiten, nun konkretisiert werden: Für eine Aufschlüsselung des Talentverständnisses ist neben der konkreten Bewertungspraxis auch die Analyse der zusammenhängenden Praktiken relevant. Aus den praktischen Anforderungen an die Teilnehmenden können sich aufgrund der Verbindung der Praktiken weitere Bewertungskategorien ergeben. Der Einbezug verbundener Praktiken in die Analysen von (Be)Wertungen kann dabei auch auf gegensätzliche Anforderungen an die Teilnehmenden aufmerksam machen. So sieht die Position der Athleten in der Wettkampfpraxis – und den zeitlich angrenzenden Anordnungen – eine Unabhängigkeit gegenüber den Heimtrainer*innen vor, während sie in den Trainingspraktiken den Trainer*innen gegenüber untergeordnet agieren (sollen). (Be)Wertungen erfolgen somit praktikengebunden, denn es werden diejenigen Teilnehmer*innen als mitspielfähig anerkannt, die ein Gespür für die praktiken- und arrangementspezifischen Anforderungen an ihre jeweilige Position – funktional wie auch politisch – aufweisen.

Vor diesem Hintergrund lässt sich auch das eingangs zitierte Unbehagen von Sportpraktiker*innen gegenüber sportwissenschaftlichen Bemühungen, Talent(-merkmale) abstrakt zu bestimmen, erklären, da Talent in Abhängigkeit von den jeweiligen Trainings-, Wettkampf- und Sichtungspraktiken völlig unterschiedlich operationalisiert wird. Auch bedarf es unterschiedlicher Kontextualisierungen, um die als wertvoll erachteten Merkmale hinreichend bewerten zu können. Deutlich wird dies etwa bei dem Einbezug der Differenzierung, auf welcher Bahn gelaufen wurde, um die erlaufene Zeit zu bewerten, oder bei der Berücksichtigung der Zeitspanne bis zur Zielpraxis, um die potenzielle Entwicklung abzuschätzen. Sportwissenschaftliche Laboruntersuchungen hingegen konzipieren den ‚Kontext' von Sportpraxis, wie beispielsweise die sozio-materiellen Arrangements, „mehr als Randbedingung sportlichen Handelns […] und abstrahieren von den […] Transferproblemen und Übertragungsgrenzen" (Brümmer 2015, S. 262). Mit einem praxistheoretischen Ansatz wird dieser ‚Kontext' „als entscheidende Einflussgröße" (Brümmer 2015, S. 262) begriffen.

Auch wenn gerade aus praxistheoretischer Perspektive die begrenzte Übertragbarkeit der Ergebnisse betont werden muss, können sie doch auch über den Sport hinaus wertvoll für Untersuchungen von (Be)Wertungsverfahren sein und einen wichtigen Beitrag zur Soziologie leisten: In praxeografischen Analysen von (Be)Wertungsprozessen werden Bewertungen nicht isoliert betrachtet, sondern vielmehr die mit den Bewertungen zusammenhängenden Arrangements, die Praktiken und ihre Gerichtetheit sowie die jeweiligen Teilnehmendenpositionen mitberücksichtigt. Zusammenhänge zwischen Praktiken können durch Überschneidungen der sozio-materiellen Anordnungen, der Teilnehmendenkonstellationen und/oder der teleoaffektiven Struktur entstehen. Hierbei wirken sich sowohl die zeitliche Dimension – beispielsweise die potenzielle Entwicklungsdauer und die Annahmen zur Entwicklungsfähigkeit der zu bewertenden Eigenschaft – als auch der zeitliche Abstand zwischen den Praktiken, in denen die Leistung erbracht werden soll, auf die (Be)Wertungen aus. Zusammenfassend kann mit Hilfe praxeografischer Arbeiten die praktikenspezifische Bewertungslogik aufgeschlüsselt und darüber ein tiefergehendes Verständnis von den als relevant erachteten (Be)Wertungskategorien erlangt werden.

Literatur

Alkemeyer, T., Brümmer, K., & Pille, T. (2010). Praktiken sozialer Abstimmung – Analyse einer Videosequenz kooperativer Arbeit aus der praxeologischen Perspektive Pierre Bourdieus. In F. Böhle & M. Weihrich (Hrsg.), *Die Körperlichkeit sozialen Handelns. Soziale Ordnung jenseits von Normen und Institutionen* (S. 229–260). Bielefeld: transcript.

Alkemeyer, T., & Buschmann, N. (2017). Learning in and across practices. Enablement as subjectivation. In E. Shove, A. Hui, & T. Schatzki (Hrsg.), *The nexus of practices: Connections, constellations, practitioners* (S. 8–23). London: Routledge.

Böker, A., & Horvath, K. (2018). Ausgangspunkte und Perspektiven einer sozialwissenschaftlichen Begabungsforschung. In A. Böker, & K. Horvath (Hrsg.), *Begabung und Gesellschaft. Sozialwissenschaftliche Perspektiven auf Begabung und Begabtenförderung* (S. 7–28). Wiesbaden: Springer.

Breitbach, S. (2011). Talentidentifikation im Sport: Chancen und Probleme der Sichtung, genetischen Selektion und molekularen Diagnostik. *Leistungssport 41*(3), 14–18.

Brighenti, A. (2007). Visibility: A category for the social sciences. *Current Sociology 55*(3), 323–342.

Brümmer, K. (2015). *Mitspielfähigkeit. Sportliches Training als formative Praxis.* Bielefeld: transcript.

Garfinkel, H. (1967). *Studies in ethnomethodology.* Cambridge: Polity Press.

Gebauer, G. (1972). „Leistung" als Aktion und Präsentation. *Sportwissenschaft 2*(2), 182–203.

Gugutzer, R. (2010). Soziologie am Leitfaden des Leibes. Zur Neophänomenologie sozialen Handelns am Beispiel der Contact Improvisation. In F. Böhle, & M. Weihrich (Hrsg.), *Die Körperlichkeit sozialen Handelns. Soziale Ordnung jenseits von Normen und Institutionen* (S. 165–184). Bielefeld: transcript.

Güllich, A. (2013). Talente im Sport. In A. Güllich & M. Krüger (Hrsg.), *Sport: Das Lehrbuch für das Sportstudium* (S. 623–653). Berlin: Springer.

Haller, M. (2014). *Abstimmung in Bewegung: Intersubjektivität im Tango Argentino.* Bielefeld: transcript.

Hempfer, K. W. (2011). Performance, Performanz, Performativität. Einige Unterscheidungen zur Ausdifferenzierung eines Theoriefeldes. In K. W. Hempfer & J. Volbers (Hrsg.), *Theorien des Performativen. Sprache – Wissen – Praxis. Eine kritische Bestandsaufnahme* (S. 13–42). Bielefeld: transcript.

Hirschauer, S. (2002). Grundzüge der Ethnographie und die Grenzen verbaler Daten. In D. Schaeffer & G. Müller-Mundt (Hrsg.), *Qualitative Gesundheits- und Pflegeforschung* (S. 35–46). Bern: Huber.

Hoyer, T., Weigand, G., & Müller-Oppliger, V. (2013). *Begabung. Eine Einführung.* Darmstadt: WBG

Janetzko, A. (2016). Professionelles Sehen. Sichtungspraktiken im Tanzsport. *Sport und Gesellschaft - Sport and Society 12*(2), 105–132.

Janetzko, A. (2018). Über 'Talentschmieden' und 'geborene Sieger'. Eine praxeografische Analyse von Talentkonstruktionen im Leistungssport. In A. Böker, & K. Horvath (Hrsg.), *Begabung und Gesellschaft. Sozialwissenschaftliche Perspektiven auf Begabung und Begabtenförderung* (S. 139–164). Wiesbaden: Springer

Janetzko, A. (2021). *Talent (be)werten. Eine praxeografische Untersuchung von Talentsichtungen im Leistungssport.* Bielefeld: transcript.

Joch, W. (2011). Talentförderung in Deutschland – wissenschaftlicher Erkenntnisgewinn und praktische Realisierungsprobleme. *Leistungssport 41*(2), 12–18.

Keogh, J. (2013). Coach's Corner. Kommentar zum Beitrag von Schorer, J. & Elfering-Gemser, M. T., How good are we at Preditcting Athletes' Future? In D. Farrow, J. Baker, & C. Macmahon (Hrsg.), *Developing Sport Exercise. Researchers and Coaches put Theory into Practice* (S. 40–44). London/New York: Routledge.

Klein, G., & Göbel, H.K. (2017). Performance und Praxis. Ein Dialog. In G. Klein, & H. K. Göbel (Hrsg.), *Performance und Praxis. Praxeologische Erkundungen in Tanz, Theater, Sport und Alltag* (S. 7–44). Bielefeld: transcript.

Körner, S. (2012). Doping im Spitzensport der Gesellschaft. Systemtheoretische Betrachtung. In S. Körner & P. Frei (Hrsg.), *Die Möglichkeit des Sports. Kontingenz im Brennpunkt sportwissenschaftlicher Analysen* (S. 73–98). Bielefeld: transcript.

Krockow, C. (1974). *Sport und Industriegesellschaft.* München: Piper Verlag.

Krüger A. K., & Reinhart, M. (2016). Wert, Werte und (Be)Wertungen. Eine erste begriffs-und prozesstheoretische Sondierung der aktuellen Soziologie der Bewertung. *Berliner Journal für Soziologie 26* (3–4), 485–500.

Legnaro, A. (2004). Performanz. In U. Bröckling, S. Krasmann, & T. Lemke (Hrsg), *Glossar der Gegenwart* (S. 204–209). Frankfurt a. M.: Suhrkamp.

Markworth, P. (2004). *Sportmedizin.* Reinbeck: Rowohlt.

Müller, M. (2014). Fußball als interaktive Praxis – Zum Verhältnis von Praxistheorie und face-to-face Interaktion. *Sport und Gesellschaft – Sport and Society 11*(3), 187–211.

Nicolini, D. (2012). *Practice theory, work, and organization. An introduction.* Oxford: Oxford University Press.

Pille, T., & Alkemeyer, T. (2016). Bindende Verflechtung. Zur Materialität und Körperlichkeit der Anerkennung im Alltag der Schule. *Vierteljahrsschrift für wissenschaftliche Pädagogik 92*(1), 170–194.

Reckwitz, A. (2003). Grundelemente einer Theorie sozialer Praktiken: Eine sozialtheoretische Perspektive. *Zeitschrift für Soziologie, 32*(4), 282–301.

Reckwitz, A. (2008). Praktiken und Diskurse: Eine sozialtheoretische und methodologische Relation. In H. Kalthoff, S. Hirschauer, & G. Lindemann (Hrsg.), *Theoretische Empirie. Die Relevanz qualitativer Forschung* (S. 188–209). Frankfurt a. M.: Suhrkamp.

Rouse, J. (2007). Social practices and normativity. Division I Faculty Publications. Paper 44. https://wesscholar.wesleyan.edu/div1facpubs/44. Zugegriffen: 14. Januar 2019.

Schatzki, T. (1996). *Social practices. A Wittgensteinian approach to human activity and the social.* Cambridge/New York: Cambridge University Press.

Schatzki, T. (2002). *The site of the social: A philosophical account of the constitution of social life and change.* University Park: Pennsylvania State University Press.

Schatzki, T. (2012). A primer on practices: Theory and research. In J. Higgs, R. Barnett, S. Billett, M. Hutchings, & F. Trede (Hrsg.), *Practice-Based Education: Perspectives and strategies* (S. 13–26). Rotterdam: Sense Publishers.

Scheffer, T. (2002). Das Beobachten als sozialwissenschaftliche Methode – Von den Grenzen der Beobachtbarkeit und ihrer methodischen Bearbeitung. In D. Schaeffer & G. Müller-Mundt (Hrsg.), *Qualitative Forschung in den Gesundheits- und Pflegewissenschaften* (S. 351–374). Bern: Huber.

Schindler, L. (2009). The production of 'vis-ability': An ethnographic video analysis of a martial arts class. In U. Kissmann (Hrsg.), *Video interaction analysis* (S. 135–154). Frankfurt a. M.: Lang.

Schmidt, R. (2012). *Soziologie der Praktiken*. Berlin: Suhrkamp.

Schmidt, R., & Lee, T. (2011). *Motor control and learning. A behavioral emphasis*. Champaign: Human Kinetics.

Villa, P. I. (2009). „Das fühlt sich so anders an ...". Zum produktiven ‚Scheitern' des Transfers zwischen ästhetischen Diskursen und tänzerischen Praxen im Tango. In G. Klein (Hrsg.), *Tango in Translation* (S. 105–120). Bielefeld: transcript.

Von der Handnotation zum „Live-Scouting" am Bildschirm. Quantifizierung, (Be)Wertung und Medialität im Profifußball

Franziska Hodek

1 Einleitung: Quantifizierende (Be)Wertungspraktiken im Profifußball und Medialität

Wie Steffen Mau (2017, S. 11, 14) in seinem Buch *Das metrische Wir. Über die Quantifizierung des Sozialen* diagnostiziert, hat sich in gegenwärtigen Gesellschaften eine „allgemeine Kultur", ja sogar „ein Regime der Quantifizierung" herausgebildet. Wichtige Antriebskräfte für diese Entwicklung sind ihm zufolge einerseits technologisch bedingte Prozesse der fortschreitenden digitalen Datenerzeugung und -verarbeitung, andererseits aber auch die Bereitschaft gesellschaftlicher Akteure, sich als – zuweilen unfreiwillige – Datenlieferant*innen an den umfassenden Quantifizierungsprozessen zu beteiligen. Analog zu dieser allmählich in alle Lebensbereiche vordringenden Quantifizierung, also der Übersetzung von Phänomenen, Geschehnissen und Eigenschaften in Zahlenwerte und deren gesellschaftliche Produktion und Kommunikation, haben sich in den letzten Jahren in den Sozialwissenschaften Forschungsfelder herausgebildet, die sich als „Soziologie der (Be)wertung" und „Soziologie der Quantifizierung" beschreiben (lassen).[1] Zwar beschäftigen sich ihre Vertreter*innen aus ganz unterschiedlichen

---

[1]Zur „Soziologie der Bewertung" zählen selbstredend die Beiträge in diesem Band sowie grundlegend z. B. Lamont (2012). Davon nicht immer ganz trennscharf abzugrenzen sind z. B. Zillien (2017), Diaz-Bone und Didier (2016), Rottenburg et al. (2015), Heintz (2012, 2010), Vormbusch (2012), Espeland und Stevens (2008) oder Mennicken und Vollmer (2007) für die „Soziologie der Quantifizierung".

F. Hodek (✉)
Katholische Universität Eichstätt-Ingolstadt, Eichstätt, Deutschland
E-Mail: franziska.hodek@ku.de

O. Berli et al. (Hrsg.), *Bewertungskulturen,* Soziologie des Wertens und Bewertens,
https://doi.org/10.1007/978-3-658-33409-3_8

Fachtraditionen heraus[2] und unter verschiedenen theoretischen Vorzeichen mit der zunehmenden „Ausbreitung von Zahlenhaftigkeit" (Mau 2017, S. 17). Gemeinsam ist den Ansätzen der soziologischen Quantifizierungs- und Bewertungsforschung jedoch, dass sie bei Praktiken des Zahlengebrauchs die „Dimension der Performanz, der Intervention im Unterschied zur Repräsentation" (Ortmann 2007, S. 8) hervorheben und damit aus einer konstruktivistischen Perspektive heraus deren vielfach angenommenem und weit verbreitetem Neutralitäts- und Objektivitätsanspruch widersprechen. Für Statistiken im Sport, die eine spezielle Form der Quantifizierung darstellen und numerische Werte umfassen wie z. B. Zweikampfquote, Ballbesitz oder Laufgeschwindigkeit im Fußball, haben David Yarrow und Matthias Kranke (2016, S. 445) diese Position folgendermaßen formuliert:

„We argue that statistics do not simply represent sporting behaviour and condense it into numerical fact. A notable additional capacity of statistics is performative – that is, their use (re)shapes the ways in which sports are understood and conducted" (Yarrow und Kranke 2016, S. 445).

Das mit dieser Annahme konstatierte Desiderat, wonach (statistische) Datenerhebungs- und Datengebrauchsverfahren und ihre Effekte auf Selbstverständigungs- und Wertsetzungsprozesse im Profisport bisher noch wenig untersucht wurden (Yarrow und Kranke 2016, S. 445), möchte ich mit dem vorliegenden Artikel ein Stück weit einholen. Er fügt sich damit in den im vorangegangenen Abschnitt skizzierten Forschungsdiskurs ein, zu dem ich meine Beobachtungen aus dem Feld des professionellen Fußballs beitragen möchte. Der Profifußball, so meine forschungsleitende Annahme, stellt dabei einen besonders instruktiven und vergleichsweise gut zugänglichen Fall der Herstellung, Zirkulation und Verwendung von Zahlenwerten und ihren Effekten dar.[3] Denn im Hinblick auf die Nutzung von Statistiken, Indikatoren und anderen

---

[2]Als Forschungsfelder und -vertreter*innen, die den oben aufgeführten, aktuelleren Autor*innen gewissermaßen den Boden bereitet haben, können die ursprünglich in den Wirtschaftswissenschaften beheimateten Critical Accounting Studies (z. B. Hopwood und Miller 1994), die historische und soziologische Wissenschaftsforschung (z. B. Desrosières 2005 [1993]; Knorr-Cetina 1984) sowie die Wirtschafts- und Finanzmarktsoziologie (z. B. Callon 1998) genannt werden.

[3]Relativ gut zugänglich ist das Feld des Profifußballs in dem Sinne, dass über die interessierenden Bereiche in den Medien gern und vergleichsweise viel berichtet wird, sodass sie – anders als weniger publik gemachte und publizistisch aufbereitete Objektbereiche wie z. B. wirtschafts- oder gesundheitspolitische Indikatoriken – über diesen Materialbestand bereits zu einem gewissen Grad soziologisch erschließbar werden. Diese öffentliche Zugänglichkeit soll jedoch nicht darüber hinwegtäuschen, dass sich der „Rapport" (Breidenstein et al. 2013,

Analysemodellen zur Leistungsbeobachtung, -messung und -bewertung befindet sich das Feld Profifußball aktuell erstens in einer anhaltenden „Aufbauphase", in der sich diesbezüglich fortwährend (De-)Stabilisierungsprozesse ereignen. Und zweitens – so hat sich bisher ebenfalls gezeigt – geschieht dies zugleich in permanenter Auseinandersetzung mit einer feldspezifischen, vielgestaltig und kontrovers geführten Kritik, die quantifizierende Analyseverfahren und ihre Relevanzen immer wieder aufs Neue auf die Probe stellt und damit soziologisch wertvolle Hinweise auf deren charakteristische Eigenschaften und Merkmale mittransportiert.

Wie oben bereits als zentrale Triebkräfte einer allgemeinen fortschreitenden Quantifizierung identifiziert, lassen sich auch im professionellen Fußball sowohl der verstärkte Einsatz computerisierter Datenerhebungsverfahren als auch eine weit verbreitete „Mitmachbereitschaft" seiner Akteure an einer „Vermessung des Fußballs" (Grüling 2015)[4] beobachten. Bemühungen, Spielgeschehen und Spieler*innenbewegungen mit Computerunterstützung zu registrieren und daraus spiel- und spieler*innenbezogene Daten zu extrahieren, setzten im Profifußball Ende der 1980er Jahre ein und durchziehen seither nicht nur die Organisationen des Fußballs selbst, sondern auch sportwissenschaftliche und -informatische Einrichtungen (Hughes 1988; Winkler und Reuter 2000; Perl et al. 2013; Memmert et al. 2016), den Sportjournalismus (Loy 1994; Horky und Pelka 2018) und andere Arbeitsfelder, die sich quantifizierende Spielanalysen zunutze machen, etwa die Sportwettenbranche (Möll und Hitzler 2014; Hodek 2018). Die zunehmende Quantifizierung in der Welt des Sports und des Profifußballs ist aber kein Novum, denn in anderen Sportarten – vor allem aus dem US-amerikanischen Raum – zählen statistisch berechnete Zahlenwerte schon länger zum sportlichen Alltag. Dies gilt neben den US-Ligen im Basketball, Eishockey und American Football insbesondere für die MLB (Memmert und Raabe 2017, S. 100), den amerikanischen Profibaseball, der bereits seit seinen Anfängen im letzten Drittel

---

S. 60–65) gegenüber bestimmten Akteuren, die in Abschn. 3 aufgeführt werden, zuweilen nicht weniger schwierig gestaltet als in anderen, vermeintlich „geschlosseneren" sozialen Feldern. Diese Zögerlichkeit, Außenstehenden Einblicke in die Entstehungs- und Verwendungsprozesse numerischer Größen zu gewähren, stellt per se aber bereits einen wichtigen Aspekt solcher „(e)valuative practices" (Lamont 2012, S. 4) im Profifußball dar, die oft von privatwirtschaftlichen Organisationen durchgeführt und mitunter als Geschäftsgeheimnisse behandelt werden.

[4] Birk Grülings Titel steht stellvertretend für eine ganze Reihe von Artikeln aus der Fußballberichterstattung, die dieses „Mess- und Zählparadigma" nicht nur in der deutschen Bundesliga thematisiert. Dass der Autor dennoch der Meinung ist, dass „die beliebteste Sportart der Welt dadurch trotzdem nicht [berechenbar wird]" (Grüling 2015), deutet bereits auf die weiter oben angesprochenen, kritisch und kontrovers geführten Debatten zum Thema hin.

des 19. Jahrhunderts als ausgesprochenes „Spiel der Zahlen" (Biermann 2009, S. 27) gehandelt wird. Zwar kann man davon ausgehen, dass sich der Profifußball diese „frühquantifizierende(n)" Sportart(en) ganz allgemein zum Vorbild für die Entwicklung neuer Analysepraktiken genommen hat. Unter anderem wegen seiner ganz anderen Spielanlage, die es beispielsweise erschwert, das Geschehen auf dem Platz auf einzelne Spieler*innenaktionen „herunterzubrechen", wie es im Baseball vergleichsweise unkompliziert möglich ist, steht der professionelle Fußball aber vor der Herausforderung, seine eigenen Quantifizierungsstrategien zu entwickeln.

Analog zu Maus (2017) Gegenwartsdiagnose habe ich in Bezug auf Parallelentwicklungen im Profifußball bisher hauptsächlich von neuen Praktiken der „Quantifizierung" gesprochen, obwohl diese – wie sich in der empirisch-praxeografischen Auseinandersetzung mit konkreten Analyseprozessen noch zeigen wird – in einem engen Wechselverhältnis mit Prozessen des „Wertens" und „Bewertens" stehen. Angesichts Michèle Lamonts (2012, S. 215) Verweis auf die Literaturvielfalt zu Definitionsfragen rund um „worth, value, valuation, evaluation, and judgment" ist eine Definition des Basisvokabulars sinnvoll. Dabei stütze ich mich auf Anne Krüger und Martin Reinhart (2016, S. 487), die unter „Werten" das Definieren und Hervorbringen von Geschehnissen oder Eigenschaften als werthaltig verstehen sowie unter „Bewerten" das Abwägen und Bemessen der Güte ihres Werts (Krüger und Reinhart 2016, S. 493). In Kombination aus beidem lässt sich schließlich von „(Be)Wertung" sprechen, deren Prozess(e) man mit Lamonts „(e)valuative practices" gleichsetzen kann.

Neben der engen Beziehung, in der (Be)Wertung und Quantifizierung – nicht nur im professionellen Fußball – stehen, lässt sich ein weiteres, oftmals vernachlässigtes Näheverhältnis ausmachen: nämlich das von Quantifizierungs- und (Be)Wertungspraktiken mit Medialität, mit der sie immer schon eng verstrickt sind. Die These von der konstitutiven Vermitteltheit dieser Praktiken durch (Aufzeichnungs-)Medien[5] soll in diesem Beitrag an zentraler Stelle stehen und im nun folgenden, empirisch-analytischen Teil plausibilisiert werden. Dazu will

---

[5]Zwar gehe ich von einem vergleichsweise engen, technikorientierten Medienbegriff aus, von Medien als „technische Vermittlungsinstanz von Kommunikation" (Hepp 2013, S. 3). Angesichts der aktuellen Entwicklung von Medien, in der sie zunehmend digital vernetzt sind und nicht länger sinnvoll als „Einzelmedien" konzeptionalisiert werden können, ist jedoch auch ihre Eingebundenheit in und ihre Verfassung als „Konstellationen von Kulturtechniken" (Schüttpelz und Gießmann 2015, S. 8) zu berücksichtigen. Dass durch sie ein doppelter Prozess der Vermittlung und Erzeugung angestoßen und etwas *anderes* zugänglich gemacht wird, darauf hat nicht nur Eva Schürmann (2010) aufmerksam gemacht. Auch Nicole Zillien (2017, S. 37) beschreibt diesen indirekten Zugang zum vermittelten Objekt, das nie an sich, sondern immer nur durch Einschreibungsgeräte und ihre zeichen- und zahlenhaften

ich zunächst wichtige Akteure quantifizierender Spielanalysen im Feld Profifußball aufführen und Spielanalyseunternehmen darin einordnen (2), um daraufhin den Blick in die Vergangenheit zu richten und einen kurzen genealogischen Abriss über die Wegbereiter heutiger Analyseansätze zu geben (3). Im nächsten Abschnitt (4) werden Einblicke in ethnografisch und videografisch explorierte (Be)Wertungspraktiken bei Spielanalysefirmen gegeben, wobei immer auch Formen von Medialität und ihre spezifischen Wirkungsweisen berücksichtigt werden sollen. Im letzten Abschnitt (5) möchte ich ein kurzes Fazit ziehen und dabei auch konzeptionelle bzw. methodologische Überlegungen zu den dargestellten (vorläufigen) Analyseergebnissen sowie zur eingenommenen Forschungsperspektive anstellen.

2 Spielanalyseunternehmen als Akteure quantifizierenden (Be)Wertens im Profifußball

Um mich quantifizierenden (Be)Wertungspraktiken im professionellen Fußball anzunähern, verfolge ich als Forschungsstrategie eine fortlaufend konstruierte *Multi-Sited Ethnography* im Sinne von George E. Marcus (1995), die mich nach dem Leitprinzip *Following the Data* in verschiedene Forschungssettings geführt hat bzw. führt. Das Following-the-Data-Prinzip stellt eine Modifikation der von Marcus' vorgeschlagenen sechs Modi des Folgens dar:

> „These techniques might be understood as practices of construction through (preplanned or opportunistic) movement and of tracing within different settings of a complex cultural phenomenon given an initial, baseline conceptual identity that turns out to be contingent and malleable as one traces it" (Marcus 1995, S. 106).

Mithilfe dieser Konstruktionspraktiken entlang des Konzepts der Daten ließen sich im Forschungsprozess mehrere „Settings" oder „Sites" (Schatzki 2002) des Quantifizierens und (Be)Wertens ausfindig machen. Über *Mapping*-Verfahren, die sich an denen von Adele Clarke (2012) orientieren, wurde versucht, die Settings zu visualisieren (Abb. 1):

In dieser vereinfacht dargestellten „Map von Sozialen Welten in Arenen" (Clarke 2012, S. 149), auf deren Begrifflichkeiten und theoretische Prämissen

---

Abbildungen medial verfügbar gemacht wird, im Rückgriff auf Vertreter*innen der neueren Wissenschaftsforschung wie Bruno Latour, der zusammen mit Steve Woolgar für die Darstellungen der „Einschreibungsgeräte" 1979 den Begriff „Inskriptionen" prägte.

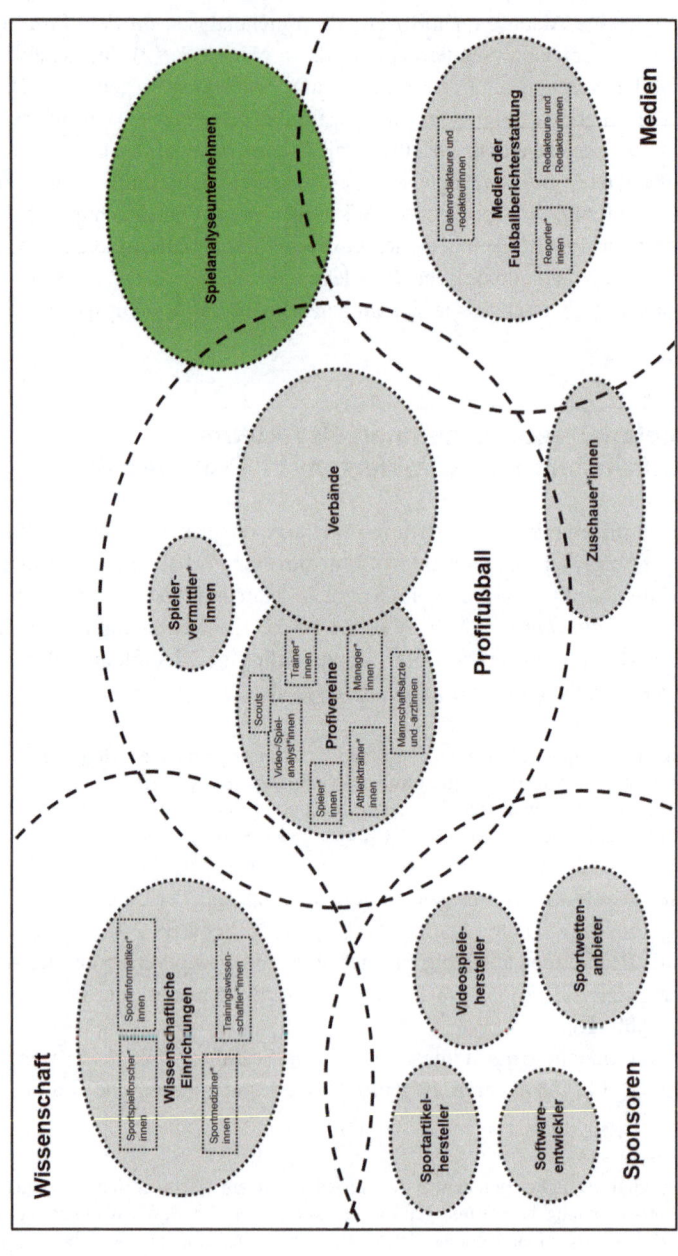

Abb. 1 Akteure quantifizierenden (Be)Wertens im Feld Profifußball. (© Autorin)

hier nicht näher eingegangen werden soll, kommt zum Ausdruck, dass quantifizierende, den Profifußball betreffende (Be)Wertungspraktiken von verschiedenen Akteursgruppen und Untergruppen (gepunktete Linien) getragen werden, die unterschiedlichen gesellschaftlichen Bereichen zugeordnet werden können (gestrichelte Linien). So treten Analyseverfahren, wie oben bereits erwähnt, nicht nur in den „klassischen" Organisationen des Fußballs wie beispielsweise in den Profivereinen auf, wo mit ihrer Unterstützung Video- bzw. Spielanalyst*innen, Scouts, Trainer*innen und Manager*innen, Athletiktrainer*innen, Mannschaftsärzte und -ärztinnen sowie schließlich auch Spieler*innen an der Optimierung des sportlichen und wirtschaftlichen Erfolgs der Mannschaft arbeiten.[6] Auch in der Wissenschaft und in wissenschaftsnahen Bereichen bemühen sich unter anderem Sportspielforscher*innen, Sportinformatiker*innen, Sportmediziner*innen und Trainingswissenschaftler*innen darum, zahlenbasierte Analysetools „so aufzubereiten, dass sie [für das] Trainerteam nutzbar" (Memmert und Raabe 2017, S. 275) werden und so Eingang in die sportliche Praxis finden. Medien bilden neben einer Reihe von anderen Akteuren, wie z. B. Sportartikelhersteller, Softwareentwickler, Videospielehersteller und Sportwettenanbieter, die ich vorläufig unter dem Schlagwort „Sponsoren" zusammengefasst habe, einen weiteren wichtigen Akteursbereich, in dem Reporter*innen, Redakteure und Redakteurinnen und neuerdings verstärkt auch Datenredakteure und -redakteurinnen ihre Beiträge und „Storys" mit Zahlenwissen unterfüttern – quer über alle Mediensparten hinweg, von TV über Print- bis hin zu Onlinemedien. Die Schnittmengen der Spielanalyseunternehmen mit den Feldern Profifußball und Medien machen bereits die gegenseitige Nähe dieser Bereiche deutlich. Daher können Spielanalyseunternehmen oder „Sportdatenanbieter", wie sie sich selbst oft bezeichnen, in dem gezeigten organisationalen Gefüge ebenfalls als wichtige Akteure quantifizierenden (Be)Wertens gelten. Um die geschichtliche Entwicklung von Analysepraktiken und sie begleitende, technisch-mediale Einschreibungsgeräte wird es im nächsten Abschnitt gehen.

3   Kurze Genealogie von Spielanalysen im Profifußball

Laut Daniel Memmert und Dominik Raabe (2017, S. 21–57), die die Spielanalyseentwicklung aus sportwissenschaftlicher Sicht erstmals systematischer betrachten,

---

[6]Zu den jeweiligen Zielsetzungen der einzelnen Quantifizierungsstrategien siehe auch Hodek (2018).

reichen die Anfänge quantifizierender Analyseverfahren im professionellen Fußball in die 1950er Jahre zurück. Damals begann der englische Buchhalter und
Royal Air Force-Leutnant Charles Reep – zunächst als Laie – Fußballspiele zu
beobachten und sich mit Zettel und Stift Notizen davon zu machen. Über sein
ansonsten kaum überliefertes Verfahren ist bekannt, dass er per Hand während des
Spiels bestimmte, von ihm mit Symbolen versehene und damit als werthaltig defi-
nierte Geschehnisse auf dem Spielfeld aufzeichnete, diese anschließend statistisch
aufbereitete und in Spielberichten zur Bewertung der Mannschaften heranzog. Im
Laufe der Zeit entwickelte Reep daraus ein elaboriertes Handnotationssystem, das
ihm schließlich den Titel als „erster Spielanalyst in der Geschichte" (Memmert
und Raabe 2017, S. 31) des Profifußballs einbrachte.

Im Verlauf der 1990er Jahre wurden die bis dahin zum Standard avancierten
Handnotationssysteme nach und nach durch computerisierte Datenverarbeitungs-
systeme als Aufzeichnungsgeräte ersetzt. Eine wichtige Neuerung der vom
britischen Sportwissenschaftler Mike Hughes (1988) entwickelten „computerized
notation analysis" waren sogenannte *concept keyboards,* spezielle Grafiktableaus
mit Auflageblättern, auf denen Felder mit vorher festgelegten Mannschafts- oder
Spieler*innenereignissen, z. B. Tore, Fouls oder Eckstöße, aufgebracht waren.
Durch Tippen dieser Felder, die in ihrer Wertungsfunktion Reeps Symboliken
ähneln, wurden die Ereignisse in den Computer eingegeben und – vergleichbar
mit einer Strichliste – durch das Programm aufsummiert; zur Bestimmung von
Ballposition und -besitz wurde auf der ebenfalls auf dem „Pad" abgebildeten
Spielfeldskizze der Ball mithilfe der Maus „verfolgt" (Hughes 1988, S. 1587).

Obwohl kein Kontakt zwischen Hughes und Sportwissenschaftler*innen aus
Deutschland bestand, wurden parallel dort ähnliche Spielbeobachtungsansätze
entwickelt (Memmert und Raabe 2017, S. 41). Der Ansatz von Roland Loy (1994)
etwa diente als Basis für das zwischen 1992 und 2003 auf dem Privatsender SAT.1
ausgestrahlte Bundesligamagazin *ran,* das für seine zahlenhafte Berichterstattung
auf ein für das deutsche Sportfernsehen völlig neues Sendekonzept zurückgriff.
Zentral war hier wie bei Hughes die Verwendung von – heute würde man sagen –
Tabletcomputern mit Ereignisfeldauflage (Abb. 2), auf der sogenannte „Scouter"
in den Stadien während des Spiels Felder mit (spielunterbrechenden) Ereignissen
druckten, mit der Umschalttaste die in Ballbesitz befindliche Mannschaft kenn-
zeichneten und den Ballverlauf auf dem abgebildeten Spielfeld mit einer Maus
verfolgten. Die so eingegebenen Daten wurden über eine Modem-Verbindung an
eine zentrale, bis heute existierende Datenbank übertragen und prozessiert. Die
Vorabauswahl und damit Wertung der Ereignisse, die auf Loys Forschungen zur
Fußballanalyse basierten und in der Programmierung der Pads ihren Niederschlag

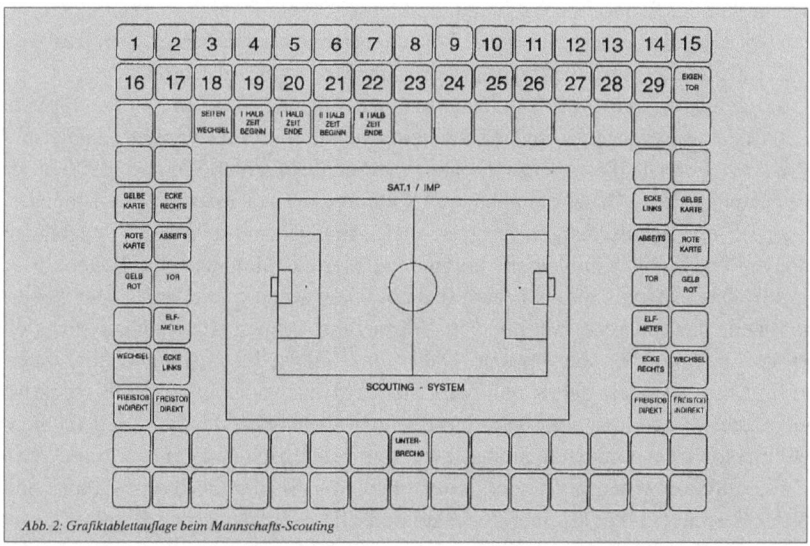

Abb. 2: Grafiktablettauflage beim Mannschafts-Scouting

Abb. 2 Tabletauflage beim Scouting für das *ran*-Spielanalyse-/Datenbankensystem. (aus: Loy (1994, S. 40)

fanden, wurde zusammen mit (anderen) Trainer*innen und Sportwissenschaftler*innen zur definitorischen Verständigung schriftlich festgehalten (Loy 1994, S. 39).

Sowohl in Hughes' als auch in Loys Analysekonzept spielte nicht nur die Einbindung von (Tablet-)Computern als neues, schneller zu bedienendes Einschreibungsgerät eine Rolle, sondern zugleich auch die Einbeziehung von videobasierten Verfahren. Im *ran*-Sendekonzept etwa wurden in der Studiozentrale an einem Spieltag die TV-Bilder aller neun Bundesligaspiele auf Fernsehmonitoren gezeigt, während sie, durch Time-Codes mit den Eingaben der Scouter*innen synchronisiert, auf Video aufgezeichnet wurden. Die Videoaufzeichnung diente vor allem der Nachbearbeitung der Spiele, die eine wiederholte Ansicht durch sogenannte „Observer", die Überprüfung und Ergänzung der bisher „gescouteten" sowie das Anlegen neuer Spielereignisse gewährleisten sollte (Loy 1994, S. 42).[7]

---

[7]Diese Methode der zeitlichen Codierung von Ereignissen und ihre Kopplung an Videoaufnahmen, die bis zur beschriebenen „Computerisierungswelle" in den 1990er Jahren noch über den VHS-Recorder liefen, bildet im Grunde bis heute die Arbeitsgrundlage von Video- bzw. Spielanalyst*innen, die für (professionelle) Fußballclubs arbeiten.

Neben dem im Stadion beobachteten Spielgeschehen bildeten in diesem Analysekonzept also die Fernsehbilder das Ausgangsdatenmaterial, das zu jener Zeit von
SAT.1 als damaligem Übertragungsrechteinhaber produziert wurde.[8]

Auch unabhängig von TV-Sendeanstalten entstanden in der Folge Firmen,
die videobasierte Hard- und Softwarelösungen zur Aufzeichnung und Analyse von Fußballspielen entwickelten.[9] In den Jahren 1995 und 1996 etwa
gründeten sich in Großbritannien und Frankreich zwei inzwischen fusionierte,
unter US-amerikanischem Dach firmierende Anbieter, mit denen sich sogenannte
„Player-Tracking-Technologien" kommerzialisierten (Memmert und Raabe 2017,
S. 45). Das Ergebnis dieser neuen Technologien waren „Tracking"- oder Positionsdaten, die zunächst mithilfe von Wärmebild-, später HD-Kameras ermittelt
wurden, indem über die gesamte Dauer des Spiels die Positionen aller Spieler*innen sowie des Balles auf dem Spielfeld aus einer erhöhten Perspektive
aufgezeichnet wurden. Aus dem entstehenden Datensatz, der pro Spiel mehrere
Millionen X–Y-Koordinaten umfasst, wurden rechnerisch und grafisch neue Werte
wie „Laufgeschwindigkeit" oder „Laufwege" von Spieler*innen entwickelt. Seit
in der Saison 2011/2012 unter den Stadiondächern der deutschen Bundesligisten
solche Trackingkameras installiert wurden und der Ligaverband[10] die Abgabe der
Daten auch an Dritte gestattete, wird darüber in den Fußballmedien oft in Form
sogenannter „Heatmaps" berichtet, die mithilfe von verschiedenen Farbabstufun-
gen visuell sicht- und bewertbar machen sollen, an welchen Orten Spieler*innen
auf dem Feld aktiv waren (Abb. 3).

Gerade an dieser Inskriptionsform nehmen Memmert und Raabe (2017,
S. 143 ff.) jedoch kritisch Anstoß und formulieren, dass die Heatmap zwar

---

[8]Zu den verschiedenen Inhaberschaften und Kosten der Bundesligarechte seit 1965 bis heute
siehe https://matchplanmag.de/bundesliga-rechte (Zugegriffen: 16. März 2018).

[9]Spielanalyseverfahren werden in Anwender*innenkreisen aktuell in drei Kategorien einge-
teilt: Neben videobasierten, bildverarbeitenden Verfahren gibt es derzeit GPS-gestützte sowie
radar- bzw. mikrowellenbasierte Systeme. Alle Systeme haben den Expert*innen zufolge je
nach Einsatzzweck Vor- und Nachteile: GPS-gesteuerte, sogenannte „Wearables", die die
Spieler*innen in Form eines Transponders direkt am Körper tragen, sind beispielsweise relativ einfach zu handhaben, liefern neben Positionsdaten auch physiologische Daten wie Herz-
oder Atemfrequenzen und werden daher gerne zur Trainingssteuerung verwendet. Die Mes-
sung der Positionsdaten, die für die taktische Analyse ausschlaggebend sind, gilt dabei jedoch
als ungenau, weshalb dafür vor allem Kamerasysteme zum Einsatz kommen, die jedoch im
Vergleich zu GPS-Messgeräten wiederum unflexibler im Umgang sind (Memmert und Raabe
2017, S. 62–68). Ich konzentriere mich in meinem Beitrag auf videobasierte Verfahren.

[10]Der Ligaverband vertritt die Interessen der 36 Clubs der 1. und 2. Bundesliga, gleichzeitig
ist dessen Tochtergesellschaft, unter der nochmals mehrere Unternehmen firmieren, für den
operativen Bereich tätig, wozu u. a. die Organisation und Vermarktung der Ligaspiele zählen.

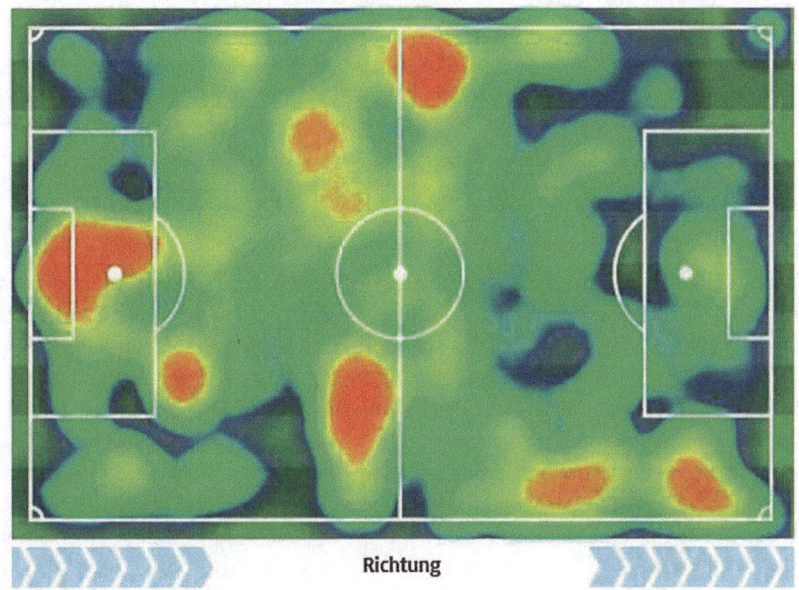

Abb. 3 Heatmap aller Spieler des FC Augsburg in der Bundesligapartie Hannover 96 – FCA am 26. Spieltag der Saison 2017/2018. (Verfügbar unter: https://liveticker.sueddeutsche.de/ fussball/1bundesliga/hannover-96/fc-augsburg/2018-03-10.html?subpage=statistiklive&sub second=heatmaps (Zugegriffen: 16. März 2018))

„durchaus ein hübscher Blickfang" sei, sie aber – genauso wie von den Medien gerne herangezogene Pass- oder Ballbesitzquoten – wenig über Spieler*innenverhalten oder Siegchancen aussage. Diesen für sportlichen Erfolg aus ihrer Sicht wenig aussagekräftigen Werten setzen die Sportwissenschaftler eigene, aus den Trackingdaten sportinformatisch errechnete „fortschrittliche Key-Performance-Indikatoren", wie z. B. „Raumkontrolle" oder „Druckeffizienz", entgegen, die sie – wie bereits in ihrem Buchtitel ausgedrückt – selbstbewusst als aktuellen Stand der taktischen Spielanalyse im deutschen Profifußball, als *Spielanalyse 4.0,* bezeichnen.

4   (Be)Werten in Spielanalyseunternehmen

Wie der vorangegangene genealogische Abriss verdeutlicht, bilden die Einschreibungsgeräte Notizblock, (Tablet-)Computer, Software-Benutzeroberflächen, Videokameras und Wiedergabegeräte in wechselnden zeitlichen ‚Versammlungen' die Vermittlungsinstanzen bzw. Medien der jeweiligen Spielanalysepraktiken, deren Durchführung ohne die Geräte überhaupt nicht möglich (gewesen) wäre. Daran wird deutlich, dass Medialität ein konstitutives Merkmal von Quantifizierungs- und (Be)Wertungspraktiken im Profifußball darstellt und die Zugänglichkeit des Spielgeschehens als (Be)Wertungsgegenstand entscheidend rahmt. Diese Annahme soll weiter gestützt werden, indem im Folgenden näher untersucht wird, wie genau in zwei darauf spezialisierten Spielanalyseunternehmen Scoutingdaten produziert werden, und indem die beiden Analysesituationen als Vergleichsfälle zueinander in Beziehung gesetzt werden. Grundlage für die Untersuchung bildet ethnografisches und teils videografisches Datenmaterial, das während drei Feldaufenthalten in den betreffenden Räumlichkeiten der Unternehmen im Zeitraum zwischen Herbst 2015 und Frühjahr 2017 generiert wurde. Davon wurde der erste, nun folgende Fall im Vergleich zum zweiten öfter (zwei Mal: März 2016 und Mai 2017) und über eine längere Dauer (insgesamt ca. fünf Stunden) beobachtet.

4.1   Fall 1: Accounting über „skopische Medien"

In einer Analysesituation im ersten Unternehmen sind pro Fußballspiel jeweils vier Mitarbeiter*innen beteiligt: zwei Analyst*innen (in der Mitte) und zwei sogenannte „Checker*innen" (außen) (Abb. 4).

Aufgabe der Analyst*innen ist es, ähnlich wie die Scouter*innen im *ran*-Konzept, Spielereignisse nach einer vorgegebenen Ereignispalette in Echtzeit, also während des laufenden Fußballspiels, in die auf dem Bildschirm angezeigte Softwaremaske einzutippen, wobei – anders als dort – ein*e Analyst*in ausschließlich für die Aktionen *einer* Mannschaft zuständig ist. Die Aufgaben der Checker*innen spiegeln sich bereits in ihrem Namen wider, denn vergleichbar mit den *ran*-Observer*innen überprüfen sie die von den Analyst*innen klassifizierten Einzelereignisse („Events"), ergänzen sie um Details („Extras") oder legen neue an. Anders als den Analyst*innen werden den Checker*innen in einer chronologisch geordneten Liste die Events *beider* Teams angezeigt (Abb. 5), jedoch nehmen auch diese trotz der „synthetisierten" Ereignisliste auf ihrem (Haupt-)Bildschirm verschiedene Perspektiven ein: Ein*e Checker*in legt den Fokus auf

Abb. 4 Team aus vier Mitarbeiter*innen beim Live-Scouting eines Bundesligaspiels. (© Autorin)

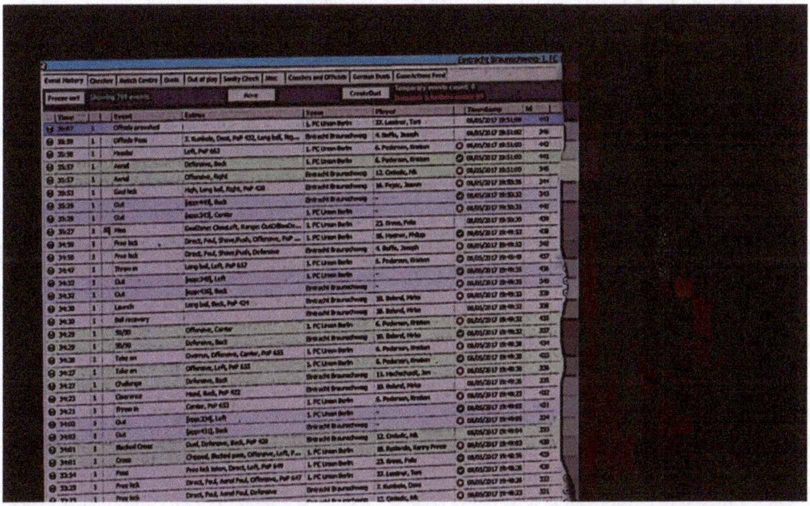

Abb. 5 Chronologische Eventliste auf der Hauptbildschirmansicht der „Checker*innen". (© Autorin)

Zweikämpfe, der oder die andere auf „Schlüsselereignisse", wie z. B. Tore, Karten oder Spieler*innenwechsel. Die letzte Entscheidungsinstanz stellt ein*e Supervisor*in dar, der oder die allerdings nur bei kapitalen Ereignissen, Fehlern oder Fragen der Analyseteams in die einzelnen Vorgänge eingreift. Den Rahmen der Vergabe der verschiedenen Ereignisse[11] gibt ein Eventkatalog vor, der in die Softwarearchitektur integriert ist. Obwohl diese englischsprachig programmiert ist, basieren die Events auf einem deutschen „Definitionskatalog", der in Diskussionsrunden aus verschiedenen Fachgruppen erarbeitet wurde. Daran beteiligt waren nicht nur Vertreter*innen aus dem Spielanalysebereich, sondern auch Fußballscouts und -funktionäre. Zentraler Akteur war dabei jedoch der Ligaverband, der mit dem Regelwerk das Ziel verfolgte, die „offiziellen Spieldaten" ermitteln zu lassen.[12] Aus Sicht des Spielanalyseunternehmens gestaltete sich die Zusammenarbeit anfangs als schwierig:

> Bei uns waren zum beispiel– genau normale freistöße sind bei uns auch pässe, waren dann bei [anderen analysefirmen] keine pässe
>
> Die ham nur pässe aus dem spiel als pässe gezählt und dann gibts halt unterschiedliche zahlen, und dann,
>
> Ja, gabs auch lange diskussionsrunden was is am besten
>
> Und dann hat man sich so zusammengerauft, […]
>
> Und irgendwann ist das ding so entstanden dass wir alle miteinander (klarkommen).

Dass es längere Diskussionen gab, führt der Firmenvertreter hier auf divergierende statistische Konventionen in Bezug auf das Spielereignis „Pass" zurück. Im eigenen Fall werden auch Freistöße als Pässe gezählt, im anderen nicht. Diese (Nicht-)Wertung hat entsprechende Folgen für die Ausprägung des errechneten Zahlenwertes (Anzahl der Pässe), der entweder bereits allein als Leistungsindikator gelesen wird (Passquote) oder als Bestandteil in komplexere, aus zusätzlichen Werten gebildete Leistungsindizes eingeht. Diese (vorübergehend)

---

[11] Zur Zeit der Feldphase im Frühjahr 2016 existierten nach eigenen Angaben 75 verschiedene Kategorien für Spielevents, z. B. „Header" (Kopfball), „Goal kick" (Abstoß), „Throw in" (Einwurf) usw., von denen pro Spiel und Mannschaft bis zu 1000 vergeben werden.

[12] Dies galt seit der Bundesligasaison 2011/2012, als der Verband erstmals einen Auftrag zur Ermittlung der offiziellen Spieldaten an Spielanalysefirmen (die im Gegenzug die produzierten Daten vermarkten durften) ausschrieb. Zur Saison 2017/2018 gründete er für die Datenermittlung eine eigene Gesellschaft, an der immer noch ein Analyseunternehmen beteiligt ist. Der Verband stellt seinen Mitgliedsvereinen die ermittelten Daten nach jedem Bundesligaspieltag zur freien Verfügung.

gemeinsam geteilten (Be)Wertungskonventionen, die im erwähnten Katalog fest-
geschrieben worden sind, werden in jeder Analysesituation auch mithilfe der
Aufzeichnungsmedien erneut stabilisiert.

Die technisch-mediale Infrastruktur stellt neben den arbeitsteilig eingenommenen Beobachtungsperspektiven und dem sozial ausgehandelten Definitionskatalog
eine weitere zentrale Voraussetzung des Klassifikationsprozesses im Spielanalyseunternehmen dar. Sie setzt sich aus Hardware- und Softwareelementen zusammen,
die schon in früheren Analysearrangements zum Einsatz kamen, z. B. Mäuse, Tastaturen, Monitore und mit einer Datenbank vernetzte Computer, die sich – anders
als noch die Laptops der Scouter*innen im *ran*-Konzept – jedoch nicht am Ort
des Fußballgeschehens befinden. Über extraschnelle Kabelverbindungen wurde
versucht, die entstehende räumliche Distanz zu überwinden und das Spielgeschehen über die TV-Bilder auf den Bildschirmen – in immer größerer zeitlicher Nähe
zum Ursprungsereignis – in die Büroumgebung zu projizieren.

Die Anordnung dieser infrastrukturellen Elemente erinnert somit stark an das,
was Karin Knorr-Cetina (2012a) „skopische Medien" genannt und am Beispiel
des bildschirmgestützten Finanzhandels herausgearbeitet hat. Ein skopisches System ist nach ihrer Auffassung eine zusammenwirkende Anordnung aus Hardware,
Software und Datenversorgung, die als Seh- und Beobachtungsinstrument eine
Welt widerspiegelt, der die Teilnehmer*innen vermeintlich extern gegenüberstehen, obwohl sie an dieser durch das skopische System vermittelten Wirklichkeit
mit ihren Eingaben reflexiv beteiligt sind (Knorr-Cetina 2012b, S. 85). Dabei sind
die Teilnehmer*innen mit ihren Tätigkeiten (im Falle des Finanzmarkts mit ihren
Buchungen und Transaktionen) nicht nur Teil der vermeintlich bloß abgebildeten Geschehnisse. Das skopische System und seine Bildschirmprojektionen treten
auch mehr oder weniger entscheidend in die jeweilige Situation ein und lassen sie
zu einer medial mitkonstituierten, „synthetischen Situation" werden, die die sons-
tige physische Umgebung erweitert: „[S]ie schließt viele Schichten und Fenster
ein […] und fügt eine analytisch konstituierte Welt zusammen, welche aus ‚allem' besteht, was potenziell relevant für die Interaktion ist" (Knorr-Cetina 2012b,
S. 86).

Die Bildschirme der Analyst*innen (Abb. 6) bilden erste, für die Analysesituation relevante Fenster im Sinne Knorr-Cetinas, da durch sie das zu beobachtende
Spielgeschehen in das Analysebüro gelangt. Für eine*n Analyst*in sind jeweils
zwei Bildschirme neben- und übereinander angeordnet: Rechts unten der noch
genauer zu besprechende Hauptbildschirm, links unten ein Bildschirm mit dem
TV-Bild des aktuell übertragenden Fernsehsenders, das gleichzeitig aufgezeichnet wird, rechts oben das aus den Perspektiven von mehreren Trackingkameras
zusammengesetzte „Panoramabild" aus dem jeweiligen Stadion und links oben

Abb. 6
Bildschirmarrangement der
Analyst*innen. (© Autorin)

ein – zumindest in dieser Konstellation – ausgeschalteter Bildschirm. Auf dem
Hauptbildschirm selbst (Abb. 7) werden weitere sechs Fenster nebeneinander und
zwei Schichten übereinander gefügt: In der Mitte schichtet sich zunächst eine
zweidimensionale, transparente Spielfeldskizze über ein erstes Fenster mit dem
TV-Bild. Die Skizze, die auch auf den früheren Padauflagen abgebildet war, bildet den Rahmen für die Festlegung von Spieler*innen und Eventkategorien, die
als Übersichtskästchen und zweites Fenster rechts oben in die Bildschirmansicht
eingebaut sind. Dazu „fahren" die Analyst*innen mit dem Cursor in etwa an
die Position heran, an der sich laut dem Kamerabild der TV-Übertragung, die
in die Fläche „übersetzt" werden muss, der Ball befindet. Dann wählen sie aus
der rechts unten sichtbaren, anfangs ins System eingegebenen und als drittes Fenster eingebauten Mannschaftsaufstellung mit den Tasten des Nummernblocks der
Computertastatur den oder die aus ihrer Sicht gerade aktive*n Spieler*in aus, der
auf der Skizze als grafischer Punkt mit Rückennummer und Namen erscheint.
Um beispielsweise einen Pass (und automatisch dessen Position auf dem Spielfeld) zu vergeben und ihn – womöglich noch mit weiteren Events verknüpft – in
das am unteren Bildschirmrand sichtbare vierte Fenster, das Ereignisfenster aufzu-
nehmen, klickt der oder die Analyst*in auf den Spieler*innenpunkt, hält die Maus

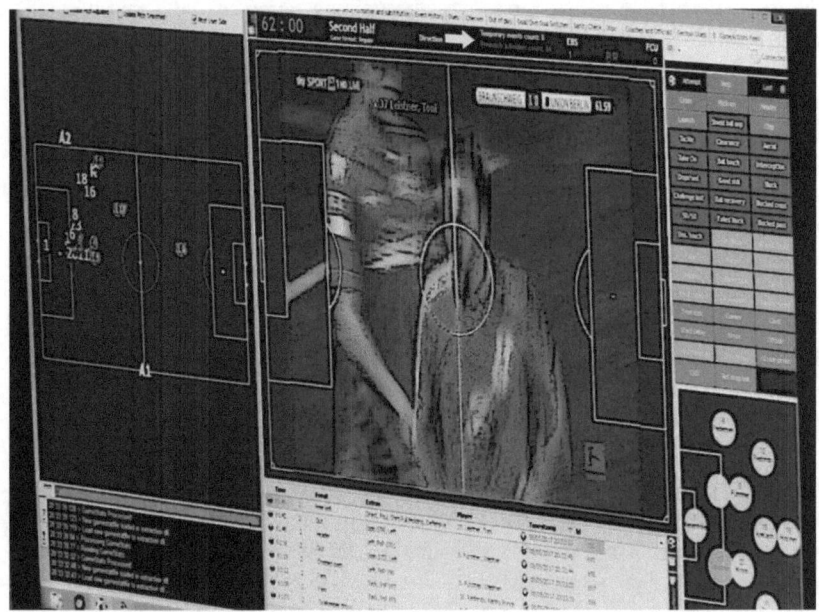

Abb. 7 Zusammensetzung der Hauptbildschirmanzeige der Analyst*innen aus Fenstern und Schichten. (© Autorin)

gedrückt und zieht dabei eine Linie zum Ankunftsort oder -spieler*in des Balles. Die 2D-Skizze links, die die grafische Aufbereitung der von den Trackingkameras aufgezeichneten Positionsdaten darstellt und die – wie das Panoramabild – von einer Partnerfirma produziert wird, hilft den Analyst*innen als fünftes Fenster beim Sehen, falls die TV-Produktionsfirma noch Zeitlupen oder Nahaufnahmen sendet, obwohl das Spielgeschehen bereits weiterläuft. Das sechste Fenster links unten hat für den Analyseprozess keine Relevanz.

Ähnlich wie in einer synthetischen Situation erster Art, in der sich Interaktionen fast ausschließlich über die Orientierung des Gesichts zum Bildschirm in einer *face-to-screen*-Anordnung vollziehen (Knorr-Cetina 2012, S. 87), ziehen insbesondere die TV-Bilder und darin der Ball und damit zusammenhängende Spieler*innenaktionen die Aufmerksamkeit der Analyst*innen auf sich. Einschnitte erfährt dieses von Knorr-Cetina (2012, S. 85) beschriebene körperliche Eintauchen der Analyst*innen in die Bildschirmwelt meist nur durch Spielunterbrechungen und damit verbundene Zeitlupeneinblendungen, die auch

die vermeintliche Eins-zu-Eins-Live-Übertragung ihrerseits als Zusammenfü-
gung perspektivisch aufgezeichneter Realitätsausschnitte und somit als mögliche
weitere Sichtfenster auf das Spiel enthüllt. Die Analyst*innen nutzen die Zeit-
lupeneinblendung als Gelegenheit für nunmehr in der *face-to-face*-Interaktion
geäußerte Fragen zur Modifikation oder Spezifizierung von Events durch Extras,
die sie in ihrer Liste über Klicks und Schaltflächen vornehmen können. Die praxeografische Feinanalyse einer kurzen Videosequenz, die der Aufzeichnung einer
laufenden Analyse eines Zweitligaspiels entnommen ist, stützt diese Beobachtung: Analyst 1 (A1) sieht solange gebannt auf den Hauptbildschirm (Abb. 8,
Zweiter von links), bis die Wiederholung einer soeben abgeschlossenen Angriffs-
aktion der von ihm analysierten Mannschaft gezeigt wird: Sofort lenkt er den
Blick nach unten und bearbeitet zuvor eingegebene Ereignisse im unteren Ereignisfenster nach (Abb. 9). Mit der Hand nun am Kinn und nicht mehr auf dem
Nummernblock wendet er sich in der noch andauernden TV-Einblendung auch
dem Aufzeichnungsbildschirm zu, auf dem er sich gleichzeitig mit Analyst 2 (A2,
Dritter von links) die vergangene Angriffsszene nochmals ansieht (Abb. 10), die
aber durch die von A2 analysierte Mannschaft vereitelt wurde, indem der Ball
von einem Abwehrspieler ins Toraus prallte. Dann wird Checker 1 (C1, Erster
von links) von dem nicht im Bild befindlichen Supervisor (S) auf einen Fehler aufmerksam gemacht: Die gerade vergangene Aktion dürfe nicht als „Miss"

Abb. 8   Sek. 00:01

Abb. 9   Sek. 00:03

Abb. 10   Sek. 00:10

Abb. 11   Sek. 00:14

Abb. 12   Sek. 00:18

(vergebene Torchance[13]) gewertet werden (Abb. 11). Nachdem sich C1 selbst berichtigt und sagt, es sei ein „Block" (Verhinderung eines Schusses aufs Tor) gewesen, richtet sich A1 mit nach links gewendetem Kopf mit folgender Frage an ihn: „Was is das danach? Auch nochmal irgendwas?" (Abb. 12). Anstatt C1 antworten fast gleichzeitig A2 und S, dass es sich (neben dem für die Mannschaft von A2 vergebenen Block) noch um einen „unsuccessful touch" (unkontrollierte Ballberührung) handle (Abb. 13). Nachdem für die Mannschaft von A1 somit kein zusätzliches Ereignis mehr identifiziert wurde, gibt A1 auch nichts Zusätzliches mehr in die Liste ein. Vielmehr nickt er das „m_hm," von C1 ab und nimmt

---

[13]Die Erläuterungen in Klammern sind Kurzzusammenfassungen der für die Ereignisse geltenden Definitionen, die im Original viel umfangreicher sind und meist Wenn-Dann-Regeln enthalten.

Abb. 13 Sek. 00:22

Abb. 14 Sek. 00:25, ©
Autorin für alle Videostills

unverzüglich wieder die anfängliche, sich in den Hauptbildschirm hineinvertiefende Ausgangshaltung ein (Abb. 14), sobald die TV-Einblendungen zu Ende sind und gezeigt wird, wie der Spieler der von ihm analysierten Mannschaft zur durch den Gegenspieler verursachten Ecke antritt.

An der feinanalytisch aufbereiteten Sequenz lässt sich nicht nur zeigen, wie sehr die über die Bildschirme projizierten Sichtfenster auf das Fußballspiel als skopische Medien in die beobachtete Analysesituation hineinragen. Die in der Sequenz enthaltene Frage von A1 ist auch kennzeichnend für das im Prozess der Scoutingdatenproduktion ablaufende (Be)Wertungsverfahren. Denn in seinem Vollzug werden Spielereignisse fortwährend und in hochfrequentierter zeitlicher Abfolge *als etwas,* also *als* „Block", *als* „Miss", *als* „Pass" usw., registriert, bezeichnet und auf diese Weise darstellbar, überprüfbar, berichtbar und – im Sinne der Ethnomethodologie – „accountable" (Garfinkel 1967, S. 1) gemacht. Daher könnte man das Scoutingverfahren mit der entsprechenden ethnomethodologischen Begrifflichkeit auch als „Accounting" bezeichnen, das heißt als in der Interaktion praktisch und methodisch vollzogenes Verfahren des *sense-making,* in dem Ereignissen und dazugehörigen Spieler*innen eine oder mehrere Kategorien zugewiesen werden, wobei diese dadurch zugleich als solche etabliert und bewertbar (gemacht) werden. Bedingungen dieser Möglichkeit von (Be)Wertung oder Accounting beim Live-Scouting sind neben den kognitiv-körperlichen, koordinatorischen und methodischen Fähigkeiten der Mitarbeiter*innen fraglos auch die beschriebenen skopischen Medien, die die Accountingsituation als zentrale Orientierungspunkte entscheidend rahmen.

4.2   Fall 2: „Writing" auf dem Touchpad

Die nun folgende Analysesituation, die im zweiten Unternehmen im Oktober 2015 für ca. zwei Stunden ethnografisch beobachtet wurde, wird zum zuvor beschriebenen Fall komparativ ins Verhältnis gesetzt. Dabei ist die „Auflösung" geringer eingestellt als im ersten Fall, der mittels videografischem Material inter-aktionsanalytisch feiner aufgeschlüsselt werden konnte. Dennoch lassen sich in der Beschreibung einige interessante Aspekte in Bezug auf Medialität in (Be)Wertungsprozessen beim Live-Scouting herausarbeiten.

Im zweiten Setting sind pro Spiel drei Mitarbeiter*innen am Analyseprozess beteiligt, wobei sich nur zwei davon in den Betriebsräumen aufhalten. Ein*e soge-nannte*r „Writer*in", dessen Tätigkeit durch die Funktionsbezeichnung bereits in eine semantische Nähe zum (Ein-)Schreiben gerückt ist, tippt auf einem an die früheren Tabletcomputer erinnernden Touchscreen vor einem Fernseher mit der TV-Übertragung Spielereignisse ein (Abb. 15), was gut hörbar von Pieptönen begleitet wird. Ein*e „(Live-)Observer*in" sieht sich die in einer Ereignisliste aufgeführten Zweikämpfe in der TV-Aufzeichnung nochmals an und nimmt wie Loys Observer*in oder die Zweikampf-Checker*innen aus dem ersten Fall ggf. Korrekturen und Ergänzungen vor. Das dritte Mitglied des Teams ist ein*e soge-nannte*r „Scouter*in", der oder die sich das zu analysierende Spiel zu Hause am Fernsehgerät ansieht und dabei codifizierte Sprachbefehle an den oder die Wri-ter*in übermittelt, der oder die diese auditiv über ein Headset empfängt und in das Pad eintippt. Wie im ersten Fall ist schließlich auch ein*e Supervisor*in zugegen, der oder die die entstehenden Ereignislisten nochmals überprüft und bei positiver Einschätzung final „einloggt". Wie bereits angeklungen, finden sich im betrachteten Setting verschiedene Medien, wie etwa Fernseher, Headset, Touchpad und dessen Verkabelung mit den Observer*innen- und Supervisor*innenarbeitsplätzen, die im Produktionspro-zess der Scoutingdaten eine tragende Rolle spielen. Die mediale Anordnung und die sich dadurch eröffnenden Sicht- und Kooperationsmöglichkeiten unterschei-den sich jedoch erheblich von denen im ersten Fall. Denn während in letzterem insbesondere auf den Analyst*innen-Bildschirmen die für skopische Medien cha-rakteristische, geradezu zentralisierte Zusammenschau von Informationen (und auch Personen) beobachtet werden konnte, sind die „Sehinstrumente" von Scou-ter*in und Writer*in im vorliegenden Fall weniger dicht arrangiert. Erstere*r

Abb. 15 „Writer*in" beim Eintippen von telefonisch übermittelten Kurz-Sprachbefehlen. (© Autorin)

verwendet als optischen Bezugspunkt lediglich das heimische TV-Gerät und die darauf empfangene Sportsendung. Zweitere*r hat zwar auch einen TV-Bildschirm vor sich, auf dem die zu analysierende Partie mitverfolgt werden kann, meist wird sich jedoch auf die gesprochenen Kommandos und deren Eingabe in das Touch-pad konzentriert. Durch die räumliche Distanz und die allein an den oder die Writer*in gekoppelte Telefonverbindung ist es dem oder der Scouter*in zudem nicht möglich, sich bei Fragen wie in Fall 1 *face-to-face* mit seinem Analyse-team zu koordinieren. Das heißt, die auditive Interaktionsebene, die im ersten Fall in den Hintergrund der physischen Umgebung des Raums tritt und in die sich die Analyst*innen immer dann begeben können, wenn die primäre Aufmerk-samkeitskonzentration auf den Bildschirm nachlässt, bildet den vordergründigen Interaktionsrahmen des Scouters im zweiten Fall. Aufgrund der weitgehenden Isolierung des Scouters vom restlichen hörbaren Geschehen im Raum durch das Headset ist der (Be)Wertungsprozess allein von ihm und seiner Übersetzungs-fähigkeit von akustischen Kommandos in Eingabebefehle auf dem Touchpad abhängig, ohne dass er in *face-to-face*-Interaktion mit anderen kopräsenten Personen treten könnte. Die (Be)Wertungen entziehen sich somit einer gemeinsam in der *face-to-face*-Interaktion hergestellten Überprüfbarkeit.

Wie an den beiden näher betrachteten Analysesituationen in zwei Unternehmen für Live-Scoutingdaten gezeigt werden kann, sind Medien (Bildschirme, Tastaturen, Touchpads, Fernsehbilder, Headsets, Eingabeinterfaces, etc.) entscheidend an deren Produktionsprozess beteiligt. Indem sie das Spielgeschehen, den Bewertungsgegenstand der Analyst*innen und Scouter*innen, technisch und materiell in die entsprechenden Räumlichkeiten vermitteln, bedingen sie die Möglichkeit des Live-Scoutings, das heißt Ereignisse anhand des medial vermittelten Spiels *als* bestimmte accounten, (be)werten und damit hervorbringen zu können. Technisch-mediale Vermitteltheit ist aber nicht nur ein wichtiger Aspekt bei den beschriebenen (Be)Wertungsprozessen des Live-Scoutings, also letztlich bei der Herstellung von Scoutingdaten. Auch die Speicherung, Weitergabe und Weiterverarbeitung dieser Daten wird im Sinne Knorr-Cetinas über ein skopisches System vermittelt, das weitere, zum Teil synchron zum Scouting ablaufende Beobachtungs- und (Be)Wertungsprozesse ermöglicht. So werden die accounteten Eingaben, die in den Spielanalyseunternehmen getätigt werden, als Scoutingdaten in einer Datenbank gespeichert und fast zeitgleich zu ihrer Eingabe durch die Software zu statistischen, zahlenförmigen Basisgrößen verarbeitet, wodurch bei der Ausgabe für die Beobachtenden erneut eine Bewertung, also die Abwägung von „mehr" oder „weniger" (z. B. Toren, Pässen, Zweikämpfen etc.) ermöglicht wird. Von dieser Möglichkeit machen – wie in Abschn. 3 bereits erwähnt – viele Arten von Fußballmedien regelmäßig Gebrauch, indem sie die Daten, deren Darstellungsformate auf die Weiterverwendung durch die Medien zugeschnitten sind, während oder nach dem Spiel per Feed von den Unternehmen beziehen. Typische Beispiele für solche Verwendungen in Online-Medien sind neben der „Heatmap" in Abb. 3 auch „Spieldaten"-Ansichten (Abb. 16), das heißt nach einer Partie abrufbare Ereignisübersichten und Leistungsgegenüberstellungen, deren Schlüsselereignisse und zahlförmige Bewertungsgrößen wie Laufleistung, Pass- oder Zweikampfquote eines Teams allesamt von Sportdatendienstleistern stammen. Zu deren Kundschaft zählen daneben aber auch Fußballverbände, die die Datenproduktion bei ihnen in Auftrag geben, Fußballvereine, die die Ergebnisse zur jeweils eigenen Bewertung heranziehen, oder schließlich Sportwettenanbieter, die aus den Daten Wettanlässe (und deren Quotierung) kreieren.

Beim Live-Scouting von Spielanalysefirmen, das heißt an der fortlaufenden, interaktiven Bezeichnung und Klassifizierung des verfolgten Spielgeschehens durch seine Mitarbeiter*innen, erweisen sich Medien und ihre jeweilige materielle

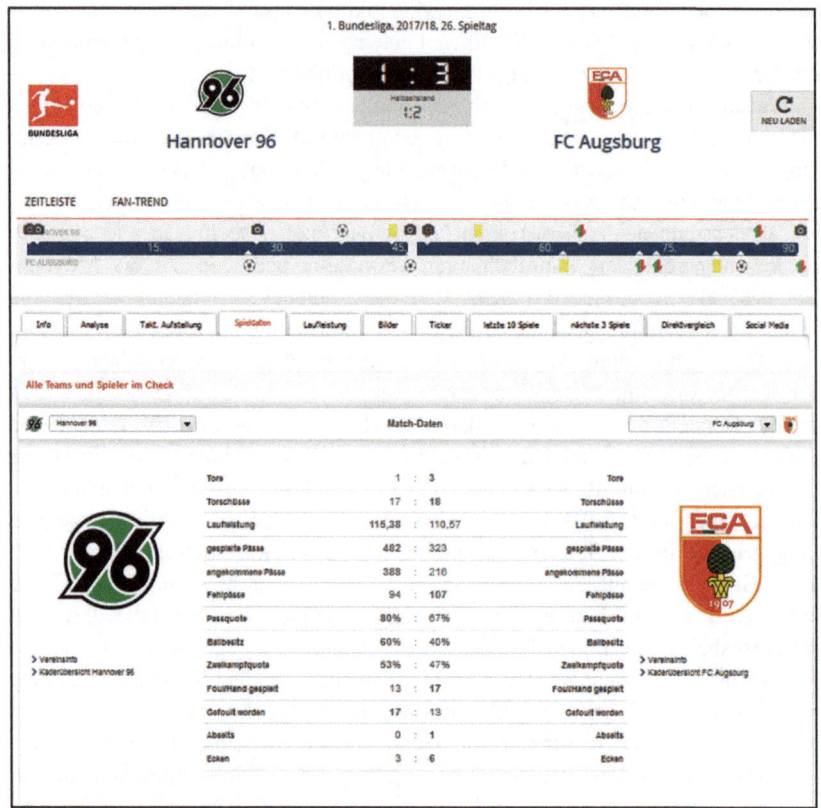

Abb. 16 „Spieldaten"-Ansicht zur Partie Hannover 96 – FCA im Onlineportal des Fuß-
ballmagazins *Kicker.* (Verfügbar unter: https://www.kicker.de/news/fussball/bundesliga/spi
eltag/1-bundesliga/2017-18/26/3827820 /0/default/0/default/spieldaten_hannover-96-58_fc-
augsburg-91.html (Zugegriffen: 23. März 2018))

Anordnung als konstitutive Bestandteile. Auch die technisch-digitale Vermittlung der dabei entstehenden (Scouting-)Daten ermöglicht Journalist*innen eine
– im Vergleich zu Zeiten *vor* computergestütztem Scouting – andere, nunmehr zahlenförmige Art der Fußballberichterstattung, die quantitative Vergleiche
(Heintz 2010) über Spieler*innen, Mannschaften, Ligen, Wettbewerbe und längere Zeiträume hinweg anzustellen in der Lage ist. Als weiterer Bestandteil und
zugleich Effekt der betrachteten (Be)Wertungsprozesse gehen – wie in Abschn. 2

bereits konstatiert – damit auch Praktiken des Kritisierens einher, wenn z. B. Vereinsverantwortliche, Zuschauer*innen oder – wie gesehen – Sportwissenschaftler*innen die Aussagekraft der Zahlendaten der Spielanalyseunternehmen und Fußballmedien kritisch hinterfragen (Werron 2005).[14]

5 Fazit: (Be)Wertungspraktiken und ihre Medien als Gegenstand der Praxeografie

Thema des vorliegenden Artikels war ein kurzer Abriss zur genealogischen Entwicklung von Fußballanalysesystemen und die ethnografische Beschreibung zweier Analysesituationen in auf Scoutingdaten spezialisierten Spielanalyseunternehmen, die als Kontrastfälle zueinander ins Verhältnis gesetzt wurden. Mit einem Fokus auf mediale Aspekte der jeweiligen (Be)wertungspraktiken hat sich gezeigt, dass mediale Vermittlung durch Monitore, TV-Bilder, Softwareprogramme, Eingabegeräte und Datenströme beim *accomplishment* der Ereignis(be)wertung und bei den darauf aufbauenden, statistischen Quantifizierungen und Visualisierungen ein tragender Bestandteil ist. Das gilt in den betrachteten Fällen insofern, als dass die mediale Anordnung (z. B. Analyst*innen sind vor ihren Bildschirmen füreinander kopräsent vs. über Headset auf Distanz miteinander verbunden) einen entscheidenden Anteil an der jeweils situativen Realisierung des (Be)Wertungsprozesses hat. Dem Aspekt der Medialität kommt bei quantifizierenden (Be)Wertungsprozessen im professionellen Fußball – so auch die zu Anfang aufgestellte These – damit eine zentrale Bedeutung zu.

In den Fallbeschreibungen wurde zudem auch deutlich, dass die beobachteten Praktiken der (Be)Wertung und Quantifizierung in einem wechselseitigen Verhältnis zueinanderstehen, das heißt sie stellen füreinander ihre jeweiligen Möglichkeitsbedingungen dar. Sichtbar wurde dies insbesondere am zweiten Fall, in dem der Beschreibung des Scoutingprozesses noch hinzugefügt wurde, wie die durch ihn generierten Scoutingdaten an Sportmedien vermittelt und – dann in Zahlenform gebracht – wiederum zum Gegenstand von (Be)Wertung werden. Dass für diese Weiterverarbeitung der Zahlendaten durch Sportmedien im Sinne Knorr-Cetinas ein weiteres bzw. erweitertes skopisches System notwendig ist, das sich aus Hard- und Softwarekomponenten, Kabelanschlüssen und digitalen Datenkanälen zusammensetzt, verweist erneut auf die Wichtigkeit, sich bei der

---

[14]Für eine künftige tiefergehende Analyse und Systematisierung dieser virulenten Praktiken des Kritisierens im Profifußball könnte sich Luc Boltanskis und Laurent Thévenots (2014 [1991]) Konzept der „Rechtfertigungsordnungen" als nützlich erweisen.

Untersuchung von (Be)Wertungspraktiken ihren medialen und damit materiellen Bestandteilen zuzuwenden. Denn unter (Be)Werten lassen sich mit Theodore Schatzki Praktiken verstehen, die durch materielle Arrangements als „Verbindungen von Menschen, Organismen, Artefakten und natürlichen Dingen" (Schatzki 2016, S. 33) entscheidend ausgerichtet und ermöglicht werden, wobei sie umgekehrt materielle Arrangements hervorbringen, verändern und untrennbar mit ihnen verbunden sind. Dieser enge Zusammenhang zwischen (Be)Wertungspraktiken und ihren materiellen Arrangements kam u. a. an der genealogischen Nachzeichnung einiger materieller Bestandteile von Analysesystemen im Profifußball zum Ausdruck, die zum Teil bis heute erkennbar sind, sich aber trotzdem verändert haben, z. B. die Spielfeldskizze, die in früheren wie gegenwärtigen Analysearrangements als Arbeitsgrundlage für die (Be)Wertung dient. Insofern vertritt der vorliegende Artikel einen Ansatz, der – wie bereits andere vor allem innerhalb der wirtschafts- und wissenschaftssoziologischen (Be)Wertungsforschung vor ihm – versucht, die medialen und materiellen Bestandteile von (Be)Wertungspraktiken ernst zu nehmen und sie im Feld des Profifußballs auf ihre spezifischen Formen und Wirklichkeitseffekte hin zu untersuchen.

Indem am Beispiel des Live-Scoutings in Spielanalyseunternehmen gezeigt werden konnte, dass es für sein Gelingen konstitutiv ist, Spielereignisse *als* diese und jene zu registrieren, zu bezeichnen, zuzuschreiben und zu (be)werten und damit berichtbar, darstellbar und *accountable* zu machen, kann dieser Prozess im Sinne Garfinkels als Accounting konzeptionalisiert werden. Durch diese ethnomethodologisch informierte Konzeptionalisierung ist es möglich, hervorzuheben, dass sich (Be)Wertungspraktiken fortlaufend, interaktiv und methodisch vollziehen. (Be)Wertung ereignet sich in regelmäßigen raumzeitlichen Verteilungen in (und nicht unabhängig von) ihrem tatsächlichen Vollzug, der in der wechselseitigen Interaktion und unter Anwendung von spezifischen Verfahrensweisen sinnhaft organisiert ist. Diese Vollzugswirklichkeit ist insofern auch als performativ zu bezeichnen, als dass erst in ihr und durch sie das aufgeführte, vollzogene (Be)Wertungsgeschehen hervorgebracht wird. Die Wirklichkeit der (Be)Wertung von Spielereignissen, z. B. eines Passes als Pass, eines Blocks als Block etc., entsteht erst, indem sie sich vollzieht. Durch diese performative Hervorbringung von (Be)Wertungen entfalten sich schließlich transformierende Effekte auf das bewertete Geschehen selbst, wie es Wendy Espeland und Michael Sauder (2007, S. 7) anhand von Hochschulrankings mit dem Konzept der „reactivity" und verschiedenen, von ihr ausgehenden Effektmustern in den gerankten Hochschulen gezeigt haben.

Die hier eingenommene, praxeografische Forschungsperspektive kann nicht zuletzt auch dazu beitragen, am Beispiel des professionellen Fußballs zahlen-

und datenbasierte (Be)Wertungsverfahren als spezifische Praktiken des Erkennens und der Konstruktion des Objekts im Sinne Pierre Bourdieus (2017 [1996], S. 251–294) verständlich zu machen. Wie gezeigt worden ist, nehmen Fußballanalyseverfahren und die darin involvierten Medien und Einschreibungsgeräte einen präfigurierten Beobachtungswinkel zu ihrem Analysegegenstand, dem Spiel, ein und objektivieren es so, dass es keineswegs originalgetreu oder als „Zweitfassung einer vorausgesetzten Wirklichkeit" (Heintz 2010, S. 170) konstruiert wird. Vielmehr machen sie es durch die jeweilige mediale Anordnung, Zusammensetzung und Bündelung in „Konstellationen von Kulturtechniken" (Schüttpelz und Gießmann 2015, S. 8) auf ganz bestimmte Weise zugänglich und erkennbar: als in verschiedenen Ereigniskategorien, Leistungsparametern und Zahlen ausdrückbares, bewertbares und berichtbares Phänomen. Die vielfältigen Kontroversen um die Aussagekraft und Angemessenheit der Analysewerte deuten aber darauf hin, dass diese ihren Gegenstand in ihrem theoretischen Bezug auf ihn auch verfehlen und ihnen damit wichtige Aspekte seiner praktischen Logik entgehen, worauf Bourdieu ebenfalls aufmerksam gemacht hat (Schmidt 2011). Diese „blinden Flecken" und Grenzen der Erkenntnis am Beispiel der Analyse- und (Be)Wertungsverfahren im Profifußball genauer in den Blick zu nehmen, könnte selbst wieder neue Erkenntnischancen für die (Be)Wertungssoziologie eröffnen. Denn mithilfe einer empirisch-praxeologischen, mikrofundierten Analyse lässt sich untersuchen, wie genau soziale Felder wie der Profifußball ihren (Be)wertungsgegenstand erkennbar machen, welche theoretischen Begriffe, Definitionen und Modelle sie dazu verwenden und welche Erkenntnisgrenzen ihnen durch die spezifische Relation zwischen den theoretischen Konzepten und dem beobachteten Objekt, zwischen bewertenden Praktiken und bewerteten Praktiken gesetzt sind. Schmidt (2011, S. 97) bringt dieses auch von ihm konstatierte Desiderat so auf den Punkt: „Um die Praktiken im Objektbereich vor ihrer methodisch nicht kontrollierten theoretischen Subsumption zu bewahren, müssen die theoretischen Praktiken selbst empirisch analysiert und reflektiert werden."

Literatur

Biermann, C. (2009). *Die Fußball-Matrix. Auf der Suche nach dem perfekten Spiel* (5. Aufl.). Köln: Kiepenhauer & Witsch.

Boltanski, L., & Thévenot, L. (2014[1991]). *Über die Rechtfertigung. Eine Soziologie der kritischen Urteilskraft*. Hamburg: Hamburger Edition.

Bourdieu, P., & Wacquant, L. (2017[1996]). *Reflexive Anthropologie* (4. Aufl.). Frankfurt a. M.: Suhrkamp.

Breidenstein, G., Hirschauer, S., Kalthoff, H., & Nieswand, B. (2013). *Ethnografie. Die Praxis der Feldforschung.* Konstanz: UVK.

Callon, M. (Hrsg.) (1998). *The laws of the markets.* Oxford: Blackwell.

Clarke, A. E. (2012). *Situationsanalyse. Grounded Theory nach dem Postmodern Turn.* Wiesbaden: Springer VS.

Desrosières, A. (2005[1993]). *Die Politik der großen Zahlen: Eine Geschichte der statistischen Denkweise.* Berlin: Springer.

Diaz-Bone, R., & Didier, E. (2016). The sociology of quantification – Perspectives on an emerging field in the social sciences. *Historical Social Research 41*(2), 7–26.

Espeland, W. N., & Sauder, M. (2007). Rankings and reactivity: How public measures recreate social worlds. *American Journal of Sociology 113*(1), 1–40.

Espeland, W. N., & Stevens, M. L. (2008). A sociology of quantification. *European Journal of Sociology 49*(3), 401–436.

Garfinkel, H. (1967). *Studies in ethnomethodology.* NJ: Prentice-Hall.

Grüling, B. (2015). Die Vermessung des Fußballs. Die Welt Online. https://www.welt.de/print/die_welt/wissen/article143157239/Die-Vermessung-des-Fussballs.html. Zugegriffen: 20. Januar 2020.

Heintz, B. (2010). Numerische Differenz. Überlegungen zu einer Soziologie des (quantitativen) Vergleichs. *Zeitschrift für Soziologie 39*(3), 162–181.

Heintz, B. (2012). Welterzeugung durch Zahlen. Modelle politischer Differenzierung in internationalen Statistiken, 1948–2010. *Soziale Systeme 18*(1–2), 7–39.

Hepp, A. (2013). *Medienkultur. Die Kultur mediatisierter Welten* (2., erw. Aufl.). Wiesbaden: Springer VS.

Hodek, F. (2018). Spielanalysen und Sportwetten: Strategien der Quantifizierung im Profifußball. Berliner Debatte Initial. *Sozial- und Geisteswissenschaftliches Journal 29*(1), 147–163.

Hopwood, A. G., & Miller, P. (Hrsg.). (1994). *Accounting as social and institutional practice.* Cambridge: Cambridge University Press.

Horky, T., & Pelka, P. (2018). Die Visualisierung von Daten: Chancen und Herausforderungen von Datenjournalismus im Sport. In T. Horky, H. J. Stiehler, & T. Schierl (Hrsg.), *Die Digitalisierung des Sports in den Medien* (S. 208–240). Köln: Halem.

Hughes, M. (1988). Computerized notation analysis in field games. *Ergonomics 31*(11), 1585–1592.

Knorr-Cetina, K. (1984). *Die Fabrikation von Erkenntnis: Zur Anthropologie der Naturwissenschaft.* Frankfurt a. M.: Suhrkamp.

Knorr-Cetina, K. (2012a). Skopische Medien: Am Beispiel der Architektur von Finanzmärkten. In F. Krotz, & A. Hepp (Hrsg.), *Mediatisierte Welten: Forschungsfelder und Beschreibungsansätze* (S. 167–196). Wiesbaden: Springer VS.

Knorr-Cetina, K. (2012b). Die synthetische Situation. In R. Ayaß, & C. Meyer (Hrsg.), *Sozialität in Slow Motion. Theoretische und empirische Perspektiven. Festschrift für Jörg Bergmann* (S. 81–110). Wiesbaden: Springer VS.

Krüger, A. K., & Reinhart, M. (2016). Wert, Werte und (Be)Wertungen. Eine erste begriffs- und prozesstheoretische Sondierung der aktuellen Soziologie der Bewertung. *Berliner Journal für Soziologie 26*(3–4), 485–500.

Lamont, M. (2012). Toward a comparative sociology of valuation and evaluation. *Annual Review of Sociology 38*(1), 201–221.

Loy, R. (1994). *Das SAT.1 Datenbank-/Spielanalysesystem. Leistungssport 24*(2), 39–46.

Marcus, G. E. (1995). Ethnography in/of the world system: The emergence of multi-sited ethnography. *Annual Review of Anthropology 24*, 95–117.

Mau, S. (2017). *Das metrische Wir. Über die Quantifizierung des Sozialen.* Berlin: Suhrkamp.

Memmert, D., & Raabe, D. (2017). *Revolution im Profifußball. Mit Big Data zur Spielanalyse 4.0.* Berlin: Springer.

Memmert, D., Raabe, D., Knyazev, A., Franzen, A., Zekas, L., & Rein, R., et al. (2016). Big Data im Profi-Fußball: Analyse von Positionsdaten der Fußball-Bundesliga mit neuen innovativen Key Performance Indikatoren. *Leistungssport 46*(5), 21–26.

Mennicken, A., & Vollmer, H. (Hrsg.). (2007). *Zahlenwerk. Kalkulation, Organisation und Gesellschaft.* Wiesbaden: Springer VS.

Möll, G., & Hitzler, R. (2014). Falsches Spiel mit dem Sport. Zur Mediatisierung von Sportwetten und ihren nicht-intendierten Nebenfolgen. In T. Grenz, & G. Möll (Hrsg.), *Unter Mediatisierungsdruck: Änderungen und Neuerungen in heterogenen Handlungsfeldern* (S. 169–186). Wiesbaden: Springer VS.

Ortmann, G. (2007). Vorwort: Was wirklich zählt. In A. Mennicken & H. Vollmer (Hrsg.), *Zahlenwerk. Kalkulation, Organisation und Gesellschaft* (S. 7–8). Wiesbaden: Springer VS.

Perl, J., Grunz, A., & Memmert, D. (2013). Tactics analysis in soccer: An advanced approach. *International Journal of Computer Science in Sport 12*(1), 33–44.

Rottenburg, R., Merry, S. E., Park, S. J., & Mugler, J. (Hrsg.). (2015). *The world of indicators. The making of governmental knowledge through quantification.* Cambridge: Cambridge University Press.

Schatzki, T. R. (2002). *The site of the social: A philosophical account of the constitution of social life and change.* Pennsylvania: Pennsylvania State University Press.

Schatzki, T. R. (2016). Praxistheorie als flache Ontologie. In H. Schäfer (Hrsg.), *Praxistheorie. Ein soziologisches Forschungsprogramm* (S. 29–44). Bielefeld: transcript.

Schmidt, R. (2011). Die Entdeckung der Praxeographie. Zum Erkenntnisstil der Soziologie Bourdieus. In D. Šuber, H. Schäfer, & S. Prinz (Hrsg.), *Pierre Bourdieu und die Kulturwissenschaften. Zur Aktualität eines undisziplinierten Denkens* (S. 9–51). Konstanz: UVK.

Schürmann, E. (2010). Die Medialität von Medien. In Reflex: *Tübinger Kunstgeschichte zum Bildwissen 2.*https://publikationen.uni-tuebingen.de/xmlui/bitstream/handle/10900/46566/pdf/reflex_2_Schuermann_final.pdf?sequence=1&isAllowed=y. Zugegriffen: 20. Januar 2020.

Schüttpelz, E., & Gießmann, S. (2015). Medien der Kooperation. Überlegungen zum Forschungsstand. *In Navigationen. Zeitschrift für Medien- und Kulturwissenschaften 15*(1), 7–55.

Vormbusch, U. (2012). *Die Herrschaft der Zahlen. Zur Kalkulation des Sozialen in der kapitalistischen Moderne.* Frankfurt a. M.: Campus.

Winkler, W., & Reuter, A. (Hrsg.). (2000). *Computer- und Medieneinsatz im Fußball. 13. Jahrestagung der dvs-Kommission Fußball vom 20.–22.11.1997 in Barsinghausen.* Hamburg: Czwalina.

Werron, T. (2005). „Quantifizierung" in der Welt des Sports. *Gesellschaftstheoretische Überlegungen. Soziale Systeme 11*(2), 199–235.

Yarrow, D., & Kranke, M. (2016). The performativity of sports statistics: Towards a research agenda. *Journal of Cultural Economy 9*(5), 445–457.

Zillien, N. (2017). Ludwik Fleck und die „Verehrung der Zahl". In M. Endreß, K. Lichtblau, & S. Moebius (Hrsg.), *Zyklos 3. Jahrbuch für Theorie und Geschichte der Soziologie* (S. 15–51). Wiesbaden: Springer VS.